누구나 알아야 할 금융 지식

# 누구나 알아야 할 금융 지식

초판 1쇄 인쇄 2023년 3월 15일
초판 1쇄 발행 2023년 3월 20일

지은이 | 조경식
펴낸이 | 신성모
펴낸 곳 | 북&월드

신고 번호 | 제2017-000001호
주소 | 경기도 구리시 교문동 이문안로 51, 101동 104호
전화 | (031) 557-0454
팩스 | (031) 557-2137
이메일 | gochr@naver.com

ISBN 979-11-982238-1-4 (03300)

# 누구나 알아야 할
# 금융 지식

조경식 지음

**북&월드**

금융에 대한 관심이 뜨겁다. 현대에 들어와 금융의 중요성과 위치는 더 커지고 있다. 금융에 대한 기본 지식을 이해하고서 이를 잘 활용하면 금융이 생활과 삶에 많은 도움을 주지만, 잘못 이용하면 채무의 늪에 빠지거나 보유하고 있는 모든 자산을 잃어버릴 수도 있다. 금융을 잘못 활용하면 가정 붕괴의 원인이 되기도 한다. 특히 저금리 시대의 효과적이고 안정적인 투자 방법 등에 대한 이해는 사회의 안정과 개인의 자산 형성. 더 나아가 사회 안전망 확보를 위해서도 필요하다.

그럼 금융이란 무엇인가? 금융은 연결이다. 사람과 사람을 연결하고 지역과 지역을 연결하고 국가와 국가를 연결한다. 금융은 시간을 넘나든다. 주택 금융은 미래의 소득을 감안하여 돈을 빌려주고 상환한다. 연금도 마찬가지다. 노후의 부족한 자금에 대비하여 현재의 소비를 미루는 것이다. 금융은 리스크다. 금융은 리스크를 감수한다. 금융은 리스크가 높은 경우에는 높은 수익을 보장한다. 실패할 확률이 높기 때문에 성공할 경우에 수익도 크다. 모험 자본, 현재의 벤처 캐피탈은 이러한 리스크의 과감한 감수에서 발생했다. 그러나, 과감한 리스크 도전은 큰 손실로 이어질 수 있다. 낮은 리스크는 안정된 수익을 가져다주지만 항상 부족함을 느끼는 것이 현실이다. 자산의 관리와 방법에서 리스크를 이해하고 감내할 수 있는 리스크의 범위를 설정하는 것은 중요하다.

한국 경제는 위기(code red)를 맞고 있다. 무역 적자가 지속되고 있으며, 물가 오름세도 만만치 않다. 올해 경제 성장률도 1% 내외에 머물 것으로 예상한다. 세계 경제 포럼의 『2023년 글로벌 리스크 보고서』에서 경영진 의견 조사 결과에 따르면, 한국의 직면한 리스크 중 인플레이션을 첫째로 지적하고 있다. 인플레이션은 세계 공급망의 변화와 러시아-우크라이나 전쟁이 야기한 에너지 가격의 변동에 따른 상품 가격 상승 등에 기인하고 있다. 인플레이션은 금리 상승 등 긴축과 경기 침체를 블러오는 요인이 된다. 이는 부동산 하락과 GDP 대비 100%를 초과하는 가계 부채 버블이 터질 수 있음을 말해주고 있다. 개인이 경기 침체에 효율적인 대응 수단은 저축이다. 한국의 저축률은 GDP 대비 35% 내외를 꾸준히 유지하고 있으나, 대기업 현금 자산이 증가한 결과지 개인의 저축이 증가한 것으로는 보이지 않는다. 베이비 붐 세대의 퇴장과 고령화의 시대는 한국 경제의 새로운 변화와 혁신을 강제하고 있다. 부동산 버블은 한국 경제의 뇌관이 될 수 있다. 버블은 금리가 낮으면서 신용 확장이 일어나는 금융 시장 환경이 조성되고, 투기꾼들이 붙으면 일어날 가능성이 증가한다. 여기에다 정부의 규제 완화 등 잘못된 정책은 발생할 가능성을 더욱 높인다. 최근 부동산 정책을 보면 버블이 계속 커질 수 있다는 걱정이 든다. 미연방준비제도 이사회의 전 의장인 앨런 그린스펀은 "역사는 장기간에 걸쳐 낮게 평가된 위험이 가져온 여파를 결코 친절히 대한 적이 없다"라고 과소 평가한 리스크에 대하여 경고한다. 경제의 변동성도 커지고 있고, 금융의 영역도 기존 은행 위주에서 핀테크, 가상 자산 등의 다양한 영역으로 확장되고, 금융 상품도 계속 쏟아져 나오고 있다. 최근 금리가 치솟으면서 저금리에 익숙했던 사람들이 금리 충격을 받고 있다. 부동산의 급격한 하락은 그동안의 개인 자산 관리에 큰 영향을 미칠 전망이다. 자산을 확대할 기회가 많지 않은 사람들은 자산을 굴리기 위한 수단으로 다양한 금융 상품을 찾는다. 금융 상품과 리스크는 선택이다. 경제 상황과 금융 상품의 리스크를 미리 파악하고 자신에 맞는 스마트한 투자가 필요하다.

경제협력개발기구OECD는 금융 교육의 목적을, 금융 소비자들이 자신들의 돈에 대한 관리를 잘할 수 있도록 준비시키고, 금융 문제와 관련된 스트레스를 피하면서 궁극적으로는 금융 웰빙을 개선하는 데 있다고 보고 있다. OECD가 2020년 성인의 금융 이해에 대하여 26개국을 대상으로 조사한 결과를 보면 한국은 62.1(100점 환산)로 홍콩(71.1), 슬로베니아(70.0), 오스트리아(68.5), 독일(66.1)

보다 낮고 한국보다 금융이 덜 발달했다고 생각하는 인도네시아 (63.5)보다도 낮게 평가되고 있다. 한국의 자본 시장이 글로벌화 되어 있고, 개인을 포함한 국내 자본의 해외 투자 등이 증가하는 추세를 감안하면 금융에 대한 인식을 개선하고 금융 이해에 대한 국제 경쟁력을 높일 필요가 있다.

누구나 금융을 이용하지만, 금융을 어려워하고 금융 사기에 노출되는 것은 금융에 대한 기본적인 지식이 취약하기 때문이다. 올바른 금융 지식은 잘못된 금융 활용으로 인한 사회적 비용을 줄이고 글로벌 투자에 따른 국가의 부에도 긍정적 영향을 미칠 수 있다. 자신의 현실에 맞는 적절한 금융 활용 방법을 찾아내고 평소에 신용을 관리함으로써 금융 비용을 최소화하고 금융 접근성을 높여나가는 노력이 요구된다. 금융 지식은 자기 자산을 지키고 노후 생활을 대비하기 위해서도 현대인이 반드시 갖추어야 할 삶의 교양 지식이자 필수 지식이라 할 수 있다.

이 책의 목적은 이러한 현실을 감안하여 금융 지식에 대한 기본적인 내용을 전달하기 위한 노력의 일환이다. 이 책이 금융 지식을 높일 수 있고 효율적인 자산 관리를 해나가는 데 조그마한 도움이라도 되기를 기대한다. 금융에 대한 기본적인 이해, 금융을 이용할 때 유의할 점, 개인 신용 관리의 중요성과 평소 신용 관리 방법, 현대 금융(인터넷 뱅킹, 블록체인 기술을 이용한 다양한 디지털 금융 등)에 대한 기본 이해, 금융자산의 배분과 관리 방법 등을 다양한 실제 사례를 현재 상황에 비추어 누구나 이해하기 쉽게 설명하고자 노력하였다. 그리고 디지털 자산 등 금융의 변화를 이해하는 것은 앞으로의 자산 관리나 금융 활용에서 중요하다. 금융 관련 용어는 이해하기 어렵다. 대부분 서구에서 유래하고 한글로 바꾸기가 쉽지 않은 용어도 적지 않기 때문이다. 가능한 한 본문이나 주석 등에 용어에 대한 설명을 붙여 용어에 따른 이해의 어려움을 덜기 위해 노력했지만, 그럼에도 처음 금융 용어를 접하는 경우에는 쉽지 않을 수 있다. 이 부분은 이해를 부탁드리고 앞으로 더욱 개선해나갈 생각이다.

이 책은 대학에서 학생들을 대상으로 강의하고, 대학원에서 공부하는 많은 기업체 임·직원들과 만나면서 금융 지식에 대한 이해가 중요함을 인식하고 쓰게 됐다. 금융 전반을 다루지만, 이론적인 부분보다는 실제 생활에서 부딪히는 문제에 대해 금융에 대해 생각하고 스스로 해결할 수 있는 기초적인 지식을 쌓을 수 있도록 구성하였다. 방향을 정할 수 없으면 나아갈 수 없다. 이 책이 개인의 자산을 지켜나가는 나침반이 되기를 희망한다.

2023. 02. 20.

# 1장

# 금융이란? 시간과 공간을 넘어서

(위키미디어 커먼스)

"모든 돈은 믿음의 문제이다."

아담 스미스Adam Smith(1723~1790)

# 1
—

## 금융의 시작, 화폐의 탄생과 신용

금융은 인간이 사회를 만들면서 시작되었다고 볼 수 있다. 금융을 통한 자산 거래는 사회가 형성된 이래로 어떻게 상호 간의 거래를 신뢰하느냐에 따라 계속 변화·발전하여왔다. 최초의 자산 거래는 증여가 많았을 것으로 추정된다. 자산 축적의 목적보다는 공동체를 유지하기 위한 상호 간 배려가 우선되었을 것으로 생각된다. 지역을 넘어선 거래가 쉽게 이루어지지 않았지만, 인근 공동체 간 거래도 서로의 부족한 물품을 교환(등가와 상관없이)함으로써 공동체 관계를 유지하기 위한 기본적인 행위라 볼 수 있다.

사회와 도시가 확장되고 거래 상대방의 범위가 넓어지면서 상호 신뢰를 담보할 수 있는 다양한 형태의 거래 수단이 정형화되어 나타나기 시작한다. 우리는 이것을 화폐, 즉 돈money이라고 한다. 돈은 집단적인 신뢰가 없으면 발생할 수 없다. 항상 돈을 가지고 무언가를 대가로 받을 수 있다는 믿음, 교환할 수 있다는 신뢰에서 돈은 성립한다.

화폐는 발행자(국가이든, 은행이든)가 갚아야 할 부채, 즉 차용증서라 볼 수 있다. 차용증서이지만 갚을 의무는 없다. 발행자의 돈이 신뢰를 잃지 않는 한 돈은 계속 유통된다. 신뢰가 없어지면, 즉 돈

14

의 가치가 없어지면 그 돈을 발행한 은행은 파산하거나, 국가는 몰락한다. 화폐의 가치는 발행자의 신뢰와 가치로 전환된다.[1]

화폐는 거래 당사자 간 약속을 하고 신뢰를 유지하면 조개, 소금, 말린 생선 등 인근에서 구할 수 있는 어떤 물품도 거래하는 수단이 될 수 있었다. 거래가 지역을 넘어서면서 이런 화폐들은 악용[2] (다른 지역 사람들이 과다하게 채집하여 가치 하락을 겪는 사례 등)하거나 지역을 넘어서 거래하기에는 가치에 대한 공감대가 형성되지 않은 경우가 많은 경우에는 대부분 공동체 범위 내에서만 머물렀다.

이러한 다양한 거래 수단들은 거래 상대방의 신뢰를 기반으로 하는 것으로, 어떤 정해진 형태가 있지는 않다. 지역을 넘어서기 위해서는 화폐의 가치에 대한 암묵적 합의가 존재해야 한다. 더불어 화폐는 그 화폐를 만든 사회나 공동체, 국가의 신뢰가 바탕이 되고 권위가 있을 때 확장성이 발생한다. 공동체의 확대, 생산의 증가에 따른 잉여 생산물의 발생과 교환이 이루어짐에 따라 이를 매개할 수 있는 화폐가 발달하기 시작하고, 상호 계약 규칙 등이 자연스럽게 생겨났다. 화폐가 상품 교환 수단으로 성립하기 시작하면 화폐가 이제 단순한 상품 교환의 수단이 아니라 언제라도 상품과 교환할 수 있는 '힘'이 생긴다. 이 힘은 화폐를 원하고 축적하려는 욕망과 그것을 위한 활동을 만든다. 자본의 기원이다.[3]

화폐가 발달하면서 자본이 만들어지고 신용도 발전하기 시작한다. 신용은 시간 간격을 두고서 두 개의 지급을 교환하는 것이다.[4]

원양 항해나 인쇄술처럼 화폐와 신용credit은 기술이다. 그것은 반복해서 만들어지고 스스로 영속화하는 기술이다. 그것은 모든 사회가 그 나름의 방식대로 말하고 있고 모든 사람이 배워야만 하는 유일하고 동일한 언어다. 물론 읽기와 쓰기를 배우지 않을 수도 있다. 그리고 단지 고급 문화층만이 문자를 향유할 수도 있다. 그러나 셈을 못하면 살아남지 못할 위험에 빠진다. 일상생활에서 숫자는 의무 교육에 속한다.[5] 마찬가지로 금융에 대한 이해는 삶에 있어서 필수적이다.

[그림 1-1] 5개의 청동 웜펌

(출처: 위키미디어 커먼스)

아메리카 인디언들도 흰색 또는 보라색 조개를 다듬어 만든 작은 원통형의 화폐들을 사용했는데, 이를 웜펌wampum이라고 한다. 중국에서도 이를 화폐로 사용했다.

[그림 1-2] 야프 섬의 돌 화폐 라이Rai

(출처: 위키미디어 커먼스)

태평양의 야프 섬의 돌 화폐stone money는 섬 공동체 내에서 화폐로 통용되었다. 돌의 크기에 따라 금액이 변동된다. 이러한 화폐는 공동체를 넘어서 확장되기 힘들다. 현대에 이르기까지 사용했다는 것은 공동체가 폐쇄적인 상태로 오랫동안 유지되어왔음을 말해준다.

최초의 금융에 대한 기록은 메소포타미아에서 슈메르인들이 사용한 채무가 기록된 점토판의 형태로 발견되었다. 기원전 2300년전 고대 메소포타미아 점토판에는 수확 때 채무자가 채권자에게 곡식 330되를 갚는다고 적혀 있는 등의 금융 거래를 기록한 사실이 있으며, 외상과 부채에 관한 기록도 있다. 기원전 1800년 경 만들어진 최초의 성문법전으로 알려진 함무라비 법전의 주요 조항은 채무자와 채권자에 대한 내용으로 구성되어 있다. 오래전부터 자산 거래에 따른 신용이 발생했다는 점을 감안한다면 인류의 자산 거래의 역사와 신용의 시작은 사회가 시작되면서부터 계속 발전해왔음을 알 수 있다.[6]

경제가 발전하고 국가가 완성되면서 국가의 위치와 영향력에 기반을 둔 제도적 틀이 금융과 자산 거래에서 신뢰의 근간이 되기 시작한다. 더 나아가 글로벌 경제가 확대되고 국경을 넘어선 거래와 투자가 활발해지면서 은행이나 투자 기업들의 신뢰는 국가의 신뢰도와 국제 규제 등 다양한 제도가 뒷받침되면서 금융이 확장되었다. 국가의 힘이 곧 화폐의 신뢰를 담보하게 된다. 강대국은 이러한 금융 권력을 통하여 글로벌로 경제를 확장하고 경제의 패권을 유지하여 왔다고도 볼 수 있다.

[그림 1-3] 메소포타미아 금융 거래 점포판Sumerian clay tablet

①　②

(출처: 위키미디어 커먼스)

①슈메르인 주택 판매에 대한 계약서(BC 2800년 경)
②슈메르인 토지 판매 계약 내용(BC 2600년 경)

18

금융은 화폐를 매개로 하여 공간과 거리를 축소하고 시간의 격차를 극복하여왔으며, 최근에는 디지털 발전에 따른 인프라 개선, 핀테크 혁신 등 다양한 형태로 계속 발전하고 있다.


## 2
—

## 사회를 움직이는 금융의 힘

금융은 이 사회에 어떤 영향을 미치고, 금융의 힘은 어디에서 나오는가? 이를 파악하는 것은 금융을 이해하여 나가는 데 중요한 출발점이 될 수 있다.

금융의 힘은 시간을 극복할 수 있다. 주택 담보 대출을 예로 들면, 주택을 사려는 사람이 매달 원리금을 지급하는 약속으로 은행이 일시금으로 대금을 대신 지급하는 것이다. 금융이 없다면 이런 거래는 이루어질 수 없다. 경제적으로 말하면, 경제적 가치를 현재로 앞당기거나 미래로 미루는 데서 발생한다. 인간은 미래의 불확실성을 대비하기 위하여 예금을 하거나 연금을 들어서 미래에 수입이 일정치 않거나 위급한 상황이 생기거나 노후에 일자리가 없을 때를 대비한다. 현재의 소비를 미래로 이전한다고 볼 수 있다. 이를 시점 간 소비 조정(intertemporal smooting of consumption)이라고 한다. 만약 미래를 대비하기 위하여 투자한 결과가 손실로 이어진다면 원래 계획은 틀어지게 된다. 그러므로 장기 재무 계획은 좀 더 보수적으로 운용하는 것이 좋다.

연금은 노후의 생활 자금을 현재 할인된 가격으로 계속 사두는 것(저축하는 것)이다. 할인된 가격에 대한 해답을 찾기 위해서는 정교한 금융 기술이 필요하다. 이 기술은 수천 년 동안 발전해왔다고 볼 수 있다. 그 기술의 밑바탕에 확률과 통계가 있다. 확률과 통계의 발전은 금융의 발달에 상당한 영향을 끼쳐왔다. 최근에는 AI, 빅데이터 등 디지털 금융의 발전으로 미래에 대비하는 자산 관리를 보다 효율적이고 예측 가능성을 높일 수 있게 되었다.

금융은 시간을 넘나든다. 과거의 기록이 현재에 영향을 준다. 과거의 금융 이용 기록, 금융 연체 기록 등이 현재의 신용 등급에 영향을 준다. 돈을 빌린다면 이자율에 영향을 미친다. 금융은 미래를 연결한다. 금융 계약은 사람이 생활하는 데 필수적이다. 만약 갑작스럽게 아프거나 일자리가 없어져서 일용할 양식이 없을 때 돈을 빌려 사용하고 갚는 금융 계약이 없다면 살아나가기 힘들다. 국가도 마찬가지다. 국가 간 전쟁을 하거나 큰 재난이 있을 때 돈을 빌려 먼저 지불(현재)하고 나중에 세금을 걷어서(미래) 갚을 수 있는 것도 금융이 있기 때문이다. 금융은 인류의 경제 발전에 결정적인 역할을 하여왔다. 투자 행위도 미래에 경제가 발전하리라는 기대 속에서 이루어진다. 만약 미래에 경제가 성장하지 못하고 투자 이익에 대한 희망이 없다면 투자는 이루어질 수 없다. 금융(기술)이란 결국 사람이 만들어낸 타임머신이라 볼 수 있다.[7] 금융은 공간과 거리의 격차를 극복하는 데 중요한 역할을 해왔다. 콜럼버스가 아메리카 대륙을 발견한 것도 금융의 힘이었다. 그 리스크를 부담하는 금융이 없었다면 이루어질 수 없었다고 할 수 있다. 인간이 과거, 현재, 미래의 3차원을 생각하고 살아가는 것처럼 금융도 마찬가지다. 과거의 다양한 금융 계약의 형태가 현재에 영향을 미치고, 현재의 이루어진 다양한 일(주택 매입, 연금 가입, 자동차 할부 등)이 미래에 영향을 미친다고 볼 수 있다.

금융은 연결이다. 사람과 사람을 연결하고 지역과 지역을 연결하고 국가와 국가를 연결한다. 금융은 상호 간의 네트워크를 형성하게 한다. 화폐로 물품 거래를 하든, 대출을 하든, 투자를 하든 다양한 금융 행위는 서로 모르는 사람과 상호작용을 하게 만든다. 금융은 효율적인 방법으로 모르는 사람과 네트워크를 형성하고 거래를 하게 만듦으로써 시간을 넘나들고 공간을 확장하여왔다. 금융은 신용 거래가 활발해지면서 급속하게 성장하고 사회의 필수 영역으로 자리 잡고 있다.

화폐는 금융 거래의 수단이다. 금융 거래를 가능하게 한 화폐로서 현재까지 발견된 세계 최초의 동전은 기원전 600년 경 아르테미스 여신에게 바쳐진 에페소 신전에서 발견된 리디아 왕국의 금·은 합금으로 된 동전이다. 리디아 왕국은 오늘날의 튀르키예 지역

에 있었다. 이스탄불을 포함한 소아시아 지역은 예나 지금이나 동·
서양을 연결하는 상업과 문물의 중심지였다. 동전을 보면 사자의
형상을 하고 있고 아테네 여신이나 올빼미의 모양을 하고 있어, 오
늘날의 동전과 크게 다르지 않다.[8] 중국은 기원전 221년에 동전을
도입한 것으로 알려지고 있으나, 실제 도입은 더 오래되었을 것으
로 추정된다.

[그림 1-4] 리디아 왕국의 동전

〈BC 6세기 경〉   〈BC 542-520년 경〉   〈BC 5세기 경〉
(출처: 위키미디어 커먼스)

성경에 같은 교인끼리는 이자를 받지 말라는 언급들이 있는 것
으로 보아 채권 채무 관계로 인한 이자 수취가 오래전에 이루어
졌음을 알 수 있다. 성경의 『신명기』와 『레위기』에는 "네가 형제
에게 꾸어주거든 이자를 받지 말지니, 곧 돈의 이자, 식물의 이자,
이자를 낼 만한 모든 것의 이자를 받지 말 것이라, 타국인에게 네
가 꾸어주면 이자를 받아도 되거니와 네 형제에게 꾸어주거든 이
자를 받지 말라"고 되어 있다.[9] 은행bank이라는 말도 유대인 대부
업자들이 앉았던 벤치를 뜻하는 이탈리아어 banci에서 유래되었

다고 한다.[10]

금융은 리스크다. 금융은 리스크를 감수한다. 콜럼버스의 미대륙의 발견(콜럼버스의 입장에선 발견이지만 아메리카 인디언의 입장에서 보면 낯선 이의 방문, 침략이다)은 금융이 있었기 때문에 가능했다. 금융은 리스크가 높은 경우에는 높은 수익을 보장한다. 실패할 확률이 높기 때문에 성공할 경우에 수익도 크다. 모험 자본, 현재의 벤처 캐피탈은 이러한 리스크의 과감한 감수에서 발생했다. 금융은 신체의 혈액처럼 우리 사회에서 반드시 필요한 시스템이다.

# 3
—
# 공짜 점심은 없다(No free lunch)

미국 금융의 중심지인 월가에서 흔히 하는 얘기다. 리스크에 대한 인식을 말해주는 경구다. 금융을 이해하기 위해서는 리스크에 대한 기본 개념을 이해할 필요가 있다. 리스크가 높으면 수익도 높아지지만, 리스크가 낮으면 수익도 낮아진다. 우리는 기본적인 리스크에 대한 인식이 부족하다. 수익이 높으면 리스크를 생각하지 않는 경우가 많다. 대부분의 금융 사기, 주식 버블 현상 이후에 폭락으로 인한 손실로 어려움을 겪는 사례를 보면 리스크에 대한 인식 부족과 탐욕이 원인인 경우가 많다.

리스크risk에 대한 올바른 이해는 금융을 활용하는 데 있어 매우 중요하다. 리스크는 위험danger이 아니다. 리스크를 위험으로 번역하는 경우가 많았지만, 이는 잘못된 번역이다. 리스크는 위험 이외에 기회를 포함하고 있다. 금융 행위를 하는 데 있어서 리스크를 아는 사람은 그렇지 않은 사람과 비교하여 상대적 우위를 갖는다고 볼 수 있다. 리스크 관리는 위험을 인식하고 관리하는 것이다. 리스크 관리를 한다고 해서 모든 위험이 해소되는 것은 아니다. 상대적인 우위를 가질 뿐이다. 미래에 일어날 일이 과거의 통계나 확률과 같지 않기 때문이다. 미래는 항상 불확실성에 놓여 있다. 그럼에도 리스크 관리가 중요한 것은 미래에 닥칠지 모르는 위험에 대처할 수 있는 유일한 길이기 때문이다.

리스크는, 어원적으로 보면 과감하게 도전한다는 의미(To Dare)를 갖고 있다. 금융의 발달에서 이탈리아의 베네치아를 떠올리지 않을 수 없다. 베네치아 공화국은 697년부터 1797년까지 천년 여 동안 지중해 무역을 움직인 상업의 중심지였다.

베네치아를 포함한 이탈리아에서 12세기부터 14세기 중반에 이르기까지 활발하게 이루어진 콜레간차colleganza라는 융자 제도가 있었다. 콜레간차는 연대連帶라는 뜻이다. 융자의 방식은 두 가지인데, 첫째는 자본가가 전 자본의 2/3를 출자하고, 선원 겸 상인(경영자)은 1/3을 출자하고서 필요 경비를 제외한 수익을 50%씩 배당하는 형식으로 되어 있다. 두 번째는 자본가가 전액을 출자하고서 항해가 끝나고 난 후의 이익은 자본가가 3/4, 경영자가 1/4로 나누는 방식이다. 여기에서 콜레간차가 연대라는 뜻에서 알 수 있듯이 자본가가 1명은 아니고 수십 명, 수백 명이 될 수 있다. 1267년에 죽은 국가원수 라니에리 제노의 유산 명세서에는 콜레간차가 132종이나 포함되어 있었다는 사실로 미루어보아 매우 활발하게 이루어졌음을 알 수 있다.

한 마디로, 먼 항해에 따르는 리스크를 분담하는 형식이고, 현대 금융의 주식 투자처럼 해외 무역에 직접 종사하지 않지만, 소액을 가진 사람들에게도 투자의 기회를 주었다. 이러한 융자 방식은 베네치아의 경제 발전에 큰 공헌을 하였다.[11]

리스크는 확률과 통계가 발전하면서 더욱 발전하게 된다. 리스크는, 한 마디로 불확실성에 대한 도전이라 할 수 있지만, 무모한 도전이 아닌 과거의 확률과 통계에 기반한 합리적 선택 과정이라고 할 수 있다. 대수학을 정립한 프랑스의 수학자 야코프 베르누이(1654~1705)는 "유사한 상황에서는 미래에 일어나는 어떤 사건의 발생이 과거에 관찰된 것과 같은 패턴을 따르게 마련이다"라고 미래에 대한 예측 가능성을 얘기했다. 이에 대해 독일의 철학자이자 수학자인 라이프니츠Gottfried Wilhelm Leibniz(1646~1716)[12]는 "확률이란 확신의 정도이며, 부분이 전체와 다르듯이 절대적인 확신과는 다른 것이다." "자연은 되풀이하면서 일정한 패턴을 드러낸다.

그러나 단지 대체로 볼 때 그러하다”(1703)라는 명구를 남겼는데, 리스크에 대한 이해와 한계를 잘 표현하고 있다. 여기에서 일정한 패턴은 과거에 발생한 확률과 통계를 말하며, 단지 대체로 볼 때 그러하다는 미래는 과거의 확률과 통계에 의해 좌우될 수 없는 미지의 영역이 항상 존재한다는 사실을 말해주고 있다. 리스크를 아무리 정교하게 예측한다 하더라도 그 기반(확률과 통계 등)은 과거에 근거를 두고 있다. 항상 미래는 예측 불가능한 영역이 존재할 수밖에 없다. 2008년 금융 위기를 예견하여 유명해진 나심 탈레브Nassim Nicholas Taleb(1960~ )는 이러한 한계로 블랙 스완Black Swan이 항상 나타날 수밖에 없다고 말한다.

블랙 스완은 흑고니다. 17세기 말까지 유럽인은 모든 백조가 희다고 생각했지만 1697년 네덜란드 탐험가가 호주 남부에서 흑고니를 발견하면서 통념이 깨졌으며, 이를 비유로 경제 현상에 적용한다. 경제에서 도저히 일어나지 않을 것 같은 일이 실제로 일어나는 현상을 말한다. 경제 영역에서 세계 경제가 예상하지 못한 사건으로 위기를 맞을 수 있다는 의미로도 사용된다. 레바논 출신의 투자 전문가로 미국 뉴욕대학교의 교수인 나심 탈레브가 2001년 경제 현상에 이 용어를 사용하였으며, 2007년 월가의 허상을 파헤치고 증시 대폭락과 국제 금융 위기를 예측한 같은 이름의 책을 출간하면서 널리 알려지게 되었다.

시카고대학 교수인 프랭크 나이트Frank Hyneman Knight(1885~1972)

는 신자유주의 경제의 이론적 토대를 닦은 것으로 유명하다. 프랭크 나이트는 리스크를 3가지 유형으로 분류하였다. 첫째, 수치화(계량화)할 수 있는 것, 둘째, 불확실성, 셋째, 예측할 수 없는 불확실성으로 구분한다.[13] 수치화할 수 있는 것은 과거로부터 데이터가 축적되고 활용될 수 있도록 관리되어야 함을 말해준다. 데이터가 없으면 리스크는 출발할 수 없다. 리스크의 발전은 불확실성 영역을 데이터로 축적하고서 확률과 통계 등 다양한 수단을 활용하여 수치화하고 이를 제시함으로써 미래에 대한 예측 가능성을 높여가는 것이다. 최근에는 빅데이터와 이를 기반으로 하는 인공지능AI 등을 활용하여 예측 가능성을 정교화하려는 노력이 금융 공학의 발전과 함께 이루어지고 있다. 우리가 아무리 데이터를 축적한다고 하더라도 미래의 일이 모두 과거에 일어났다고 할 수 없으므로 예측할 수 없는 불확실성은 항상 존재한다. 리스크를 안다는 것은 위험danger을 기회opportunity로 만들 가능성이 상대적으로 높다는 것을 의미하지, 절대적 우위를 표현하는 것은 아니다. 미래를 완벽하게 알 수는 없다. 단지 최선을 다해 준비할 뿐이다. 미래를 완벽하게 안다면 인생은 재미가 없지 않겠는가?

조지 W. 부시 시절 미국 국방장관이던 도널드 럼스펠드Donald Henry Rumsfeld가 "모르고 있다는 것을 모른다unknown unknowns"라고 얘기한 적이 있는데, 이 말은 리스크를 잘 표현하고 있다. 리스크의 발전은 모르고 있는 것을 알아내고 이를 측정하는 영역을 확대하는 것이라 볼 수 있기 때문이다.

리스크의 중요한 원칙은 RISK와 RETURN(수익)은 대응한다는 점이다. 금융 시장에서는 월가의 유명한 격언처럼 공짜 점심은 없다(No free lunch). 높은 리스크는 높은 수익과 낮은 리스크는 낮은 수익과 대응한다. 리스크는 낮으면서 높은 수익률을 기대하는 것은 지금처럼 정보가 공개된 금융 시장에서는 사실상 자주 일어나기 어렵다. 누군가 안전하면서 수익률이 높다고 하는 상품을 추천하는 경우에는 신중한 접근이 요구된다. 이 경우 큰 손실을 초래하는 사기성 금융 상품일 경우가 대부분이다. 초기 스타트업에 벤처 투자를 한다는 것은 높은 리스크를 부담하는 대신에 성공할 때 높은 수익을 가져다주기 때문이다. 우리가 투자를 결정할 때 리스크를 파악하는 것은 자기의 투자가 미래의 손실과 이익이 어떤지를 파악하고 대응할 수 있는 합리적 근거가 된다고 볼 수 있다.

[그림 1-5] 리스크와 수익의 대응 원칙

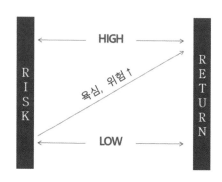

(출처: 저자 작성)

리스크 관리의 핵심은 리스크 대비 수익성을 극대화하되, 부담할 리스크의 총량 목표를 설정하는 데서 시작한다. 미래에 대한 예측이 틀릴 가능성에 항상 대비할 필요가 있다. 과도한 수익 추구는 감당할 수 없는 리스크를 불러들이며, 안정성만을 추구하면 배가 고프게 되는 것이 금융의 냉정한 현실이다. 리스크 관리는 이들 양극단에 치우치지 않고서 균형과 중용中庸을 선택해 나가는 쉽지 않은 과정이라 할 수 있다.

1 미첼 이네스가 그 주창자인 것과 같은 화폐 신용론이 그것이다. 이네스는 20세기 초반에 두 편의 논문에 이 이론을 발표했다(Innes 1913, 1914). 오랫동안 그건 잊혀졌지만, 근년에 데빗 그레버가 새삼스럽게 찾아내서 그 의의를 강조하고 있다. 화폐 신용론은 화폐의 본질을 다음과 같이 확정한다. 즉 화폐란 차용증서—일반적으로 유통된 차용증서이다—라고. 보통 은행권은 일정한 금액의 실질 화폐(금이든 은)에 의한 지불 약속이라고 생각하고 있다. 이것과, 화폐 신용론이 말하는 화폐는 어떻게 다른가. 화폐 신용론의 관점에서 보자면, 은행권은 거기에 표시되어 있는 금이나 은의 양과 등가인 '무언가'를 지불한다는 약속이다. 화폐는 격상된 상품이 아니라, 일종의 계산 수단이다. 무엇을 측정하고 있는가 하면, 그건 부채라는게 화폐 신용론자의 주장이다(오사와 마사치大澤真幸, 『경제의 기원経済の起源』, 岩波書店, 2022, pp. 45-49).

2 아프리카에서 화폐로 통용되던 짐보 조개는 포르투칼인들이 1650년 경 아프리카 루안다 섬의 해안에서 화폐 어업, 즉 짐보 조개 낚시를 독점하면서 짐보 화폐의 가치는 1/10로 떨어졌다.

3 가라타니 고진, 『세계사의 구조』, 조영일 역, 도서출판b, 2015, pp. 153-154.

4 페르낭 브로델, 『물질문명과 자본주의 I -2, 일상생활의 구조(하)』, 주경철 역, 까치, 1995, p. 681.

5 브로델, 같은 책, p. 691.

6 시드니 호머·리차드 실러, 『금리의 역사(4판)』, 이은주 역, 리딩리더, 2012, p. 31.

7 윌리엄 N. 괴츠만, 『금융의 역사』, 위대선 역, 지식의날개, 2020, pp. 10~14.

8 토마스 새들라체크, 『선악의 경제학』, 노은아·김찬별 역, 북하이브, 2012, p. 123.

9 성경의 『신명기』 23: 19~20, 『레위기』 25: 36-37.

10 토마스 새들라체크, 앞의 책, p. 126.

11 시오노 나나미, 『바다의 도시 이야기』, 정도영 역, 한길사, 1996, pp. 181~183.

12 라이프니츠는 「이진법 산술에 대하여」라는 논문을 썼다. 부제는 "0과 1 기호만을 사용, 그 효용 및 그것이 복희의 고대 중국의 괘상卦象에 주는 의미에 관한 고찰"이란 제목을 달았는데, 이는 컴퓨터 발명의 이론적 기반이 된다.

13 Frank H. Knight, Risk, *Uncertainty and Profit*, Pantianos Classics, 1921, pp. 74-85.

# 2장

# 다양한 금융 시스템

(위키미디어 커먼스)

"국민이 우리의 은행과 통화 시스템을
이해하지 못하는 것으로 충분합니다.
만약 그들이 이해한다면,
내일 아침이 되기 전에 혁명이 일어날 것입니다."

헨리 포드Henry Ford(1863~1947)

# 1

—

## 사회 곳곳에 스며든 금융 회사

우리나라 금융 기관은 제공하는 금융 서비스의 성격에 따라 은행, 비은행 예금 취급 기관, 보험 회사, 금융 투자 회사, 기타 금융 기관, 금융 보조 기관 등으로 분류할 수 있다.[1]

**은행**에는 은행법에 의해 설립된 일반 은행과 개별 특수 은행법에 근거하여 설립된 특수 은행이 있다. 일반 은행은 예금·대출 및 지급 결제 업무를 고유 업무로 하여 시중 은행, 지방 은행, 외국 은행의 국내 지점으로 분류된다.

2016년 이후에 은행업을 인가받아 운영 중인 인터넷 전문 은행 3개사(카카오뱅크, K은행, 토스)를 포함하고 있다. 시중 은행 중 빅3인 국민은행, 신한은행, 하나은행의 외국인 주주 지분율은 70% 내외를 유지하고 있다. 우리은행도 40% 이상이다. 은행의 사회적 책임, 공공성과 외국인 투자자의 이익(배당 증가 요구와 예·대 비율의 확대 등)이 부딪혔을 때 금융 정책을 조율하기가 쉽지 않을 수 있다.

특수 은행은 일반 은행이 재원의 제약, 수익성 확보의 어려움 등을 이유로 필요한 자금을 충분히 공급하기 어려운 부문에 자금을 원활히 공급하기 위하여 설립되었다. 한국산업은행, 한국수출입은행, 중소기업은행, 농협은행 및 수협은행이 있다.

특수 은행은 경제의 발전을 위한 금융 조달을 원활히 하기 위하여 정책적으로 영역을 전문화하여 운영하여 한국의 경제 발전에 큰 역할을 했다. 개발 경제에서 선진국형으로 경제가 발전함에 따라 전문 영역이 일반 시중은행과 중복되고 역할도 축소되고 있어 향후 변화가 예상된다.

### 은행은 증권 투자를 할 수 없을까?

금융 시장은 예·적금과 대출 업무, 투자 업무 등을 구분하지 않고 운영하였다. 금융이 발전하면서 은행이 고객의 예·적금을 이용하여 수익이 높으나 리스크 역시 높은 투자에 많은 자금을 투여함에 따라 부실화되어 은행의 안정성이 흔들리고 경제에도 악영향을 발생시켰다. 미국은 대공항이 발생(1929년)한 후인 1933년 글래스-스티걸법Glass-Steagall Act을 통하여 투자 은행과 상업 은행의 분리를 결정한다. 이 법은 오랫동안 유지되다가 1999년 글래스-스티걸 법안이 폐지되면서 상업 은행이 증권 업무를 겸할 수 있게 되었다.[2] 이 폐지는 금융 시장의 리스크를 높인다는 점에서 많은 논란이 있다. 영국의 가장 오래된 상업 은행(1762년 설립)인 베어링스 은행은 단 한 명이 투자한 일본 주식투자 선물로 인한 거액 손실(8.6억 파운드, 원화 약 1조1천억 원)로 1995년 파산에 이른다. 은행이 예·대 업무를 위주로 운영하고 투자를 제한하는 이유도 위와 같다. 우리나라는 은행법에서 은행 업무와 금지 업무를 통하여 상업 은행의 투자를 제한하고 있고, 금산 분리를 통하여 주주의 리스크가 은행의 리스크로 확장되는 것을 막고 있다. 금산 분리金産分離는 금융과 산업을 분리하는 것으로, 제조업 또는 서비스업 기업이 은행을 소유하는 것과 금융 회사의 비금융 회사 지배를 금지하는 내용이다. 그러나 금융 지주 회사를 통하여 사실상 모든 금융 업무를 하고 있어 금융 위기가 발생하면 리스크가 높아질 우려가 있다. 닥터 둠으로 잘 알려진 경제학자 누리엘 누비니Nouriel Roubini는 2008년 금융 위기 이후 "위험을 개의치 않는 금융 회사의 무분별한 탐욕이 전 세계를 고통 속으로 몰고 간 금융 위기를 불러왔다. 그들은 이 대재앙의 공범들이다. 머지않은 장래에 그들의 탐욕에 재갈을 물려야 할 것이다"라고 글래스-스티걸법의 부활을 주장한다.[3]

**비은행** 예금 취급 기관에는 상호저축 은행, 신용협동 기구, 우체국 예금, 종합 금융 회사 등이 있다. 상호저축 은행은 특정한 지역의 서민과 소규모 기업을 대상으로 여·수신 업무를 전문으로 하고 있다. 전국에 6개 권역에 걸쳐 79개 저축 은행이 있다. 저축 은행은 금융의 수혜를 확대하기 위해 서민 밀착형 금융 기관으로 설립되었으나, 현재는 대부분 은행과 영업이 겹쳐 있고 수익의 변동성도 심한 편이다. 저축 은행은 수익성 확보를 위하여 프로젝트 파이낸싱PF 대출, 특히 부동산에 집중하는 경향이 높다. PF 대출은 정교한 리스크 관리가 요구되며 리스크가 높은 편으로, 저축 은행이 감당하기에는 무리한 대출이다. PF 대출이 많은 저축 은행은 주의할 필요가 있다.

신용협동 기구는 조합원에 대한 저축 편의 제공과 대출을 통한 상호 간의 공동 이익 추구를 목적으로 운영된다. 신용협동조합, 새마을금고 그리고 농업협동조합·수산업협동조합·산림조합의 상호 금융을 포함하고 있다. 새마을금고는 1963년 마을금고에서 시작하여 현재 전국에 1300개가 있다. 1960년부터 시작된 신용협동조합은 2021년 기준 656만 조합원, 873개 조합, 1680개 점포수를 가지고 있다. 점차 축소가 진행되는 중이다. 농업협동조합은 중앙회를 제외하고 전국에 1113개가 있다. 1962년에 설립된 수산업협동조합은 중앙회를 제외하고 전국 91개 조합이 있다. 내륙으로 이루어진 충북에만 없다. 1962년에 설립된 산림조합은 중앙회를 제외하고 전국에 142개의 지역 조합이 있다.

신용협동 기구는 지역 내 협력 관계를 통한 산업 발전에 기여하고 소외 지역과 지역 주민의 금융 지원을 위하여 설립되었다. 협동조합은 특성상 출자금액에 상관없이 1인 1표의 투표권을 가진 민주적 제도라 할 수 있다. 그러나 경제 발전에 따른 도시화와 농·어촌 인구의 감소, 디지털 금융의 발전 등으로 점차 쇠퇴기를 맞고 있다. 신용협동 기구는 금융이 발달하기 전에 지역에 뿌리를 내린 뿌리 금융이라 할 수 있다. 대형 은행들의 금융 접근성이 부족한 지역이나 지역 주민의 신용을 보완하여 금융의 혜택을 볼 수 있도록 하고, 대형 은행들의 금융 위기 때 버팀목 역할을 하기도 한다. 설립 취지에 맞게 규모의 확대보다는 지역에 뿌리를 내리는 지역 밀착형 금융으로 변화를 모색할 필요가 있다.

우체국 예금은 민간 금융이 취약한 지역을 지원하기 위해 전국의 체신관서를 금융 창구로 활용하는 국영 금융 회사라 볼 수 있다. 종합 금융 회사는 가계 대출, 보험, 지급 결제 등을 제외한 대부분의 기업 금융 업무를 영위하고 있다.

보험 회사는 사망·질병·노후 또는 화재나 각종 사고를 대비하는 보험을 인수·운영하는 금융 기관으로 생명보험 회사, 손해보험 회사, 우체국 보험, 공제 기관 등으로 구분된다. 손해보험 회사에는 일반적인 손해보험 회사 이외에도 재보험[4] 회사와 보증보험 회사(서울보증보험)가 있다. 또한 국가 기관이 취급하는 국영 보험인 우체국 보험과, 조합원을 대상으로 보험을 취급하는 건설공제조합 등 다양한 공제조합도 있다.

금융 투자 업자는 주식, 채권 등 유가증권과 장내·외 파생 상품 등의 금융 투자 상품의 거래와 관련된 업무를 하는 금융 기관이다. 투자 매매·중개업자, 집합 투자업자, 투자 자문·일임업자, 신탁업자로 분류된다.

기타 금융 기관에는 금융 지주 회사, 리스·신용 카드·할부 금융·신기술 사업 금융을 취급하는 여신 전문 금융 회사, 벤처 캐피탈 회사, 증권 금융 회사, 그리고 한국무역보험공사, 한국주택금융공사, 한국자산관리공사, 한국투자공사 등이 있다.

금융 보조 기관은 금융 거래에 직접 참여하기보다 금융 제도의 원활한 작동에 필요한 여건을 제공하는 것을 주된 업무로 하는 기관을 의미한다. 여기에는 예금보험공사, 금융결제원, 한국예탁결제원 등 금융 하부구조와 관련된 업무를 영위하는 기관과 한국거래소, 신용 보증 기관, 신용 정보 회사, 자금 중개 회사 등이 포함된다.

금융 기관은 다양한 영역으로 전문화되어 있기도 하지만, 갈수록 업무 영역이 겹치고 서로의 영역을 넘나들고 있다. 우리나라의 경우에 금융 기관의 수는 적지 않다. 그러나 세계적인 금융기관이 없는 것은 대부분 국내시장에 머물고 있고 규모의 경제가 이루어지지 않기 때문이다. 몇 년 전부터 하나은행, 국민은행, 신한은행 등이 동남아시아 등 저개발국에 활발하게 진출하기 위하여 노력하고 있으나, 아직까지는 그곳에 진출한 한국인과 한국 기업을 대상으로 금융 업무의 대부분이 이루어지고 있고, 직접 현지인을 대상으로 현지 금융 회사들과 경쟁하지는 못하고 있다. 일부 현지 금융 회사와 합작하여 해외 시장에 진출하고 있으나, 국내 은행의 역사가 짧고, 현지에 대한 시장 파악과 데이터도 충분하지 않아 국내 은행의 해외 진출의 경쟁력 확보는 시간이 걸릴 것으로 보인다.

# 2
—

## 금융의 연결 방식, 직접 금융과 간접 금융

경제에는 자금이 남는 잉여 주체와 자금 부족 주체가 존재한다. 이들 사이에 은행이나 저축 은행, 신용협동 기구 등의 금융 기관이 개입하여 자금을 중개하는 방식을 간접 금융indirect financing이라고 한다. 즉 일반 대중으로부터 예금을 받은 금융 기관이 자신의 명의로 기업 등의 다른 경제 주체에게 대출하는 방식이다. 그래서 구체적으로 어디로 돈이 흘러가는지를 예금자는 알 수 없고 알 필요도 없다.

주식, 채권 발행의 경우와 같이 자금 수요자가 금융 기관을 통하지 않고 금융 시장에서 직접 필요 자금을 조달하는 방식은 직접 금융direct financing이다. 자금을 투자하는 주체는 돈의 출처가 확인된다. 그래서 돈을 빌려주는 투자자는 이익과 손실에 대한 책임을 진다.

간접 금융에서는 은행이 중심적인 기능을 하고, 직접 금융에서는 주식과 채권이 거래되는 자본 시장, 즉 증권 회사 등 자금 중개 기관이 중요한 역할을 한다.

[그림 2-1] 직접 금융과 간접 금융

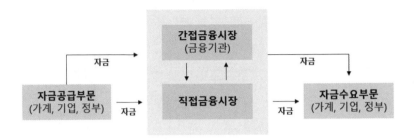

　직접 금융 시장은 단기 금융 시장, 자본 시장, 외환 시장, 파생 금
융 상품 시장으로 구분할 수 있다. 우리가 잘 알고 있는 것은 자본
시장이다. 주식과 채권이 거래되는 시장이다. 자산 유동화 증권 시
장이나 통화 안정 증권 시장은 주로 기관 투자자들이 거래한다. 단
기 금융 시장은 주로 금융 기관들이 거래하는 시장으로, 일반인이
직접 접근하는 경우는 드물다. 외환 시장이나 파생 금융 상품 시장
도 일반 투자자는 간접적으로 투자하는 경우가 대부분이다.

　간접 금융 시장은 금융 기관의 예·대시장, 펀드 관련 시장, 신탁
업 시장, 보험 시장 등으로 구분하고 있다. 최근에는 자금 중개 기
관이 금융 상품 대부분을 일반 투자자에게 중개하거나, 위임을 받
아서 투자도 한다. 간접 금융 시장의 특성을 리스크를 이전한다는
점과 언제든지 필요할 때 돈을 찾을 수 있다는 점을 들기도 한다.[5]
그런 면에서 펀드 시장은 투자자가 일부분 리스크를 부담한다는

점에서 직접 금융의 성격도 갖고 있다고 볼 수 있다.

[그림 2-2] 금융 시장 분류(직접 금융과 간접 금융)

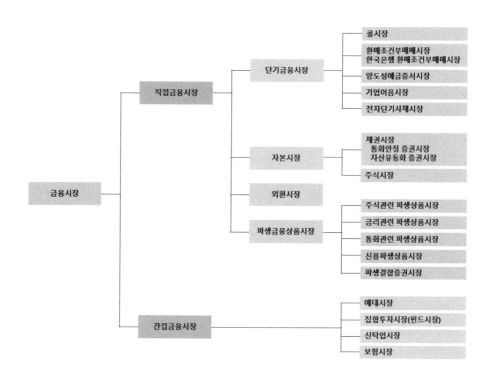

〈참고〉 금융 회사별 금리는 왜 차이 나는가?

은행은 기본적으로 예·대 금리차에 대한 이자 수익이 대부분을 차지한다. 규모가 크고 전국적인 영업망을 갖추면서 자기 자본이 충실한 금융 회사일수록 고객의 접근성이 쉽고 금리가 낮은 금융 상품(보통 예금 등)을 이용하는 사람이 많기 때문에 낮은 금리의 자금 조달이 가능하다. 다시 말해서 안정된 금융 회사일수록 대외 신인도가 높고 신용 등급도 양호하다. 그래서 해외에서의 자금조달이나 은행채 등 채권을 발행할 때 상대적으로 저금리의 자금을 조달할 수 있고, 장기이면서 안정적인 자금 조달이 가능하다. 규모가 있고 상대적으로 신용이 양호한 금융 회사는 낮은 조달 금리를 바탕으로 낮은 대출 금리로 금융 이용자에게 제공해줄 수 있으므로 자금이 모이는 선순환이 형성된다. 이러한 이유가 금융 회사별 조달 금리의 차이가 금융 회사 간 금리 차이로 나타나는 제일 큰 이유다.

한국은행의 기준금리가 오르면 수신 기능이 없는 카드사 등은 회사채를 발행한 비용으로 대출해주는데, 회사채 금리가 오르면서 카드 대출 금리가 더 오르게 된다. 은행·보험사처럼 예금이나 보험료를 받지 않는 카드사는 카드론이나 현금서비스 같은 상품에 쓰이는 자금 가운데 70% 이상을 회사채를 발행해서 마련하고 있으며, 할부 금융 등을 하는 캐피털사도 비슷하다. 카드사별 카드론 금리를 보면 최근 금리 상승으로 1등급이라도 대부분 10%를 넘어선다. 법정 최고금리가 20%이므로, 일부 카드사는 7등급 이하의 고객에 대해서 카드론을 취급하지 않고 있어 저신용자는 사채 등 사금융으로 갈 수밖에 없다.

[표 2-1] 카드사별/신용 등급별 카드론 금리(표준 등급 기준)[6]　　　(단위: %)

| 구 분 | 1~2 등급 | 3~4 등급 | 5~6 등급 | 7~8 등급 | 9~10 등급 | 평균 |
|---|---|---|---|---|---|---|
| 롯데카드 | 13.91 | 16.93 | 19.23 | 19.61 | - | 15.02 |
| 비씨카드 | 8.23 | 10.75 | 13.99 | 17.40 | - | 12.31 |
| 삼성카드 | 14.31 | 16.86 | 18.98 | 19.73 | 19.85 | 15.66 |
| 신한카드 | 14.28 | 18.34 | 19.61 | - | - | 15.03 |
| 우리카드 | 11.09 | 16.22 | 19.45 | 15.96 | - | 16.36 |
| 하나카드 | 13.07 | 14.86 | 16.12 | - | - | 14.10 |
| 현대카드 | 12.01 | 15.04 | 16.95 | 18.66 | 19.29 | 14.74 |
| 국민카드 | 13.75 | 17.14 | 19.17 | 19.90 | - | 14.55 |
| 평 균 | 12.58 | 15.77 | 17.94 | 18.54 | 19.57 | 14.72 |

(출처: 여신금융협회 2022년 12월 31일 기준)

# 3
—
# 금융을 뒷받침하는 인프라

　금융 인프라는 금융 시장과 금융 기관이 본연의 기능을 원활히 수행할 수 있도록 도와주는 토대가 되는 것으로 금융 규제 및 감독 제도, 금융 안전망, 지급 결제 시스템 등을 모두 포괄하는 개념이다.[7] 금융 인프라는 금융을 뒷받침하는 것을 넘어서 금융을 조절하고, 규제하고 리드하는 역할도 담당하고 있는 것이 현실이다.

금융 규제 및 감독 제도, 금융 관계 법령의 제정·개정 업무는 정부 기관인 금융위원회가 담당한다. 금융위원회와 금융감독원은 관련 규정의 제정·개정, 금융 기관의 설립·합병 등의 인허가, 검사·제재 등과 관련한 업무를 수행한다. 한국은행과 예금보험공사도 제한적인 금융 감독 기능을 수행하고 있다. 한국은행은 통화 신용 정책 수행과 관련하여 금융 기관에 대해 금융감독원과 공동 검사를 하거나 자료를 요청할 수 있으며, 예금보험공사는 예금자 보호와 관련하여 예금보험에 가입한 금융 기관에 대한 검사를 할 수 있다.

금융 안정망safety net은 예금보험공사와 한국은행이 역할을 담당하고 있다. 예금보험공사의 예금 보험 제도와 중앙 은행의 긴급 유동성 지원 제도가 있다. 예금 보험 제도는 예금 보호 대상 금융 기관으로부터 일정한 예금 보험료를 받아두었다가 금융 기관이 예금 등을 지급할 수 없게 되는 경우에 예금보험공사가 이를 대신 지급해주는 제도다.

우리나라의 예금 보험 제도는 보호 대상 금융 기관과 금융 상품 및 금액의 한도를 정하여 운영하는 부분 지급 보장 방식으로 운영되고 있다. 한국은행의 긴급 유동성 지원은 금융 시장의 불안이나 특정 금융 기관의 일시적인 유동성 위기가 금융 시스템 전반의 불안으로 확산하는 것을 방지하기 위하여 이루어진다. 예를 들면 외환 위기가 발생하였던 1997년과 신용 카드 회사 영업 부실 등으로 금융 시장이 불안해졌던 2003년에 한국은행은 금융 시스템 안정을 도모할 목적으로 금융 기관에 긴급 자금을 지원한 사실이 있다.

예금 보험 제도란?

금융 회사가 파산 등으로 예금을 지급할 수 없는 경우에 예금의 지급을 보장함으로써 예금자를 보호하고 금융 제도의 안정성을 유지하기 위한 제도다. 1996년 예금보험공사가 설립되면서 시작되었다.

보호 대상 금융 회사는 은행, 보험 회사(생명보험·손해보험 회사), 투자 매매업자·투자 중개업자, 종합 금융 회사, 상호저축 은행이며 법으로 정한 출연료를 낸다. 농·수협 지역 조합, 신용협동조합, 새마을금고는 현재 예금보험공사의 보호 대상 금융 회사는 아니며, 관련 법률에 따른 자체 기금에 의해 보호하고 있다.

개인의 예금뿐만 아니라 기업 등 법인의 예금 또한 예금자 보호 제도의 보호 대상이 된다. 원금과 이자(보험 계약은 해약 환급금 등)를 포함하여 1개 금융 회사별, 1인당 5천만 원까지 보호한다. 원금 지급이 보장되는 금융 상품만이 해당되며, 금융 투자 상품은 보호 대상이 아님을 유의해야 한다. 그리고 조합의 출자금 등도 보험 대상이 아니다.

미국의 예금 보험 제도는 대공항 직후인 1933년 연방예금보험공사FDIC가 설립되면서 시작되었다. 처음 예금 보험 한도는 2500 달러였지만, 점점 확대되어 1980년에는 모든 예금(해외 계좌 포함)에 대하여 개인당 10만 달러로, 2008년에는 25만달러로 상향되었다.[7] 그런데 25만 달러가 너무 높다는 지적도 나오고 있다. 당초 1만 달러 이하의 예금을 가지고 있는 서민의 예금을 보호할 목적이었는데, 사실상 한도가 무한대로 늘어날 수 있다(1개 은행, 개인별로 보험을 적용하기 때문에 개인이나 가족이 나누어서 예금을 하면 된다).

예금 보험 제도는 신규 은행의 진입을 원활하게 하고, 예금자로 하여금 은행에 대한 신뢰를 형성하게 한다. 그러나 예금 보험 한도가 높으면 은행의 공격적인 투자(투자 은행과 상업 은행을 겸영하는 경우는 더욱 그렇다)로 모럴 해저드(도덕적 해이)를 불러일으키고, 결국 국민의 세금으로 은행의 부실을 떠안는 구조가 될 수 있다.

지급 결제 시스템은 거액 결제 시스템, 각종 소액 결제 시스템 및 증권 결제 시스템 등으로 구성되어 있다. 거액 결제 시스템으로는 한국은행이 운영하는 신한은 금융망BOK-Wire+이 있으며 은행, 금융 투자업자 등 참가 금융 기관은 한국은행에 개설된 당좌예금 계정의 자금 이체를 통해 자금을 결제하고 있다. 소액 결제 시스템은 경제 주체 간의 자금 이체를 처리하고서 그 결과 발생하는 금융 기관 간 자금 대차 금액을 정산하는 지급 결제 시스템으로 금융결제원이 운영하는 어음 교환 시스템, 지로 시스템, 현금 자동 인출기CD 공동망 등이 있다. 증권 결제 시스템은 주식이나 채권 등을 사거나 팔 때 그 증권의 소유권을 이전하고 매매 대금을 결제하는 지급 결제 시스템으로 한국거래소와 한국예탁결제원이 운영하는 유가증권 시장 결제 시스템 등이 있다.

국제 금융 인프라는 금융의 발전이 그렇듯이 대부분 서구가 구축하고 주도하고 있다. 금융 인프라를 누가 주도하느냐는 사실상 금융 패권과 연결된다. 미국을 포함한 서구는 오랫동안 금융 인프라를 장악하고 있고, 세계 경제를 움직이는 힘이 되고 있다. 국제 금융에 영향력을 행사하고 있는 주요 기관은 아래 표와 같다.

주요 금융 인프라는 중앙 은행 협의체로 중앙 은행을 위한 은행인 국제결제은행BIS이 주도하고 있으며, 국제통화기금IMF(International Monetary Fund), 세계은행World Bank 등이 거시적인 부분을 총괄하고 있다. 대부분 서구 또는 미국에 소재하고 있으며, 국제 금융에서 막강한 영향력을 행사하고 있다. 국제 자금 세탁 방지 기구 등은 서구와 미국 위주의 편향성을 가지고 있다는 비판을 받고 있다.

[표 2-2] 금융 관련 주요 국제 기관

| 금융 관련 주요 국제 기관 | | | 홈페이지 |
|---|---|---|---|
| • 국제결제은행(1930년, 본사: 스위스 바젤)<br>(BIS, Bank for International Settlements)<br>국제 협력을 통해 중앙 은행의 통화 및 금융 안정을 추구하고,<br>중앙 은행의 은행 역할 | | | http://www.bis.<br>org/ |
| 위원회 | 바젤은행 감독 위원회<br>(BCBS, The Basel Committee on Banking<br>Supervision)<br>은행의 건전성 규제를 위한 주요 글로벌 표준 제정<br>(바젤1, 바젤2, 바젤3 등) | | |
| | 글로벌 금융시스템 위원회<br>(Committee on the Global Financial System)<br>세계 금융 시장의 잠재적인 스트레스 원인을 파악하고<br>평가. 금융 시장의 기능과 안정성에 대한 개선을 촉진 | | |
| | 시장 위원회(Markets Committee)<br>중앙 은행 관계자들이 현재 시장 상황, 시장 기능,<br>중앙 은행 운영 등을 논의하는 포럼 | | |
| 산하<br>기관 | 금융 안정 위원회(2009년 G20에 의해 설립)<br>(FSB, Financial Stability Board)<br>세계 금융 시스템을 감시하고 권고하는 국제 기구 | | https://www.<br>fsb.org/ |
| | 국제 보험 감독자 협의회(1994)<br>(IAIS, International Association of Insurance<br>Supervisors)<br>보험 문제에 대한 국제 표준 설정 기관 | | http://www.<br>iaisweb.org/ |
| | 국제예금보험협회(2002)<br>(IADI, The International Association of Deposit<br>Insurers)<br>예금보험제도의 효율성을 제고 | | https://www.<br>iadi.org/en/ |

| | |
|---|---|
| • 국제 증권 감독 기구(1983, 본사: 스페인 마드리드)<br>(IOSCO, International Organization of Securities)<br>세계의 증권 및 선물 시장에 대한 표준을 개발하고 규제 준수를<br>촉진 | http://www.<br>iosco.org/ |
| • 국제 자금 세탁 방지 기구(1989년 G7에 의해 설립)<br>(FATF, The Financial Action Task Force)<br>세계적인 자금 세탁 및 테러 자금 조달 감시, 국제 기준 설정<br>〈한국 금융정보분석원FIU, 2001〉 | https://www.<br>fatf-gafi.org/ |

(출처: 저자 작성)


국제 금융 인프라에서 중요한 부분이 결제 관련 인프라다. 결제 시스템의 특징은 모든 자금 거래의 흔적이 남는다는 것이다. 실제로 데이터 마이닝 기술을 이용하면 자금 거래 계좌의 정보, 계좌 보유자의 정보는 물론, 심지어 소비 습관 등 중요한 가치가 있는 정보들을 알아낼 수 있다.[8]

국제 결제 시스템의 대표적인 것으로 스위프트SWIFT(Society for Worldwide Interbank Financial Telecommunications)가 있다. 스위프트는 1973년 유럽과 북미의 240여 개 금융 회사가 회원사 간 자금 이동을 관리하고 결제 업무를 위해 만든 폐쇄형 지급 결제망이다. 협동조합 형태의 비영리 기관으로 2022년 3월 초 세계 200여 개국, 1만1000개에 달하는 전 세계 금융 회사(중앙 은행 포함)와 기업이 가입되어 있고, 스위프트 지분은 3000개 금융 회사가 공동으로 소유하고 있다. 하루 거래 금액은 5~6조 달러에 달한다. 벨기에 브뤼셀

인근의 작은 소도시에 제1 데이터 센터, 미국 중앙정보국CIA 본부가 있는 버지니아주에 제2 데이터 센터가 있다. 미국과 서구는 스위프트를 통하여 세계의 자금 흐름을 통제하고 관리하고 있다. 북한의 자금 흐름 파악과 러시아의 해외 자금 동결과 압류는 스위프트가 있기에 가능하다.

외환 동시 결제 시스템CLS(Continuous Linked Settlement)은 국가 간 시차(Time Gap)에 따른 외환 결제 리스크를 예방하기 위한 시스템이다. 이 시스템으로 선진국 중앙 은행과 주요 상업 은행들은 국제결제은행BIS과 협력해 매입 통화와 매도 통화를 동시에 주고받을 수 있다. 뉴욕에 있는 외환 동시 결제 전문 은행인 CLS은행이 운영 중인 CLS가 대표적이다. CLS는 우리나라 금융 기관을 포함한 전 세계 주요 금융 기관들이 참여하고 있으며, 원화를 포함한 17개 주요 통화를 대상으로 하고 있다. 전 세계 공통 결제 시간대 (10월 마지막 일요일부터 3월 마지막 일요일까지는 오후 3~6시, 나머지 기간 중에는 오후 2~5시)에 매입 통화와 매도 통화를 동시에 주고받는 방식으로 여러 통화를 결제하고 있다.

이러한 서구 중심의 결제 시스템에 대한 반발로 중국은 위안화 국제 결제 시스템인 CIPS(Cross-Border Interbank Payment System)를 2015년 10월에 도입하였다. 『화폐전쟁』의 저자 쑹훙빙은 "위안화 국제화의 급선무는 독립적이고 강대하면서도 안전하고 고효율적인 글로벌 결제 시스템을 구축하는 것이다"라고 말하고 있

다.[9] CIPS는 인민은행이 개발한 자금 청산 결제 시스템이다. CIPS
는 위안화 국제 무역 결제, 국제 자본 프로젝트 결제, 국제 금융 기
관과 개인 송금 결제 업무 등을 포괄하고 있다. CIPS 참여 기관은
2022년 2월 현재 1288(직접 76, 간접 1212) 금융 기관이 참여하고 있
다.[10] CIPS는 모바일 국제 결제의 경우에 예외적인 청산 결제를 허
용하여 수수료 절감이 가능하도록 유인을 제공하고 있으나, 아직
은 참여 은행도 대부분 중국 국내 은행과 화교 은행이 대부분으로
스위프트와는 경쟁할 수 있는 단계는 아니다.

중동의 아랍 국가들도 원유 국제 결제를 중심으로 한 아랍 지
역의 역내 국제 결제 시스템인 BUNA를 2020년 설립하였다. 아
랍통화기금인 AMF(Arab Monetary Fund)가 소유하고 있다. BUNA
는 120개 이상 은행이 가입한 복수 통화 지급 결제 시스템으로, 참
가 통화별로 24시간 실시간 자금 이체를 지원하는 것이 특징이다.
BUNA는 국경 간 결제·통관 거래에 아랍 통화 사용을 장려하고 아
랍 국가의 글로벌 무역 파트너와 투자 관계를 지원함으로써 아랍
경제에 힘을 실어주면서 지역 통합을 촉진하고 금융 포용을 실현
한다는 비전을 갖고 있다.

러시아도 2014년 크림 반도 병합 후 서구의 제재에 따라 SWIFT
에 대한 대안으로 새로운 금융 메시징 시스템인 SPFS(The Financial
Messaging System of the Bank of Russia)을 시작하여 자국 통화로 결
제할 수 있도록 하고 있다. 2023년 1월 말 현재, 14개국 469기관

(외국 기관은 115개)이 참여하고 있으며 확대되는 추세다.[11] 중국과 러시아는 메시징 시스템을 통합하기 위해 협의 중에 있다.[12]

이러한 결제 시스템의 다극화 추세는 현재까지는 SWIFT의 영향력에는 못미치지만, 향후 달러의 위상과 서구의 금융 시스템 장악력에 도전이 될 수 있을 것이다.


〈참고〉 금융권 분류

금융권은 통상 제1 금융권, 제2 금융권, 제3 금융권으로 구분한다. 금융권 분류는 금융 회사의 안전성, 대중성 등을 기준으로 일반적으로 관행화되어 분류되는 기준이며, 공식적으로 정해진 기준은 아니다. 2011년 4월 저축 은행 사태가 발생하면서 금융 안전성과 예금자 보호에 대한 관심이 높아지면서 금융권 분류에 대한 관심도 높아지는 경향이 있다.

제1 금융권은 우리의 일상생활과 연결된 예금 은행을 말한다. 국민은행, 신한은행 등 일반 은행, 산업은행, 농협 등 특수 은행, 부산은행, 대구은행 등 지방 은행 등 소위 시중 은행을 말하는 용어다. 최근 설립된 인터넷 전문 은행인 카카오뱅크와 케이뱅크도 제1 금융권에 포함되고 있다. 제1 금융권은 예금의 입·출입이 자유롭고 쉽고 편하게 이용할 수 있다는 장점이 있으며, 대부분 국제 금융 규제인 자기 자본 비율 규제도 받고 있어 리스크 관리가 잘되어 있고, 만일의 사태에 대비한 자기 자본도 다른 금융권에 비하여 상대적으로 안정성이 높다고 할 수 있다.

제2 금융권은 제1 금융권을 제외하고서 별도의 법률에 따라 허가를 받은 다양한 금융 회사들을 통칭하여 부른다. 증권 회사, 보험 회사, 신탁 회사, 카드 회사 등이 있고 일반 서민들을 위한 상호저축 은행, 다양한 신용협동 기구(신협)도 포함된다.

제3 금융권이란 단어 또한 공식적으로 존재하지 않지만, 관행적으로 제도권 밖에 있는 대부업체를 제3 금융권이라고 분류하고 있다. 저신용자도 대출이 가능하지만, 금리가 매우 높다. 러시앤캐시, 산와머니, 리드코프 등이 대표적인 업체이다.

안정성 측면으로 보면 제1 금융권 〉 제2 금융권 〉 제3 금융권으로 인식되고 있으며, 대출 금리의 측면에서는 대체로 제1 금융권〈 제2 금융권〈 제3 금융권 순으로 높은 경향이 있다. 안정성과 대출 금리 등이 금융권 간 차이가 발생하는 것은 일반적으로는 그렇지만, 예외적인 경우도 적지 않다.

최근 금융권이 업무 영역 등을 확장하면서 금융권 간 취급 업무도 유사한 면이 많이 발생하고 있다. 증권 회사의 CMS(cash management service) 계좌는 일반 은행의 보통 예금 통장과 유사한 기능을 한다. 최근 P2P 업체 등 새로운 유형의 금융 관련 회사 등이 계속 나타나고 있어 금융권에 대한 분류기준은 예전처럼 구분이 쉽지 않고, 앞으로도 핀테크의 발달로 다양한 금융 서비스 유형이 나올 것으로 예상된다.

IT의 발전과 블록체인 기술 등을 이용한 다양한 핀테크 기업들이 편리함과 고객 접근성을 앞세워 기존 금융 회사들을 위협하고 있고, 일부는 제도권 내로 진입하고 있으며 더 확대될 것으로 예상된다. 기존 금융권의 분류는 지나치게 경직되게 분류된 것으로 볼 수 있다.

# 4
—
## 정책 금융, 시장 실패에 대한 보완

정책 금융은 금융 접근성이 낮은 중소기업, 소상공인, 자영업자, 서민이나 시장의 실패가 발생하는 부분에 대하여 정책적 지원을 함으로써 시장의 안정과 경제의 균형적 발전을 도모하는 데 목적을 두고 있다. 시장이 실패하는 원인으로는 정보의 비대칭성과 금융 회사의 이익을 극대화하고자 하는 기업의 속성에 기인하는 경향이 높다.

정보의 비대칭성은 채무자가 가지고 있는 정보(사업의 성공 가능성, 대출 상환 능력 등)가 대출 기관보다 더 많이 정확하게 보유하고 있고, 대출 기관은 정보 부족으로 인한 불확실성 때문에 대출을 거절하거나 리스크 프리미엄(이자)에 가산하여 대출을 억제하는 경향을 말한다. 정보의 비대칭성은 경쟁력이 있고 미래 성장성이 높은 기업이나 상환 능력이 충분한 개인의 금융 접근성(자금 조달 능력)을 감소시키는 경향이 있다.

금융 회사들은 소액 대출의 높은 거래 비용, 즉 단위당 대출 관리 비용 증가로 인하여 대출을 꺼리는 경향이 나타난다. 대출 금액이 1억이나 100억이든 대출 관리 비용의 차이는 크지 않으나, 금융 회사의 수익에 미치는 영향은 크다. 국가가 미래의 전략 산업 등 국가 경제의 발전을 위해 필요한 부문을 지원하기 위하여 정책 금융을 활용하기도 한다.

대표적인 정책 금융 기관은 산업은행 등의 특수 은행을 제외하고서 서민을 위한 서민진흥원, 소상공인을 위한 소상공인벤처진흥공단, 지역신용보증재단, 중소기업을 위한 신용보증기금, 기술보증기금, 중소벤처기업진흥공단 등이 있다. 정책 금융 기관들은 지원 영역이 특화되어 있으나 중복되는 부분도 많다. 코로나 COVID-19의 영향으로 신용보증기금과 기술보증기금도 소상공인에 대한 보증 지원을 확대하였다.

[표 2-3] 정책 금융 기관별 주요 업무

| 기관명 | 주요 지원 영역 | 주요 지원 방법 | 기 타 |
|---|---|---|---|
| 신용보증기금 | 중소기업 | 신용 보증, 투자, 보험, P-CBO | 전국 영업점 |

| 기술보증기금 | 중소기업 | 신용 보증, 투자 | 전국 영업점 |
|---|---|---|---|
| 중소기업벤처진흥공단 | 중소기업 | 대출, 투자 | 전국 영업점 |
| 소상공인벤처진흥공단 | 소상공인, 자영업자 | 대출 | 지역별 |
| 지역 신용보증재단 | 소상공인, 자영업자 | 대출 | 지역별 |
| 서민금융진흥원 | 신용 취약 계층 | (위탁)대출 | |

(출처: 저자 작성)

　　신용 보증은 기본적으로 자금이 필요로 하는 기업이 정책 금융 기관에 신청을 하면, 신용 조사와 신용 평가를 거쳐 성장성이 확인되면 보증서를 발급하고, 신청 기업은 이를 담보로 은행에서 대출을 받는 구조로 되어 있다.

[그림 2-3] 신용 보증 흐름도

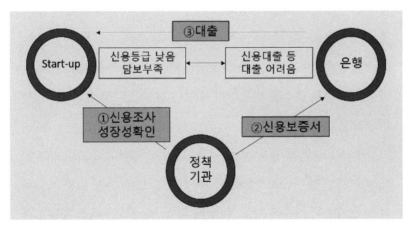

(출처: 저자 작성)

정책 금융을 운용하는 데 있어서 국제적으로도 신용보증을 가장 많이 활용하는데, 이는 보증의 승수 효과multiplier effect 때문이다.

승수 효과는 경제 현상에서, 어떤 경제 요인의 변화가 다른 경제 요인의 변화를 유발하여 파급적 효과를 낳고 최종적으로는 처음의 몇 배의 증가 또는 감소로 나타나는 총효과를 말한다. 또한 정부 지출의 경제적 효과와 관련하여 승수 효과를 말하기도 한다. 예를 들어 정부 지출을 늘리면 지출한 금액보다 많은 수요가 창출되는 현상을 말하기도 한다. 정부가 한 기업으로부터 1억 원어치의 재화를 구매하면 해당 기업의 고용과 이윤이 늘어나고, 그 기업 근로자들의 소득과 주주들의 이윤이 증가해 이들의 소비가 커진다. 이러한 소비 증가로 다른 기업들이 생산하는 재화와 서비스에 대한 수요도 증가한다. 이런 선순환 과정을 통해 정부가 처음 지출한 금액보다 많은 수요를 창출하기 때문에 이를 승수 효과라고 한다. 정부 지출로 근로자들의 소득이 증가할 때 소비가 크게 반응해 늘어나야 총수요에 미치는 승수 효과가 커진다. 이와 반대로 정부가 지출을 늘려도 총수요가 늘어나지 않는 현상을 구축 효과crowd-out effect라고 한다.

정부가 1억 원을 신용 보증 기관(신용보증기금이나 기술보증기금 등)에 출연하면 출연금의 10배[13]인 10억 원 정도를 신용 보증을 통하여 중소기업이 대출을 받을 수 있게 된다. 직접적인 대출 지원보다 몇 배의 지원 효과를 가져오기 때문에 우리나라 정책 금융에서 신용 보증이 차지하는 규모가 제일 크다.

서민 취약 계층을 지원하기 위하여 만든 정책 금융 기관인 서민 금융진흥원이 있다. 다양한 지원을 하고 있지만, 고금리 대환 대출 (햇살론, 최저 신용자 특례 보증 등)은 문제가 많다. 주로 저축 은행이나 은행 등을 통하여 대출을 하고 보증을 제공한다. 그 금리가 최고 금리인 20%와 크게 차이가 나지 않는 15.9%로 매우 높고 부실률도 높다. 상당 부분 주로 대부업체의 채무를 상환하는 데 쓴다. 저축 은행이나 대부업체를 지원하는 셈이다. 2023년 2월 말 현재, 금융감독원에 등록된 대부업체는 10903개다. 취약 계층의 금융 접근성이 낮아진 결과다. 이 중 일본 자금의 영향을 받는 대부업체는 20개 이하로 추정되지만, 시장 점유율은 40% 가까이 된다. 정부의 서민 금융 지원이 일본 금융 자본을 지원하는 셈이다. 특히 채무가 많은 서민 취약 계층에 대한 고금리 대출 지원은 실효성이 떨어진다. 금융 접근성이 취약한 계층이나 개인 파산자 등에서 성실한 실패를 가려내어 저금리 소액 자금을 대출하는 식으로 정책을 변화시킬 필요가 있다. 그렇게 하기 위해서는 지금의 지원 총액만 확대하는 양적 지원 정책에서 채무자의 상황에 대한 실질적인 내용을 파악하여 지원하는 개별 맞춤형 지원 정책으로 바꿔야 한다. 필요한 인력은 정책 금융 기관 등의 유휴 인력을 활용하면 될 것이다.

1 한국은행 홈페이지를 참조하여 작성(http://www.bok.or.kr/portal/main/contents.do?menuNo=200319) 2022.1.8. 검색.

2 그램-리치-블라일리법GLBA(Gramm-Leach-Bliley Act). 공식 명칭은 금융 서비스 현대화법(The Financial Services Modernization Act of 1999)이다. 은행, 증권, 보험이 서로 경쟁을 할 수 있는 내용으로 되어 있다.

3 누리엘 누비니 외, 『위기경제학』, 허익준 역, 청림출판, 2010, p. 379.

4 보험자가 보험 계약상의 책임의 전부 또는 일부를 다른 보험자에게 인수시키는 보험[출처: 한국민족문화대백과사전].

5 野崎浩成, 『金融&ファイナンスの大全』, 日本実業出版社, 2022, p. 65.

6 취약 차주借主에 대한 우대 금리 등이 적용되면 우리카드처럼 일부 등급의 역전 현상이 발생할 수 있다.

7 한국은행/금융시장인프라FMI(Financial Market Infrastructure)는 금융시장에서 금융 거래를 가능하게 하는 일련의 인프라를 통칭하는 것이지만, 통상적으로 청산 및 결제와 관련된 시스템을 의미한다.

8 FDIC, *A History of the FDIC 1933-1983*, 2018. p. 69.

9 쑹훙빙, 『화폐전쟁3』, 랜덤하우스, 홍순도 역, 2011, pp. 470-471.

10 쑹훙빙, 앞의 책, p. 475.

11 2020년 11월 기준 1046개(직접 41, 간접 1005)에 비해서는 성장하였으나, 아직은 국제 결제 시스템에서 차지하는 비중은 적다.

12 Russia Today, "More countries join Russia's SWIFT alternative-Central Bank", 2023.2.18..

13 이를 운용 배수라 하는데, 일반적으로 보증 기관은 출연 금액의 10배 내외로 운용한다. 운용 배수는 사실상 승수 효과로 볼 수 있다.

# 3장

# 신용과 신용 등급

"신용은 신뢰의 경제적 표현이다."

유발 노아 하라리Yuval Noah Harari(1976~ )

『호모 데우스』 중에서

# 1
—
## 신용이란?

신용은 신뢰이며 약속이다. 신용credit의 어원은 라틴어의 "나는 믿는다"를 뜻하는 credo에서 유래한다. 신용을 채권·채무를 내용으로 하는 인간 관계로 정의하기도 하고,[1] 신용을 신뢰의 경제적 표현이라고 말하기도 한다. 결국 신용은 신뢰와 약속에 기반한 상호 간의 금융 행위라고 할 수 있다.

신용을 파악할 때는 현재의 재무 능력(상환 능력 등)과 미래의 예상되는 지급불 능력을 포함한다. 즉 신용은 본인의 미래 가치와 현재 가치의 합이라고 말할 수 있다.

신용을 어떻게 파악하는가? 신용 파악을 어떻게 하느냐는 금융 기관들의 수익성과 바로 연결된다. 고객의 신용을 잘 파악하여 부실이 예상보다 적게 발생하면 수익이 커지기 때문이다. 신용을 파악하는 방법은 시대에 따라 변한다. 그러나 기본적인 내용들은 예나 지금이나 크게 변하지 않는다. 흔히 신용의 구조를 5Cs로 말하기도 한다.

[그림 3-1] 신용의 구조

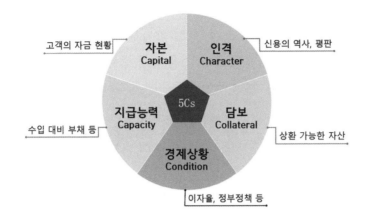

| 인 격 | 누적된 평판<br>약속 이행과 상환 노력 |
|---|---|
| 자 본 | 고객의 자금 현황 |
| 담 보 | 상환 가능한 자산 |
| 지급 능력 | 자금 지급 능력 |
| 경제 상황 | 시대적 여건, 정책 |

(출처: 저자 작성)

5Cs는 인격, 자본, 담보, 지급 능력, 경제 상황으로 구분할 수 있다. 인격은 누적된 평판으로 약속 이행 사실과 채무 상환 노력을 말한다. 여기에 채무자의 기존 상환 이력인 Credit을 분리하여 6Cs

로 표현하기도 한다.

자본은 고객의 재무 상태의 건전성이라 할 수 있다. 빌린 돈이 지나치게 많은지, 고금리의 돈을 사용하고 있는지 등이 포함된다.

담보는 빌린 차입금을 갚을 수 있을 만큼 충분한지를 판단한다. 담보로는 토지, 건물, 주택 등의 유형 자산과 기업의 매출 채권과 재고 자산, 특허권 등의 지적 재산권도 활용된다.

지급 능력은 월 소득 등의 들어오는 돈이 기본 생활을 유지하면서도 채무, 즉 원리금을 상환할 수 있는지를 파악한다. 경제 상황도 외적으로 주요 변수가 되는데, 이자율이나 은행의 자금 사정이나 정책 방향으로 인해 대출을 억제할 수도 있다.

신용의 요소들이 선후가 있거나 우열이 있는 것은 아니다. 상황에 따라 신용의 요소들은 다양하게 변할 수 있고 복합적으로 나타나기도 한다. 금융 실무에서의 평가(금융을 발생시킬 때)도 대출의 종류(주택 담보 대출, 신용 대출 등), 자금의 성격(정책 자금, 일반 자금 등)에 따라 평가의 중점 요소가 달라질 수 있다.


나는 어떻게 평가받는가? 신용 등급에 대한 기본 이해

신용 등급信用等級은 특정한 종류의 채무를 발생시킨 기업이나 정부 등에 대하여 채무 상환 능력 등을 감안하여 신용의 가치를 평가한 등급이다. 한 마디로, 나에 대하여 타인이 매기는 평가다. 신용 등급은 대출을 일으키는 개인, 기업, 프로젝트 등 다양한 유형에 적용된다. 신용의 가치를 리스크로 계량화하여 수치나 등급으로 표시하고서 이를 대출의 가·부 결정이나 금리 등에 적용하고 있다. 우량한 신용 등급은 본인의 무형 자산이라고도 할 수 있다.

### 개인의 신용 등급은 어떻게 결정되는가?

개인 신용 평가는 주로 스코어링 시스템scoring system으로 평가하는데, 모든 개인 대출 또는 총자산 10억 원 이하의 소기업 등에도 스코어링 시스템을 적용하기도 한다. 개인 신용 평가에서 나온 신용 등급을 개인 CB(credit bureau) 등급이라 말한다. 개인 CB 등급은 곧 나의 가치가 된다. 내가 평가하는 나의 가치가 아니다. 여기에서 갈등이 일어난다. 가치는 철저하게 신용 평가 기관이나 채권자인 은행의 판단에 의존한다. 그러므로 상대방(주로 채권자인 은행)이 무엇을 판단하고 가치를 매기는지를 알아야 할 필요가 있다.

여기에서 CB란 금융 기관이 개인의 금융 거래 자료와 개인 상거래 자료 등의 신용과 관련된 다양한 정보를 모으고, 이를 토대로 종합적인 개인 신용도를 평가하여 제공하는 신용정보 기관이다. 즉 크레딧 뷰로CB는 금융 기관이나 통신 회사 등 비금융 기관과 공공 기관이 제공하는 개인의 신용 거래 사실과 관련 정보인 빅데이터를 수집하여 데이터베이스로 축적한다. 또한 이를 평가, 가공(필요한 정보를 분류하고, 가중치 등을 적용)해 신용 정보를 제공한 기관과 이용자에게 제공·판매한다.[2]

현재 인가를 받고 활동 중인 대표적인 개인 CB 회사는 NICE평가정보, 코리아크레딧뷰로, SCI신용정보 등 3곳이다. 개인 CB사는 연체가 5일 이상(영업일 기준) 10만 원 이상인 금융권 CB 연체 정보를 공유하고, 공공 기관인 한국신용정보원으로부터 다양한 금융 정보를 받아 평가에 활용한다. 한국신용정보원은 개인과 기업의 연체, 부도 등 신용 불량 관련 금융 정보와 카드와 당좌 개설 정보, 개인의 대출, 현금서비스와 채무 보증 정보를 금융 기관으로부터 수집하여 CB사와 금융회사가 정보를 공유하고 있다.

개인 CB의 과점 시장에 대한 비판이 일고, 빅데이터의 활용을 통한 금융 활성화를 위하여 정부는 2020년 8월에 신용정보법을 개정하여 기존 개인 CB, 기업 CB에 더해 개인 사업자 CB가 생겼다.

개인 사업자 CB는 각종 데이터를 기반으로 소상공인 등의 개인 사업자를 신용 평가하는 사업이다. 신한카드가 가장 먼저 허가를 받았으며, 국민카드도 허가를 얻었다. 카카오뱅크, 토스도 받을 예정이다. CB 산업에 대기업, 은행, 카드사 등이 뛰어드는 이유는 전자 상거래의 확대, 금융의 디지털화와 빅데이터의 축적으로 신용 평가 능력이 그 기업의 경쟁력으로 대두되고 있기 때문이다.

개인 CB 등급은 18세 이상, 신용 거래를 한 사실이 있는 모든 개인을 대상으로 한다. 신용 등급의 평가 항목은 연체와 체납 사실, 직업, 월급, 기타 소득, 자녀수, 월 지출액, 신용 카드 사용 내용, 보유한 자산가액 등 다양하며 시대와 경제 환경에 따라 계속 변화한다. CB 회사별로 다양하게 구성되고 있다. 금융 회사 간 정보 공유를 통하여 확인할 수 있는 상환 이력, 차입금 규모, 대출금 구성도 주요 체크 사항이다. 금융 관련 대출금이나 각종 공과금을 연체 중이거나, 소유 부동산의 권리 침해, 신용 등급 관리(채무 불이행 중인 경우) 상태면 최하위 신용 등급으로 평가된다. 개인CB 3사의 평가 요소를 보면 상환 이력, 부채 수준, 신용 거래 기간, 신용 형태 등으로 구성되어 있으며, CB 3사의 평가 요소와 활용 비중은 아래 표와 같다.

[표 3-1] 개인 CB 3사의 주요 평가 요소

| 평가 요소 | 상세 내용 | 활용 비중(%) | | |
|---|---|---|---|---|
| | | NICE | KCB | SCI |
| 상환 이력 | 현재 연체 및 과거 채무 상환 이력 | 30.6 | 21.0 | 28.4 |
| 부채 수준 | 채무 부담 정보(대출 및 보증 채무 등) | 26.4 | 24.0 | 23.7 |
| 신용 거래 기간 | 신용 거래 기간 (최초/최근 개설로부터 기간) | 13.3 | 9.0 | 23.9 |
| 신용 형태 | 신용 거래 패턴(체크/신용 카드 이용 정보) | 29.7 | 38.0 | 24.0 |
| 비금융 마이데이터 | 국민 연금, 건강 보험, 통신료 등의 성실 납부 | - | 8.0 | |
| 계 | | 100 | 100 | 100 |

(출처: 회사의 홈페이지를 참조하여 작성)

드러난 모든 것이 평가된다.

오래전에는 전화 가설 유·무, 자동차 연식도 개인 CB의 평가 항목으로 운용된 적이 있다. 평가 항목은 시대의 경제적 상황을 고려하여 판별력 있는 변수를 찾아내어 운용하기 때문에 정보 회사나 국가별로 다양하게 나타나며, 정해진 항목이 있는 것은 아니다. 개인 CB를 평가할 때 반영하지 말아야 할 항목이 있는데 성별, 결혼 여·부, 나이 등으로 차별화가 될 수 있는 내용이다.[3]

아마존, 애플 등 빅테크 기업은 플랫폼을 이용하여 구매 이력 등 상거래 내용을 빅데이터로 축적하고 신용을 파악할 수 있는 다양한 기법들을 발전시키고 있다. 이를 바탕으로 빅테크 기업들은 BNPL(Buy Now, Pay Later)[4] 등을 통하여 소비자를 끌어들여 금융 영역을 확장하고 있다. 우리가 플랫폼에 하는 모든 행위, 물품 구매 이력과 구매 단가, '좋아요' 터치 사실, 관심 영역 등이 모두 빅데이터로 축적되고 신용에 반영하는 추세다. 한 마디로, 내가 하는 모든 행위가 드러나고 평가받고 있다.

개인 CB 등급은 주로 1등급부터 10등급까지 분류되고 있으며, 점수별로 신용을 구분하고 있다. 금융감독원에서 개인 CB 등급별 특징을 분류한 내용을 보면 신용등급의 의미와 특징을 요약해서 알 수 있다. 금융감독원은 1~2등급을 최우량 등급으로, 7등급 이하는 저신용 등급으로 분류하고 있다. 7등급 이하는 은행 등에서 신용 대출을 받는 것은 힘들다고 보아야 한다.

[표 3-2] 신용 등급별 의미 및 특징

| 등급 | 구분 | 의미 및 특징 |
|---|---|---|
| 1~2등급 | 최우량 등급 | 오랜 신용 거래 경력, 다양하고 우량한 신용 거래 실적 보유로 부실화 가능성 매우 낮음 |
| 3~4등급 | 우량 등급 | 활발한 신용 거래 실적은 없으나 꾸준히 우량 거래를 지속하면 상위 등급 진입 가능, 부실화 가능성 낮은 수준 |
| 5~6등급 | 일반 등급 | 비교적 금리가 높은 금융업권과의 거래가 있는 고객으로 단기 연체 경험이 있으며 부실화 가능성 일반 수준 |
| 7~8등급 | 주의 등급 | 비교적 금리가 높은 금융업권과의 거래가 많은 고객으로 단기 연체 경험을 비교적 많이 보유하여 부실화 가능성 높음 |
| 9~10등급 | 위험 등급 | 현재 연체 중이거나 매우 심각한 연체 경험 보유로 부실화 가능성 매우 높음 |

(출처: 금융감독원)

신용 평점은 개인 CB 회사별로 약간씩 다르다. 평가 기준이나 평점을 내는 금융 기법이나 축적하고 있는 빅데이터도 다르므로 차이는 있다. 그러나 CB 회사들이 신용 평가에 가장 중요한 금융 정보 등을 공유하고 있어 결과적으로 크게 차이가 나지는 않는 다. 금융 회사 등은 개인 대출을 실행할 때 2~3개의 개인 CB 회사의 신용 평점과 자체 신용 평가 시스템을 융합하여 사용하는 경우가 많다.

개인 CB 등급의 투명하고 객관적인 관리를 위하여 금융을 관리·감독하는 정부 기관인 금융위원회에서는 신용 등급 발급 기준, 서민 금융 상품 지원 대상 등을 등급별로 구분하고 정책 집행 등에 활용하고 있다.

[표 3-3] 개인 CB 활용기준

| 분 류 | 전환 전(~20.12.31) | 전환 후(21.1.1~) |
|---|---|---|
| 신용 카드 발급 기준 | 6등급 이상 | (NICE)680점 이상 or (KCB)576점 이상 *개인 신용 평점 상위93% or 장기 연체 가능성 0.65%이하 |
| 서민 금융 상품 (햇살론 등) 지원 대상 | 6등급 이하 | (NICE)744점 이하 or (KCB)700점 이하 *개인 신용 평점 하위 20% |
| 중금리 대출 시 신용 공여 한도 우대 기준 | 4등급 이하 | (NICE)859점 이하 or (KCB)820점 이하 *개인 신용 평점 하위 50% |
| 구속성 영업 행위 해당 기준 | 7등급 이하 | (NICE)724점 이하 or (KCB)655점 이하 *개인 신용 평점 하위 10% |

(출처: 금융위원회)

개인 CB 등급은 대출 여·부, 대출 한도, 금리 수준에 결정 요소로 활용되기 때문에 평소의 신용 관리가 매우 중요하다. 대출이 필요한 경우에는 미리 개인 CB 등급을 확인하고, 적극적인 신용 관리를 할 필요가 있다. 개인 CB 등급은 기업의 대출에도 영향을 미친다. 대출을 신청한 기업의 대표이사(경영 실권자 포함)가 일정 등급 이하일 경우에 정책 금융 기관(신용보증기금 등)에서는 신용이 취약한 기업으로 운용하는 등, 개인 신용 등급이 기업의 자금 조달에 미치는 영향이 확대되고 있다. 특히 창업 기업은 기업의 신용이 낮으므로, 창업자의 신용 관리 내용이 신용을 판단하는 주요 요소가 된다.

## 2
—
## 신용을 어떻게 관리해야 할까?

우선, 자신의 현재 신용 등급을 관리하는 습관이 중요하다. 빅데이터의 축적과 이를 기반으로 하는 인공지능AI의 발전은 개인의 평소 대출금 등 자금 관리와 공과금 납부, 스마트폰 요금 등 수많은 빅데이터를 신용 평가에 효율적으로 반영할 수 있는 기반이 되고 있다. 기본적으로 모든 CB사가 공유하는 대출 원리금 등을 10만 원 이상 5일 이상(영업일 기준) 연체하지 않도록 하는 것이 필요하다. 특히 카드 결제액 등의 연체에 주의할 필요가 있다. 신용 등급을 올리기 위해서는 하락한 원인을 잘 살펴보고 시간을 두고 자기

관리를 해나가야 한다. 신용 등급은 주로 분기나 반기별로 변동하기 때문에 개인의 신용 변화가 즉각 반영되지는 않는다. 개인 CB 등급을 올리기 위한 구체적인 방법은 아래 표와 같다.

[표 3-4] 신용 등급 관리 방법(예)

| 현재 등급 | 목표 등급 | 관리 방법 |
|---|---|---|
| 3~4 | 1~2 | 신용 거래 실적을 높인다<br>꾸준한 우량 거래를 유지한다 |
| 5~6 | 3~4 | 대출금의 일부를 상환한다(고금리 순)<br>과도한 금액의 추가 대출을 자제한다 |
| 7~8 | 5~6 | 제2 금융권 대출을 상환한다<br>원리금을 연체하지 않는다 |
| 9~10 | 7~8 | 소액이라도 연체 금액을 갚는다<br>추가 대출과 카드론 등의 사용을 줄인다 |

(출처: 저자 작성)

연대 보증은 내가 빌리는 것

사회 생활을 하다 보면 가족이나 친구 등이 돈을 빌릴 때 연대 보증을 하게 되는 경우가 있는데, 반드시 주의할 필요가 있다. 연대 보증인은 첫째, "최고와 검색의 항변권이 없다", 둘째, "분별의 이익이 없다"라고 말한다. 이 말은, 한 마디로 연대 보증인의 책임이 돈을 직접 차입한 채무자와 똑같다는 얘기와 같다. 채권자는 채무자에게 돈을 못 받으면 그 다음에 연대보증인에게 순서대로 채무를 청구하는 것이 아니다. 채권자는 채무자, 연대 보증인 누구에게나 순위에 상관없이 채무 상환을 요구할 수 있다.

그러므로 연대 보증을 선다는 것은 '내가 돈을 빌리는 것과 마찬가지다', '만약 상환하지 못하면 내가 갚을 수밖에 없다'라는 생각으로 해야 한다. 최근에는 신용 평가 시스템이 발달하면서 연대 보증이 많이 감소하고 있다.

연대 보증은 채권자가 확실한 담보를 위한 수단으로 오래전부터 이루어졌다. 함무라비 법전(BC 1750년)에는 대리 경작인을 위한 인적 보증으로, 최초의 보증 기록이 있다. 보증서를 사용했으며, 채무를 갚지 않으면 보증인의 책임을 묻는 인적 보증 제도가 규정되어 있다. 로마법전(AD 150년)에도 근대적 보증의 핵심 내용 등이 있으며, 연대 보증과 보증인 보호 등 보증 제도가 법문화되어 있다.

우리나라에도 고려 시대에 연대 보증과 보증 책임에 대한 상속 금지 제도가 있었으며, 조선 시대『경국대전』등에 보면 가족과 이웃의 인적人的 보증이 있었음을 알 수 있다. 셰익스피어가 쓴『베니스의 상인』은 주인공 중 한 명인 안토니오가 인적 연대보증으로 유대인 대부업자인 샤일록에게 상환일에 상환하지 못하면 살 1파운드를 잘라내야 한다는 계약으로 시작해서 재판까지 이어지는 과정을 그린 희곡이다.

(신용) 대출을 연체하면?

　금융 기관 대출의 경우에 보통 영업일 기준 5일 이상, 10만 원 이상 연체되면 6일 자에 자동으로 은행 공동 전산망에 '단기 연체자'로 등록[5]되고, 이 경우에 연체된 은행뿐만 아니라 신한은행, 국민은행 같은 제1 금융권과 카드사 등 타 금융사도 해당 고객의 신용 카드에 대한 거래 정지를 할 수 있다. 이 등록은 최장 3년 동안 보관된다. 단기 연체자로 등록되어 받는 불이익은 ①대출 시 자격 제한, ②신용 카드 발급 및 기존 카드 사용 제약, ③가계 및 당좌계좌 개설 금지 및 해지 처리, ④금융 거래 시 금리 인상, ⑤자영업자 신용 카드 가맹점 신청 불가, ⑥회사 취직에 자격 제한, ⑦비자 발급 제약 등이 있을 수 있다. 한 마디로, 금융 활동에 많은 어려움이 뒤따르며, 경제 활동에도 직접적인 타격을 입는다. 한번 나빠진 신용을 올리기 위해서는 많은 시간이 걸린다. 금융을 잘 이용하기 위해서는 부채(레버리지)를 활용한 무리한 투자를 하거나 돈이 있음에도 기일 관리를 못해 불이익이 발생하지 않도록 평소에 자금 관리를 계획적으로 할 필요가 있다.

1  한국민족문화대백과사전.

2  시사상식사전 참조.

3  미국의 평등 신용기회법(US equal credit opportunity acts) 75~76조항은 민족, 유색 인종, 종교, 국적, 성별, 결혼 여부, 나이를 신용 평가에 반영하지 못하도록 규정하고 있다.

4  BNPL은 선구매하고 후에 지불하는 서비스를 말한다. 무이자 할부 결제 방식이다. 물건을 먼저 사고 돈은 나중에 지불해도 된다는 의미다. 빅테크 플랫폼은 판매자인 기업과 소비자를 연결하면서 시장을 확대하기 위하여 BNPL을 적극 활용하고 있다.

5  일반적으로 CB 단기 연체 정보는 90일 미만의 연체 정보를 의미하며, 해제 후 3년 동안 신용 평점에 반영된다.

# 4장

# 금리와 인플레이션

(위키미디어 커먼스)

"화폐를 타락시키는 것만큼 사회의 기존 토대를
감쪽같이 확실하게 뒤집는 수단은 없다."

존 메이너드 케인스John Maynard Keynes(1883~1946)

# 1
—

## 금리(이자)란 무엇인가?

이자는 채권자에 대한 보상의 의미로 해석된다. 채권자의 대출 행위에서 발생한 손실에 대해 보상 차원에서 지급하는 것이 이자라는 논리다. 채권자의 손실은 빌려준 돈에서 얻을 수 있는 이익을 포기하는 의미가 된다. 1200년 경에는 라틴어인 인테리세interisse, 즉 기회 비용이라는 개념이 이자의 개념이 되고 있고, 현재도 이어지고 있다.[1] 그러면 이자는 과거에 어떤 의미일까? 서남아시아의 슈메르인이 이자를 가르키는 단어인 마시mash는 송아지를 의미한다. 고대 그리스에서 이자를 가르키는 토코스tokos는 소 떼에서 태어난 새끼를 말한다. 이자 개념은 가축이 번식하는 데서 나왔음을 알 수 있다.[2] 이자를 뜻하는 순수 우리말은 '길미'라고 하는데, 이는 원금에서 자라난 돈이라는 뜻이다.[3]

이자를 계산할 때는 단리와 복리가 있어 상품 가입 시 확인할 필요가 있다. 단리는 원금에만 이자를 지급하지만, 복리는 매월 원금과 이전에 발생한 이자에 이자를 더하는 이자 지급 방식이다. 즉 원리금(원금+이자)에 이자를 주는 방식이라, 같은 이자율일 경우라면 복리가 유리하다. 예를 들어 1억 원의 금액을 2년 단리, 연이율 5%의 정기 예금을 들었다고 할 경우에 이자는 1억 원×5%를 2년에 걸쳐 받으므로 이자는 1천만 원이 된다. 복리로 하면 1년 차에는 5백만 원의 이자가 발생하고 2년 차에는 1억5백만 원에 대한 5%의 이자가 발생하므로 1천2십5만 원이 된다. 복리는 이자에 대한 이자가 발생하기 때문에 25만 원을 더 받게 된다. 복리는 기간이 길수록 누적해서 이자를 받는 금액이 커지기 때문에 복리로 자금을 운용하는 것이 훨씬 유리하다.

72의 법칙(The Rule of 72)을 알아두면 편리하다. 72의 법칙은 이자율을 복리로 적용할 때 원래의 금액이나 규모가 두 배로 늘어나는 시간을 간단히 계산해주는 일종의 어림 기준이다. 다시 말해서 72를 연간 복리 수익률로 나누면 원금이 두 배가 되는 기간과 같아진다는 법칙이다. 즉 투자 자금의 배가 되는 시간을 측정해주는 방식으로서, 70의 법칙 또는 69.3의 법칙으로도 불린다. 예를 들어 1백만 원을 연 복리 6%로 예금을 하면 12년 후에는 2백만 원이 된다. 이 복리 산식을 사용하면 경제 성장률이나 인구 증가, 저축의 복리 효과 등을 쉽게 이해할 수 있다. 미국의 과학자 알베르트 아인슈타인Albert Einstein은 "복리야말로 인간의 가장 위대한 발명"이라고 하면서, 원금을 두 배로 불리는 기간을 복리로 계산하는 방법을 제시하였다. 아인슈타인이 제시한 수식과 복리 계산식은 아래와 같다.

> ▶ 원금이 두 배가 되기까지 걸리는 시간(연수)=72/수익률(%)
> ▶ 복리 계산식 (P는 원금, r은 금리, 기한 n년, 수령액은 X)
> 　1년 후 : $X=P(1+r)$
> 　2년 후 : $X=P(1+r)(1+r)=P(1+r)^2$
> 　n년 후 : $X=P(1+r)(1+r)(1+r)$ ⋯⋯⋯⋯⋯ $=P(1+r)^n$

이자는 화폐를 사용하는 데 따르는 가격이며, 화폐를 제공하는 사람들의 소득을 형성한다.[4] 현대에 화폐를 제공하는 가장 큰 주체는 은행이다. 은행에 접근하기 어려운 사람은 손쉽게 대출해주는 카드 대출이나 대부업체를 찾는 경향이 있다. 금융 사용 경험이 적고 이자의 무서움을 모르면서 신용은 낮은 젊은층이 빚의 굴레에 빠져드는 경우가 많이 발생하고 있다. 특히 장기간의 저금리와 취업 불안정, 자산 불평등 확대는 청년층을 금융 취약 계층으로 내몰고 있는 것도 현실이다. 신용 카드 사용 금액도 갚아야 하는 빚이다. 은행이든 카드사든 남한테 빌린 돈은 결국 갚아야만 하는 채무라는 생각으로 본인의 상환 여력과 소득을 감안하여 금융을 이용하는 습관을 들일 필요가 있다.

역사적으로 보면 금리는 복잡하고 다양하며, 시대에 따라 금리를 바라보는 시각이나, 금리에 대한 정책도 다양했다.

함무라비 법전은 기원전 1792년에서 1750년에 바빌론을 통치한 함무라비 왕이 반포한 고대 바빌로니아의 법전이다. 함무라비 법전은 상업이나 채권에 대해서도 상당히 발전된 형태를 보인다. 그 내용을 구체적으로 살펴보면, "상인과 판매원 사이의 관계에는 상인 측의 불공정 행위는 그가 고용하고 있는 판매원 측의 불공정 행위의 두 배나 엄격히 처벌된다", "사람이 빚이 있어서 자기의 아내나 아들이나 딸을 (볼모로) 넘겨주었거나 일을 하여 그 빚을 갚도록 하였으면 그들은 3년 동안 채권자의 집에서 일하고 4년째에는 풀려나야 한다", " 사람이 타인에게 금이나 은 등 어떤 물건을 맡기고자 하면 맡기는 모든 것을 증인들에게 보이고 계약서를 작성한 다음에 맡겨야 한다" 등 구체적으로 적혀 있다.

함부라비 법전에서는 이자에 대해서도 명시하고 있는데, 곡식 대출의 연간 최고 이자율은 33.33%, 은銀 대출(무게로 산정)은 연간 20%로 법으로 정해져 있었으며, 법정 이자보다 많은 이자를 받았을 경우에 채무 원금을 탕감할 수 있게 되어 있다. 함무라비 법전은 투자에 대해서도 언급하고 있다. 상인이 대리인에게 자금을 맡겨 간접 투자를 했는데, 대리인이 투자 자금을 손해 본 경우에 그는 받은 투자금을 받은 액면 그대로 상인에게 배상하여야 한다고 되어 있다. 오늘날의 원금 보장 상품과 비슷하다. 당시에도 투자 위험에 대한 리스크를 관리하고 있음을 알 수 있다.

기원전 450년 경 로마 12표법은 최고 이자율을 연간 8.33%로 명시하였으며, 위반하면 4배를 배상한다고 되어 있다. 당시에는 노예를 이용한 인신 담보가 허용되었다. 기원전 40년 경 로마 키

케로 시대에는 최고 이자율이 연간 12%로 정해져 있었으며, 일반 대출은 4%로 공시되었다. 800년 경 중세 시대 샤를 마뉴 법령집에는 이자를 일체 허용하지 않았다. 중세 시대 교회가 신자들에게 대부 행위를 금지한 조치로 인하여 서유럽의 경제 부활에 유대인들의 역할과 영향력은 더욱 커졌다.[5]

　과다한 부채로 인한 사회 문제는 오래전이나 지금이나 비슷하다. 기원전 600년 경 그리스는 과도한 부채와 고금리,[6] 빈부 격차의 확대, 인신 담보로 인하여 민주주의의 위기가 발생하였다. 그리스의 정치가 솔론Solon(기원전 638년(?)~560)은 이를 극복하기 위하여 귀족들의 반대를 무릅쓰고서 과감한 부채 탕감 및 감면을 대대적으로 실시하였다. 또한 화폐 절하를 통하여 원금의 75%를 감면하는 개혁을 시행하였다. 그리고 대출과 관련하여 담보 계약은 허용하되, 인신 담보는 금지하였으며, 부채 탕감 후 경제 활동의 활성화를 위하여 모든 이자 제한은 철폐하였다.

　이러한 솔론의 개혁은 귀족들의 반발과 거부로 어려움을 겪었지만, 그리스 민주주의의 중흥기인 페리클레스 시대를 여는 동력이 되었다. 부의 독점이 이루어지고, 부패가 만연하면 사회의 변화를 이끌기 위해 공권력에 의하여 채권·채무 관계를 강제로 청산하여 사회적 부의 재분배를 강제할 필요성도 있다. 기득권층은 시장에 맡겨야 한다고 많은 반발을 하겠지만, 금융 문제에 대한 국가의 적극적인 개입이 필요할 때도 있다.

# 2

---

## 대출 금리는 어떻게 결정되는가?

대출 금리를 결정하는 주요 요소를 보면, 기준 금리(조달 금리)와 신용 상태, 업무 원가 등으로 크게 나누어볼 수 있다.

▶ 금리 = 기준 금리 + 기간 스프레드 + 신용 스프레드 + 업무 원가

여기에서 스프레드spread는 가산 금리를 의미한다. 가산 금리는 기간이나 신용 등급에 따라 달라진다. 대출 기한이 길거나 신용 등급이 낮으면 금리는 올라간다. 대출 금리의 구성 요소 중 가장 변동성이 큰 것이 신용 리스크(신용 등급에 따른 예상 비용)다. 나머지는 차입자가 관여할 수 없는 비용이다. 신용 대출을 기준으로, 한 은행의 사례를 보면 적용 금리가 6.502%일 경우에 기준 금리 2.782%, 신용 리스크 2.06%, 업무 원가 0.63%, 목표 이익률 1.03%로 구성된다. 여기에서 목표 이익률은 은행이 추구하는 목표이며, 실질 예·대금리 차이로 볼 수 있다. 담보가 있을 때는 신용 리스크 비용은 줄어들며, 담보의 성격(가치와 처분의 용이성 등)에 따라 다소 차이가 발생한다.

<참고> bp(basis point)

이자율을 계산할 때 사용하는 최소의 단위로 bp를 사용한다. 1%는 100bp이고, 1bp는 0.01%이다. 예컨대 액면 이자율이 10%인 채권이 가격 하락으로 실질 수익률이 10.5%가 됐을 경우에 액면 이자율보다 50bp 높아졌다고 말한다.

은행이 주택 담보 대출을 취급할 때 적용되는 기준 금리는 코픽스COFIX(Cost of Fund Index) 금리다. 코픽스 금리는 국내 시중 은행이 조달한 자금의 가중 평균 금리를 말한다. 2010년 2월 16일부터 매월 15일 오후 3시에 발표하고 있다.

코픽스 금리는 한국은행연합회가 8개 시중 은행 (농협, 신한, 우리, SC제일, 하나, 기업, 국민, 한국씨티)으로부터 정기 예금, 정기 적금, 상호 부금, 주택 부금, CD, 환매 조건부 채권, 표지어음, 금융채 등 자본 조달 상품 관련 비용을 취합하여 산출한다. 은행들은 코픽스에 대출자의 신용도 등을 반영하고서 일정률의 가산 금리spread를 더해 대출 금리로 결정한다.

코픽스 금리는 2010년 1월 3.88%로 시작하여 하향 추세를 보였으나, 2022년부터 급격하게 상승하기 시작하여 2022년 12월 말 기준 4.29%로 코픽스 금리가 생긴 이래 가장 높은 금리 수준을 보여주고 있다.

[그림 4-1] 코픽스 신규 금리(2010.1.~2022.12.)

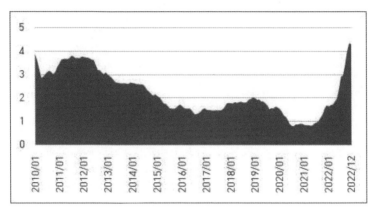

(출처: 전국은행연합회)

　기업의 대출 금리 산출은 개인 대출 금리보다 복잡하다. 대출 금리에서 신용 리스크(신용 가산 금리)의 비중이 높고 신용 평가가 복잡하기 때문이다. 기업의 신용 리스크는 기업의 신용 등급으로 판별하는데, 신용 등급은 개인 대출 금리와 달리 스코어링 시스템이 아니고 15개 내외로 구분된 등급으로 구분된다. 기업의 대출 기준 금리도 보통은 코픽스 기준 금리를 사용한다.

<참고> 기업의 대출 금리 산출 기준과 사례

| 기준 금리 | COFIX 기준 금리 1.02%(2021.8.15) | |
|---|---|---|
| 신용 가산 금리 | 예상 손실 | PD×LGD |
| | 예상외 손실 | 위험 자본(PD×LGD함수) ×주주 요구 수익율 |
| 기타 가산 금리 | 적정 이윤 | 0.8 ~ 1% |
| | 업무 원가 | 외감 0.2%, 비외감 0.4%, 영세기업 0.5% |
| | 출연료 등 | 신보(0.205~0.235%), 기보: 0.135%, 재단: 0.02% |

▸ PD(probability of default)는 부도 확률을 말한다. 통상 부도 확률이 2%라고 한다면 1년에 100개 업체에 대출을 하면 2개가 부실화되는 것을 말한다.
▸ LGD(Loss Given Default)는 부도 후 손실률을 말한다. 산식에서 LGD는 1-회수율이 된다. 만약 1억 원을 부실 처리했지만, 담보 처분이나 상환 등으로 평균 30%가 회수되면, 은행이 입는 실질 손실 금액은 7천만 원(1억원×(1-0.3))이 된다.
▸ 업무 원가는 기업의 규모가 작을수록 더 많이 받는다. 이는 은행이 1억 원을 대출하든, 1백억 원을 대출하든 드는 비용(인건비와 시간)은 차이가 별로 없지만, 은행 수익은 크게 차이가 나기 때문이다. 그래서 은행은 고액 대출을 선호하는 경향이 있다.
▸ 출연료 등은 기업 대출이 이루어지면 은행이 공공 기관에게 지불하는 비용이다. 신용보증 기금 등은 이 출연금을 재원의 기본으로 하여 중소기업에게 신용보증을 한다.

| 적용 여신 금리(시스템 산출) | 적용 금리(%) | 산 출 근 거 |
|---|---|---|
| ①대출 기준 금리 | 1.77000 | |
| ②금리 조정 스프레드 | 0.37000 | 조달원가: 0.37 자금 만기: 0(은행별 차이남) |
| ③신보 출연료 | 0.37200 | |
| ④교육세 | 0.02100 | [(①~③, ⑤~⑨의 합계)-감면 금리(B)]×0.5% |
| ⑤신용 위험 비용률 | 0.32700 | 신용 보증서 담보로 금리가 낮음 |
| ⑥자본 비용률 | 0.09700 | |
| ⑦업무 원가율 | 0.51000 | 대출 종류 및 대출 금액에 따라 최소 0.1%~1.2% |
| ⑧목표 이익률 | 0.93000 | |
| ⑨본부조정 금리 | | |
| **산출 금리(A)** | **4.39700** | |
| 감면 금리(B) | -0.15850 | |

*시중 은행의 대출 금리 산정표를 참조하여 작성, 신용 보증부 대출이며 고정 금리

대출이 발생하면 이자는 비용이므로 본인의 지갑에서 없어진다. 금융 비용을 줄이기 위해서는 평소에 개인의 신용 관리를 통하여 신용 등급을 양호하게 유지하는 것이 필요하다. 대출 이자, 각종 공과금, 세금 등 기일 관리도 철저히 할 필요가 있다. 신용은 약속이 중요하기 때문에 평소에 자금 관리를 하는 습관이 필요하다.

대출받은 금리(이자)와 신용 등급은 역관계라 볼 수 있다. 이자가 높은 대출을 사용하면 신용 등급은 내려간다. 특히 카드 대출, 대부업체 등 고금리 대출을 받으면 신용 등급은 급격하게 내려갈 수 있다. 이는 금리가 낮은 제1 금융권을 이용하지 못할 정도로 신용이 낮은 것으로 판단하기 때문이다.

[그림 4-2] 금리와 신용 등급 간 관계

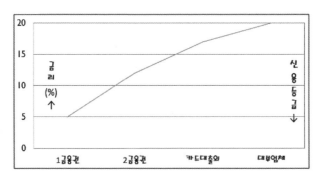

(출처: 저자 작성)

# 3
—

## 인플레이션, 돈의 가치가 하락한다.

최근 인플레이션에 대한 논란이 거세다. 인플레이션의 어원은 라틴어인 인플라레inflare로, 크게 '부풀어 오르다'라는 의미이다. 한 마디로, 돈이 부풀어 오르는 것, 돈의 가치가 낮아지는 것이다. 인플레이션은 개별 물가가 상승하는 현상과는 다른 물가가 전반적으로 상승한 상태를 말한다.

독일의 경제학자 하노 벡Hanno Beck은 『인플레이션』이란 저서에서 "지폐가 훼손되면 다시 찍으면 된다. 하지만 화폐에 대한 신뢰도가 떨어지면 원래의 상태로 되돌릴 수 없다. 신뢰란 지폐처럼 원하는 대로 찍어낼 수 있는 것이 아니기 때문이다. 일단 화폐가 파괴되면 원점으로 되돌려 시작하기 어렵다"라고 인플레이션의 위험성을 경고하고 있다.[7] 영국의 경제학자인 존 메이너드 케인스 John Maynard Keynes도 "화폐를 타락시키는 것만큼 사회의 기존 토대를 감쪽같이 확실하게 뒤집는 수단은 없다"라고 인플레이션이 사회와 경제의 근간을 흔들 수 있음을 말하고 있다.

화폐는 국가 경제를 뒷받침하는 수레바퀴와 같다. 화폐의 가치가 흔들리면 국가의 경제도 어려워질 수밖에 없다. 정치가들은 화폐 발행을 좋아한다. 화폐를 발행하여 임금을 올리고, 복지 혜택 등을 확대하면 투표권자인 국민이 좋아하기 때문이다. 그러나 이것은 일시적이다. 다시 물가가 상승하면 실질 임금은 변하지 않는다. 그러면 다시 화폐를 발행하는데, 이것이 악순환으로 이어지면 경제는 붕괴한다. 1920년대의 독일, 2010년대의 베네수엘라가 대표적인 예이다.

〈참고〉 명목 GNP와 실질 GNP

예를 들어 계란 2판을 1만 원에 생산하는 국민경제 규모의 국가에서 명목 총생산GNP은 2만 원이다. 다음해에 계란 2판을 생산하고 4만원에 판매한다면 명목 GNP는 4만 원이다. 국민경제의 생산력이 2배만큼 상승했다고 말 할 수 있을까? 같은 제품을 같은 양만큼 생산했다. 이때 살펴보아야 할 것이 실질 가치인 실질 국민총생산GNP이다. 우리가 어떤 국가 혹은 기업에 투자할 때 판단 기준으로 삼아야 할 것이 물가 변동 추이를 반영한 실질 GNP다.[8]

초인플레이션hyperinflation은 인플레이션이 극적으로 치솟는 시기, 적어도 한 달 동안 인플레이션율이 50% 이상 유지되는 경우를 말한다. 초인플레이션 시대가 되면, 한 마디로 돈이 돈이 아니다. 화폐는 가치를 잃어버리고, 물건을 거래하는 안정된 수단으로서의 지위를 박탈당한다. 아울러 경제는 붕괴한다.

인플레이션이 발생하면 쉽게 없어지지 않는다. 물가 상승→임금 상승→물가 추가 상승의 나선 효과spiral effect가 일어나면 더 나빠질 수 있다. 인플레이션이 일어나면 금리가 오르고 고통을 감내해야만 해결되는 경우가 발생한다. 그러므로 인플레이션을 최소화할 수 있는 노력이 선제적으로 요구된다.

[그림 4-3] 인플레이션의 결과

독일의 어린이들이 돈다발을 쌓으며 놀고 있는 모습(1923년)
(출처: 위키미디어)

1946년 헝가리의 청소부가 지폐 더미를 빗자루로 쓸고 있는 사진.
아무도 저 지폐 더미를 주우려고 하지 않고 구경만 하고 있다.

[그림4-4] 베네수엘라의 초인플레이션

왼쪽의 화폐다발을 주어야 오른쪽 두부 1모, 휴지 1통을 살 수 있다.

경제 주체들은 인플레이션보다 디플레이션을 우려한다. 화폐의 가치가 상승하고, 물가가 내려가면 소비를 미루는 효과가 발생하고 경제가 위축되는 결과를 가져오기 때문이다. 『화폐의 몰락』을 쓴 제임스 리카즈는 미국의 연방준비제도와 정치가들이 디플레이션을 겁내는 이유를 잘 설명해주고 있다.[9] 디플레이션은 정부의 부채 상환에 큰 영향을 준다. 갚아야 할 부채가 많아지기 때문이다. 또한 디플레이션은 GDP 대비 부채율에 영향을 준다. 부채 비율이 올라가 과다한 부채에 대한 비판이 많아진다. 디플레이션은 은행 시스템의 건전성과 시스템적 리스크와 관련된다. 민간 부채의 실질 가치를 증가시켜서 채무 불이행과 은행 파산으로 이어진다. 그리고 디플레이션은 세금 징수에 영향을 준다. 돈의 가치가 높아지면 자연스럽게 양적인 소비액은 줄어든다. 인플레이션은 정부에게는 이익이나 근로자에게는 손해다. 그래서 미국 연준은 2%의 인플레이션을 선호한다. 2%의 기준선에 대한 경제적 합리성은 없다. 다만 미국의 성장률이 2% 이상은 되기 때문에 2%의 기준선을 설정하면 자연스럽게 실질 성장률을 유지하면서 경제를 안정적으로 유지할 수 있는 토대를 마련한다고 생각하기 때문이다.

금리를 인하하면(양적 완화) 투자 활성화가 이루어지고 소비를 촉진하여 경기 활성화를 통한 경제 성장으로 이어지면서 디플레이션을 억제하는 선순환 효과를 기대한다. 그러나 금리를 인하하더라도 자금이 투자로 이동하지 않고서 잉여 자금을 형성하여 주식, 부동산 등 자산에 (투기성)투자가 과다하게 이루어지면 자산 인플레이션이 크게 발생할 수 있다. 자산 인플레이션이 발생하면 시중에 풀려 있는 유동 자금을 흡수하기 위하여 금리를 올리고 금융이 정상화되는 과정에서 채무 부담으로 인한 부채 위기(금융 위기)가 발생할 수 있다.

## 부채의 습격

그리스의 수학자 아르키메데스Archimedes는 지렛대(레버리지)만 있으면 지구도 들어올릴 수 있다고 말했다. 부채의 레버리지 leverage 효과는 돈을 빌려서 수익을 극대화하는 것을 말한다. 부채의 레버리지 효과는 수익률이 차입하는 이자율보다 높으면 이익이 확대되어 수익을 극대화할 수 있다. 그러나 금리가 오르거나, 신용 등급이 낮게 평가(부채 비율은 신용 등급의 주요 요소임)되고 사업 환경이 나빠지면 채무 원리금 상환 압박에 부딪히게 되어 부채의 습격으로 개인의 파산이나 회사의 부도로 이어질 수 있다. 특히 상환 능력을 넘어서는 부채(자금 차입 등)는 언제든지 폭탄이 되어 돌아올 수 있음을 알아야 한다. 현재와 같은 경기 변동성이 높은 경우에는 부채의 레버리지를 최소화하는 자금 관리를 할 필요가 있다.

[그림 4-5] 부채의 레버리지 효과

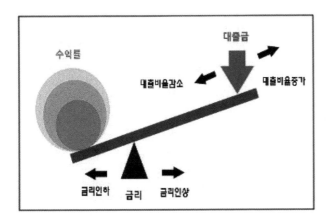

• 부채의 레버리지 효과
  수익률 〈 이자율 : 이익 확대(흑자)
• 부채의 습격
  수익률 〈 이자율 : 손실 확대(적자)

1  시드니 호머·리처드 실러, 『금리의 역사』, 이은주 역, 리딩리더, 2012, pp. 129-130.

2  윌리엄 N. 괴츠만, 『금융의 역사』, 위대선 역, 2020, p. 64.

3  박남일, 『좋은 문장을 쓰기 위한 우리 말 풀이 사전』, 서해문집, 2004.

4  칼 폴라니, 『거대한 전환』, 홍기빈 역, 길, 2009, p. 238.

5  움베르토 에코 기획, 『중세 II』, 윤종태 역, 시공사, 2016, p. 184.

6  당시 고대 아테네 고리대금업자에게 돈을 빌리는 경우에 이자는 월 48%(연 576%)에 달하였다.

7  하노 벡·우르반 바허, 『인플레이션』, 강영옥 역, 다산북스, 2021, pp. 30-31.

8  하노 벡 외, 앞의 책, p. 128.

9  제임스 리카즈, 『화폐의 몰락』, 최지희 역, 율리시즈, 2015, pp. 371-373.

# 5장

# 금융 상품에 대한 이해

(위키미디어 커먼스)

"지구화와 고도의 네트워크로 연결된 경제 생활의 복잡성은
금융 상품의 단순성으로 상쇄될 필요가 있다."

나심 탈레브Nassim Nicholas Taleb(1960~ )
『블랙 스완에 대비하라』 중에서

# 1

—

## 예금(정기 적금, 정기 예금)

우리가 자금을 운용하기 위하여 가장 많이 하는 경우가 적금과 예금이다. 정기 적금은 정해진 기간 동안 일정액을 매월 적립하고 만기일에 약정 금액을 지급받는 것을 내용으로 하는 전형적인 적립식 예금이다. 정기 적금은 은행 측에서 볼 때 매월 약정된 금액의 예입이 확실시된다는 점에서 정기 예금 못지 않은 안정된 자금 조달원이다.[1]

정기 예금은 일정 금액을 일정 기간 동안 금융 기관에 맡기고서 정한 기한 안에는 찾지 아니하겠다는 약속으로 하는 예금이다. 이자는 일정 기일이 되면 원금과 함께 지급하지만, 예금자가 요청하면 매월 지급할 수도 있다.[2] 금융감독원의 「금융상품통합비교공시 금융상품 한눈에」를 참고하면 원하는 예·적금 상품을 선택하는 데 도움이 된다. 보통 예금, 정기 예·적금은 금융 기관의 주요 자금 조달 원천으로 이를 기반으로 대출 등 자금을 운용하여 예·대 금리차를 가지고서 금융 회사의 수익을 실현한다.

〈참고〉 실질 금리와 기대 인플레이션
기대 인플레이션은 앞으로 물가가 얼마나 오를까 하는 예측이다. 금융 거래는 시간의 격차를 발생시키기 때문에 미래에 대한 전망을 포함하여 금리도 정해진다. 고리대금업자가 1년 동안 1천만 원을 빌려주면서 5%의 이익을 얻겠다고 생각하고 있다고 하자. 이때 1년 기대 인플레이션이 10%라면 명목 금리는 15.50%가 되어야 한다. 1년 후 대출 상환 총액은 1155만 원이 된다. 이 중 원금 1천1백만 원은 물가가 10% 상승하기 전의 1천만 원과 같다. 이자 55만 원은 물가가 10% 상승하기 전의 50만 원과 동등하다. 여기에서 15.50%를 명목 금리라 하고, 5%를 실질 금리 또는 인플레이션 조정 금리라고 한다. 그래서 금리를 결정하는 데 있어 기대 인플레이션은 매우 중요하다. 우리가 적금을 붓거나 투자를 할 때 받게 되는 수익률이 실질적으로 얼마인지는 기대 인플레이션을 반영하여 계산해야 한다.

### 종합 자산 관리 계좌(CMA)

CMA(Cash Management Account)는 은행의 수시 입출금 계좌와 같은 역할을 한다. CMA는 증권사 등에서 취급하며 입·출금이 가능하고, 체크 카드도 발급한다. 은행의 예금보다는 안정성이 떨어지지만, 이율은 다소 높다. CMA에는 RP, MMF, MMW, 종금형으로 크게 구분된다.

[표] CMA 유형

| 유 형 | 특 징 | 예금자 보호 |
|---|---|---|
| CMA RP | 확정 금리 상품으로 국공채, 우량 회사채에 투자<br>금리 상승기에는 MMF보다 수익이 높음. 가장 선호 | × |
| CMA MMF | 실적 배당 상품으로 채권, 기업어음, 양도성 예금증서 등에 투자<br>금리 하락기에 RP형보다 수익이 높음. | × |
| CMA MMW | 실적 배당 상품으로 채권, 기업어음, 양도성 예금증서 등에 투자<br>일 복리 운용으로 장기간 예치하면 유리(단기는 수익이 낮음) | × |
| CMA 종금형 | 확정 금리 상품으로 국공채, 기업어음, 양도성 예금증서 등에 투자<br>단기간 예치하면 수익이 낮음 | ○ |

(출처: 저자 작성)

RP(Repurchase Agreement)는 채권 발행자가 일정 기간 후에 금리를 더해 다시 사는 것을 조건으로 파는 채권으로 '환매 조건부 채권' 또는 '환매채'라고도 한다. 주로 금융 기관이 보유한 국공채나 특수채, 신용이 우량한 채권 등을 담보로 발행하므로 환금성이 보장되며 경과 기간에 따른 확정 이자를 받는다.[3] RP는 쉽게 생각하면, 장기의 채권을 담보로 돈을 빌리는 것이다. 장기 채권 보유자가 단기에 급전이 필요해서 이를 담보로 돈을 빌리고, 기간이 끝나면 다시 돈을 갚고서 장기 채권을 가져오는 것이다. 예를 들어 증권 회사 등이 보유한 장기 채권을 RP를 통하여 운영 자금을 조달하고서 그 이자를 고객에게 주는 것으로 이해하면 된다.

　MMF(Money Market Fund)는 자산 운용사가 고객들의 자금을 모아 펀드를 구성한 다음에 금리가 높은 만기 1년 이내의 단기 금융 상품(콜론Call Loan, 기업어음CP, 양도성 예금증서CD)에 집중적으로 투자하여 얻은 이익을 고객에게 돌려주는 초단기 금융 상품이다.[4]

---

〈참고〉 용어 정리

- 콜론call loan은 금융 회사 간 단기에 자금을 대여하는 것을 말하며, 자금을 빌리는 측면에서는 콜머니call money라고 한다. 담보가 국공채 등으로 구성되어 상대적으로 안전하다.
- 기업어음CP(commercial paper)은 기업체가 자금 조달을 목적으로 발행하는 어음이다. 상거래에 수반하여 발행되고 융통되는 진성어음과는 달리, 단기 자금을 조달할 목적으로 신용이 양호한 기업이 발행한 약속어음이다. 기업과 어음 상품 투자자 사이의 자금 수급 관계(수요와 공급)에서 금리가 자율적으로 결정된다. 우리나라에서는 1981년부터 취급하고 있다. 기업어음은 차입금 성격으로 회사의 신용이 중요하므로 신용 등급이 일정 등급 이상이어야 한다. 경제가 급격한 변동이 있을 때는 기업어음의 리스크도 높아진다.
- 양도성 예금증서CD(Certificate of Deposit)는 은행의 정기 예금에 양도성을 부여한 무기명 증권을 말한다. 증권사와 종금사를 통해 유통된다. 1961년 시티은행이 예금증서에 양도 가능하다는 표시를 하여 발행하기 시작함으로써 본격화되었다.

MMW는 한국증권금융에 위탁하여 운용되는 CMA다. 위탁 형식이라 Wrap형 CMA라고도 한다. Wrap은 '포장하다'라는 뜻이다. 고객의 자산에 대하여, 포트폴리오 구성에서부터 운용과 투자자문에 이르기까지 한꺼번에 포장해서 서비스를 제공하는 것을 의미한다. 가입은 증권 금융과 제휴가 된 증권 회사에만 가능하고 시중 금리와 연동되어 관리된다는 장점이 있지만, 운용 수수료가 있다. 만약 한국증권금융에 직접 예탁하고 싶으면 증권 금융 영업점에 증권 카드를 지참하여 증권 청약 예수금을 내야 한다. 수익을 내는 방식은 장 마감 시각에 한국증권금융 예수금 상품에 편입하고서 장이 시작하는 시간에 다시 출금하는 방식으로 예수금 이자를 받아 연 3%대의 일 복리 수익을 기대할 수 있다. 장 마감 이후 입금되는 금액은 MMW용 RP를 매매하는 방식으로 수익을 낸다.

# 2

—

## 주식 이야기

### 주식회사의 탄생

주식회사의 기원에 대해서는 지금도 논쟁이 많다. 로마 시대에도 지분 증권을 발행한 회사가 있었다. 이탈리아 제노바에서 1407

년에 정부에 대출한 주요 채권자들이 별도로 만든 금융 기관인 카사 디 산 조르조Casa di San Giorgio는 배당 정책도 있는 등의 주식회사 형태를 갖췄다고 볼 수 있다.[5] 현대적인 주식회사의 기원은 16세기와 17세기에 영국인과 네덜란드인이 탐험 항해를 위해 설립한 영국 동인도회사(1600년), 네덜란드 동인도회사(1602년)로 볼 수 있다.[6] 유럽에서 탐험과 모험, 정복 전쟁을 할 수 있었던 데는 자본을 조달할 수 있는 주식회사가 있었기 때문이다. 주식회사가 만들어지면서 수천 명으로부터 재원을 조달할 수 있었고, 거액이 필요한 모험적인 장기 사업들도 자금 마련이 가능하게 되었다. 초기 주식회사는 벤처 투자와 같은 형태라고 볼 수 있으며, 성공하면 막대한 보상이 따르는 고수익, 고리스크 투자였다.

주식 투자는 미래의 불확실성에 대한 투자의 성격이 강하므로 장래 수익에 대한 투자자의 평가 역시 다를 수밖에 없다. 주식 투자는 미래 가치에 대한 평가를 두고서 항상 거품이 발생할 우려를 품고 있다고 볼 수 있다.

세계 금융사 이야기를 쓴 니얼 퍼거슨은 주식시장 거품의 3가지 속성으로 첫 번째, 정보의 비대칭성(내부자가 외부자보다는 월등하게 많은 정보를 가지고 있음)을 거품 시기에 내부자들이 이를 부당하게 이용하는 경향, 두 번째, 국경을 넘나드는 자본의 역할,[7] 마지막으로 가장 중요한 속성은 은행 문턱이 높으면 거품이 실제 발생하지 않는다[8]는 점이라고 말하고 있다.[9]

주식회사는 모험 자본에 투자하면서 발전한다. 먼 거리의 항해를 하거나 불확실한 미래에 대한 리스크를 분담하는 구조다. 그러므로 주식회사에서 가장 중요한 것은 얼마의 배당을 할 수 있느냐가 주식의 가치와 가격을 결정했다. 증권의 판매가 지금처럼 활발하지는 않았다.

주식 거래가 대중화되고, 거래가 활발해지면서 투자자들이 주식으로부터 얻을 수 있는 수익은 자본 수익과 배당 수익으로 나누어 볼 수 있다. 배당 수익은 회사에서 영업 활동을 통하여 발생한 수익을 주주들과 분배하는 배당을 통해 얻는 수익을 말한다. 자본 수익은 보유한 주식을 처분하고서 처음 매입했던 주식의 가격과의 차액으로 얻는 수익이다.

배당은 회사의 이익을 공유하여 일정 금액을 투자자(주주)에게 돌려주는 것을 말한다. 일정하고 지속적인 배당은 기업의 지속 가능성을 높이고 경영권의 안정에도 도움이 된다. 그러나 기업의 영업 활동으로 현금이 계속 창출되지 않는데도 배당을 목적으로 새로운 차입을 하거나 주식을 발행하여 자금을 조달하는 경우는 금융 비용 등의 발생으로 기업의 가치가 하락하게 된다. 배당 정책은 기업의 미래 수익과 자금 흐름을 감안하여 신중하게 결정해야 한다.

우리나라의 경우에 일반 투자자가 주식 투자를 배당보다는 자본 수익에 민감하게 작용하여 장기 투자보다는 단기 투자에 집중하는 경향이 많이 나타나고 있다. 배당도 확대하고 주주의 이익을 고려하는 회사 정책도 확대할 필요가 있다. 자본 이득만을 투자 목적으로 하면 회사의 미래 가치에 대한 과다한 부풀리기, 소위 작전 세력들이 뛰어들어 주식 가격의 변동성을 확대하여 일반투자자가 손실로 이어지는 경우도 적지 않다.

## 주식 투자를 하면서 알아야 할 것

전통적으로 주식은 투자의 대가로 배당금이 제일 중요하고 주식이 예금보다 리스크가 크기 때문에 리스크를 부담하는 대가로 예금 이자보다는 많은 배당금을 받는 것이 맞다. 경기가 활성화되고 새로운 산업이 본격적으로 나타나고 시중에 자금이 넘칠 때는 기업의 미래 가치가 주식 가격의 중요한 요소가 되는 경우가 많이 발생한다. 이러한 시장 상황에서는 배당금보다는 주식의 가격 상승으로 인한 자본 이득을 목적으로 소위 바이오주, 기술주 등 미래 성장성 있는 기업에 대한 투자가 (투기성)활기를 띠는 경우가 많다. 주식 거품은 이러한 환경에서 주로 발생한다. 주식의 가치에 대한 다양한 평가 방법이 있지만 산업별, 규모별, 개별 주식마다 특성이 다양하여 일반화하기는 어려운 측면이 있다. 금융 시장이 글로벌화되면서 주식 시장에 글로벌 헤지펀드, 기관 투자가, 전문 투자가 등 시장 현황과 글로벌 동향에 일반 투자가보다 많은 정보와 투자 기법을 보유하고 있어 개인이 직접 주식 투자로 자산을 형성하기는 점점 더 어려워지고 있다. 주식 시장은 경제 상황이 급변하거나 기업의 경우에 변동성이 항상 일어날 수밖에 없다. 어느 한 종목에 집중하여 투자하면 수익을 극대화할 수도 있지만 큰 손실을 초래할 수도 있다. 2022년 1월 발생한 코스닥 상장회사인 오스템임플란트 직원이 2215억 원을 횡령하여 회사의 주식 거래가 정지된 사건을 보면 사업 실적 외에 운영 리스크 등으로 인한 개별 주식의 변동성이 매우 큼을 알 수 있다.

〈참고〉 우리나라 증권 유통 시장의 구조[10]

- 유통 시장은 크게 거래소 시장과 장외 시장(Over-the-counter Market)으로 구분되며, 거래소 시장에는 유가증권 시장, 코스닥 시장, 선물 시장으로 나뉜다.
- 유가증권 시장은 일반 투자자들이 증권을 매매하고자 할 때 이용하는 시장이다. 상장을 통하여 거래소에서 거래가 이루어질 수 있도록 등록이 된 후에 증권이 거래된다. 우리나라 유가증권 시장은 그 규모가 세계 10위권 이내에 속한다. 유가증권 시장에서는 유가증권의 공정한 가격 형성과 투자자 보호를 위해 상장법인으로 하여금 투자자의 투자 판단에 필요한 모든 기업 정보를 신속히 공시하도록 하며, 공시된 정보는 전자 공시 시스템[11]을 통하여 국내외 투자자들이 실시간으로 접할 수 있도록 하고 있다.
- 코스닥 시장은 유가증권 시장과 달리 IT, BIO 등 신성장 산업(벤처 기업 등)을 중심으로 한 증권 시장으로 1996년 7월에 개설되었다.

- 선물 시장은 주가지수, 금리, 외환, 개별 주식 및 일반 상품을 기초 자산으로 하는 파생 상품이 거래되는 시장을 의미한다. 1996년 KOSPI 200 선물 시장을 시작으로 국채 선물 등 다양하게 거래되고 있으며 그 규모도 계속 커지고 있다.

- 장외 시장은 거래 시장 밖에서 유가증권의 매매가 이루어지는 시장이다. 장외시장은 거래 방법에 따라 투자자 상호 간의 개별적 접촉과 협상에 의해 거래가 이루어지는 시장으로 No Broker Market이나 최근에 장외 주식을 거래하는 중개회사들이 나타나고 있다.

- 중개 기관인 증권 회사의 창구에서 주식 거래가 이루어지는 장외시장이 있는데 프리보드(Free Board)라는 명칭으로 운영되고 있다. 한국증권업협회가 증권거래법에 의하여 개설·운영되는 시장이다.[12]

탐욕은 거품을 만든다.

거품bubble이라는 용어는 경기 순환의 광기 국면에서 자산 가격이 상승하는 현상을 말하는 범주적 용어다.[13] 거품은 보통 부동산이나 주식과 같은 특정자산을 해당 자산의 투자 소득에서 발생하는 수익률 때문이 아니라, 그 자산이나 증권을 다른 누군가에게 더 높은 가격에 매도할 수 있다는 기대에 따라 매수하는 행위를 동반한다. 마지막 매수한 사람을 더욱 대단한 바보(the greater fool)라는 용어를 사용하기도 한다. 더 큰 바보 이론은 이미 지나칠 정도로 가격이 높게 형성되어 있어 아무도 사겠다고 나설 사람이 없을 것 같은 상황에서 더 높은 가격을 주고서라도 기꺼이 구입하겠다는 더 큰 바보가 시장에는 반드시 존재한다는 이론이다.[14]

자산의 매입을 대부분 차입금으로 조달한 투자자들은 대출 자금에 대한 이자 지급 금액이 자산에서 나오는 투자 소득보다 커지게 되는 순간에 보유하고 있던 부동산이나 주식을 투매하면서 자산 가격이 폭락하는 현상이 나타난다.[15] 영국 남해회사 주식에 투자했다가 큰 손실이 나자, 아이작 뉴턴은 "천체의 움직임은 계산할 수 있어도 사람의 광기는 계산할 수 없다"라는 말로 현실에서 금융 거품을 판단하기가 쉽지 않음을 말하고 있다.

금융 거품을 말할 때 항상 언급되는 것이 1636년에 발생한 네덜란드 튤립 알뿌리 거품으로, 다양한 희귀종 알뿌리들이 그 대상이었다. 거품을 만든 대표적인 튤립은 이름이 셈페이 아우구스투스(영원한 황제, Semper Augustus)[16] 라고 부르는 희귀종으로, 단색인 보통의 튤립과는 달리 가격이 비쌌다(한 송이가 당시 침대 5개의 가격 수준). 당시 네덜란드는 해외 무역으로 인한 전성 시대로, 부가 넘친 시대였다. 부유층들이 희귀한 튤립을 구매하는 열풍이 있었고, 튤립 가격의 폭등은 이러한 사회 분위기를 반영한 측면도 있다.

[그림 5-1] 센페이 아우구스투스 튤립

(출처: 위키미디어 커먼스)

당시 튤립 가격이 1달만에 50배 이상 급등했는데, 튤립 구근bubl 하나를 사들일 돈이면 주택 1채를 살 수 있을 정도로 폭등한다. 이렇게 꽃 하나로 큰돈을 벌 수 있다는 소문이 나자 투자에 관심도 없던 농부 등도 빚을 내서 튤립 알뿌리를 매입하고서 꽃 재배를 하자 가격이 더 크게 상승한다. 너도 나도 튤립 재배를 하자 공급이 수요를 넘게 되고 천정부지로 치솟던 튤립 가격은 순식간에 최고치 대비 수십 분의 1 수준으로 폭락하면서 많은 사람이 피해를 보고 자살하는 일도 많이 발생한다. 행동경제학으로 유명한 예일대 경제학자인 로버트 실러는 투기적 거품에는 사람의 심리도 포함하고 있고 설득력도 있다고 생각한다. 실러는 투기적 거품을, 가격 상승 소식이 투자 열정에 박차를 가하고, 이 소식이 심리적 전염 현상을 통해 사람에게서 사람에게로 퍼져가며, 그 과정에서 가격 상승을 정당화하는 이야기가 확장되고 점점 더 많은 투자자 무리를 끌어들이는 상황으로 정의한다. 이때 투자자들은 투자 대상의 실질 가치에 대한 의구심에도 불구하고 일부는 다른 사람의 성공에 대한 질투심으로 그리고 또다른 일부는 도박꾼의 흥분으로 투기에 끌려 들어간다고 말하고 있다.[17]

[그림 5-2] 튤립 가격 변동 추이(1636~1637)

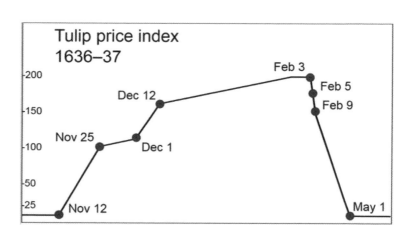

(출처: 위키미디어 커먼스)

캐나다의 호프스트라대학 교수인 장-폴 로드리그Jean-Paul Rodrigue는 금융의 역사에서 버블의 형태는 다르지만, 단순화하면 버블을 크게 4단계로 구분할 수 있다고 주장한다. 첫 번째는 은밀하고 조용하게 이루어지는 단계(stealth)로 정보 접근성이 높고 경제에 대한 이해력이 높은 투자 집단이 계속 투자하면서 가격이 점진적으로 상승한다. 두 번째는 많은 투자자가 주목하는 단계(awareness)로 많은 투자자가 이 변화를 눈치채고 투자를 하게 되면서 가격을 더 끌어올린다. 1단계 투자자들은 일부 이익을 실현하고 다시 재매입하면서 강한 상승 추세를 만들어낸다. 이때 미디어도 긍정적인 보고서를 발표한다. 세 번째는 모든 사람이 알게 되는 단계(mania)다. 모든 사람이 가격이 올라갈 것으로 생각하고 일생일대의 투자 기회라고 말한다. 투자를 실행하지 않으면 마치 시대에 뒤처지는 것처럼 느낀다. 많은 사람이 투자해서 이익을 얻고 있어 자산 가치에 대한 객관적 의견은 하기도 힘들고 묻혀버린다. 초기 투자자smart money와 기관 투자자들은 주식 대부분을 처분하여 이익을 실현한다. 마지막으로 버블 붕괴(Blow-off)가 이루어진다. 정점에서 조금 떨어지면 일시 반등임에도 과다 낙폭이라고 현실을 부정하고서 새로운 희망을 품는다. 본격적으로 거품과 관련된 트리거trigger가 발생하는 순간, 수많은 사람이 동시에 상황이 변화되고 있음을 느낀다. 모든 사람이 가격이 더 하락할 것으로 생각하고서 매도하기 시작한다. 거래량이 줄고 매매가 원활하게 이루어지지 못하면서 가격이 급속하게 추락하고, 원래 평균 가격으로 회귀한다. 이 과정에서 수많은 개미의 무덤이 만들어진다.

[그림 5-3] 버블의 단계

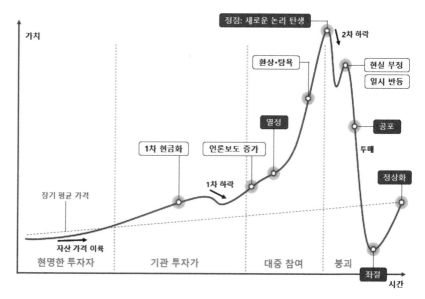

(출처: 로드리그의 거품 단계 챠트)

# 3

—

# 채권 이야기

채권은 정부, 공공 단체와 주식회사 등이 일반인으로부터 비교적 거액의 자금을 일시에 조달하기 위하여 발행하는 차용증서이며, 그에 따른 채권債權을 표시하는 유가증권이다. 채권은 상환 기한이 정해져 있는 기한부 증권이며, 이자가 확정된 확정 이자부 증권이라는 성질을 가진다. 채권은 대체로 정부 등이 발행하므로 안전성이 높다. 정해진 이율에 따른 이자 소득과 이자율의 변화에 따른 자본 소득도 얻을 수 있다. 국채 등의 우량한 채권은 언제든지 현금화할 수 있어 유동성도 크다고 볼 수 있다. 이러한 특성에 의하여 채권은 만기滿期와 수익률收益率에 따라 주요 투자 자금의 운용 수단으로 이용되고 있다. 채권과 주식은 기업이 자금을 끌어오는 데는 차이가 없지만, 채권은 주식과 달리 의결권을 행사하는 등 경영에 참여할 수는 없다. 기업 쪽에서는 채권은 부채로 표시되지만, 주식은 상환 의무가 없는 자기 자본이라는 점에서 큰 차이가 있다. 채권을 많이 발행하게 되면 기업의 부채가 늘어 상환 압박에 시달릴 수 있고, 주식을 많이 발행하면 경영권이 위협받을 수 있어 기업은 자금 조달을 할 때 이를 감안해야 한다.

[표 5-1] 채권과 주식의 다른 점

| 구분 | 자본의 성격 | 경영 참가 | 청구권 | 만기 |
|------|------------|-----------|--------|------|
| 채권 | 타인 자본(부채) | 없음 | 이자 | 채권 기한 |
| 주식 | 자기 자본(자본) | 있음(의결권 행사) | 배당 | 없음 |

(출처: 저자 작성)

채권과 관련하여 가장 중요한 요소는 채권 수익률債券收益率이다. 채권 수익률은 채권에 투자하여 얻을 수 있는 수익의 크기를 나타내는 척도로, 예금의 이자율과 유사하다. 채권 수익률은 발행 수익률, 시장 수익률, 실효 수익률 등으로 구분한다.

채권을 구입할 때 표시된 이자율을 명목 이자율이라고 한다. 실효 이자율(Effective Annual Rate)은 이자 지급 횟수에 따라 실질적인 이자율이 변하는 것을 말한다. 복리의 효과다. 예를 들어 1년에 이자 지급 횟수가 1번이면 명목 이자율과 실효 이자율은 같다. 그러나 2번 이상이 되면 실효 이자율이 높게 나온다. 채권을 매입할 때 명목 이자율과 이자 지급 횟수(3개월, 6개월, 1년 등)를 알고 투자하는 것이 현명하다. 실효 이자율을 구하는 식과 예시는 아래와 같다.

$$EAR = \left(1 + \frac{r}{t}\right)^t - 1 \quad \text{(t=이자 지급 횟수, r=연이율)}$$

| 이자 지급 횟수 | 명목 이자율 | 실효 이자율 |
|---|---|---|
| 1(1년) | 10% | 10% |
| 2(반기) | 10% | 10.25% |
| 4(분기) | 10% | 10.38% |

채권은 수요에 민감하다. 수요에 따라 발행 물량, 발행 금리 등이 영향을 받기 때문이다. 채권의 가격은 만기, 발행 주체의 지급 불능 위험과 같은 내부적 요인과 시중 금리, 경제 상황과 같은 외

부적 요인 등에 의한 수요와 공급의 추이에 따라 결정되며 수시로 변동된다. 채권 자체는 고정된 이자를 보장하지만, 채권 수익률은 시장 금리와 반대로 움직인다. 시장 금리가 오를 때는 채권가격이 하락하고, 시장 금리가 내릴 때는 채권 가격이 상승한다.

채권은 국가의 주요 자금 조달 방법이었다. 국가 간 전쟁을 할 때 자금을 조달하기 위한 전쟁 국채는 채권의 거래량을 늘리고 수요자의 범위를 일반 국민으로까지 확대하는 계기가 되었다. 국채는 정부와 중앙 은행 간의 거래가 주였지만, 1차 세계대전에서 미국과 유럽 주요 국가(영국, 독일, 이탈리아 등)가 채권의 판매 대상을 일반 국민으로 확장하였다. 각국 정부는 전쟁 비용의 충당과 애국심 고취를 위하여 전쟁 채권을 많이 발행하였다.

[그림 5-5] 각국이 발행한 전쟁 채권

2차 세계대전 당시 미국의 채권 홍보  태평양 전쟁 당시 발행한 일본 국채

1918년 영국 채권 홍보          1917년 러시아 자유 채권

(출처: 위키미디어 커먼스)

   국채는 이제 국가 경제의 중요한 부분으로 자리잡았다. 국채의
수익률은 그 국가의 경제적 안정도를 표시하는 바로미터가 되고
있다. 다양한 유형의 국채가 발행되고 있다. 영국의 국채는 일반적
으로 안정된 수익을 보장할 수 있도록 고정된 금리로 발행한다. 그
러나 인플레이션이 치솟자 1981년 매년 인플레이션율에 따라 원
금의 가치(상환 가치)가 조정되는 물가 연동 채권을 발행했다.[18] 국
채 만기도 1년에서 30년까지 다양하다. 미국 국채는 재무부가 발
행해서 Treasury(T)가 앞에 붙는다. 국채 기간에 따라 T-Bills(1년
이하), T-Notes(1년 이상~10년 이하), T-Bonds(10년 이상) 그리고 물
가 연동 국채인 TIPS(Treasury Inflation-Protected Securities)가 대표
적이다.

채권과 주식의 성격을 가진 전환 사채가 있다. 전환 사채는 채권을 회사의 주식으로 전환할 수 있는 옵션이 있는 것을 말한다. 전환 사채는 상환해야 할 채무로 발행하지만, 일정 조건이 되면 주식으로 전환한다. 전환 사채 보유자는 주식으로 전환할 수도 있고, 만기에 원리금을 상환받을 수도 있다. 투자자는 선택이 있다는 점에서 유리하다. 그러나 주식으로 전환할 수 있다는 조건 때문에 대체로 금리는 낮다. 자금이 필요한 기업들이 많이 활용하는데, 전환 사채를 발행하여 주식으로 전환하는 경우에 회사의 가치는 그대로인데 개별 주식의 가격은 하락하는 경우가 많다. 예를 들어 회사의 시가총액(주식의 총가액)이 100억 원이고, 주식수가 1백만 주면 1주당 주식 가격은 1만 원이다. 전환 사채 20억 원을 발행하고서 1주당 주식 전환 가격을 1만 원으로 하고 모두 주식으로 전환했을 때 회사의 총주식은 120만으로 2십만 주가 증가한다. 회사의 가치(시가총액)가 100억 원으로 변하지 않는다고 한다면 1주당 주식 가격은 8333원이 된다. 기존 주식을 보유하고 있는 사람들은 1주당 약 1666원의 손실이 발생한다. 회사의 미래 가치를 보고서 투자한 기존 주주들은 전환 사채의 발행으로 인한 주식 전환으로 손실을 보는 경우가 많다.

　주식 투자를 할 때 전환 사채를 많이 발행한 기업은 전환 사채가 주식으로 전환될 수 있음을 알고서 투자해야 한다. 시장에서 전환 사채가 많은 기업은 주식의 가격이 그렇지 않은 기업에 비하여 낮

은 경우가 많다. 그러나 기업들이 투자자의 입장은 생각하지 않고
서 전환 사채를 과다하게 발행하고 발행 기업과 이해관계가 밀접
한 투자자가 인수하는 경우는 기존 주주의 이해를 크게 침해하는
경우다. 국내 주식 시장에서는 이러한 사례가 자주 발생하고 있어
이에 대한 주의가 필요하다.

[표 5-2] 채권의 분류

| 구 분 | 종 류 |
|---|---|
| 발행 주체 | 국채國債, 지방채地方債, 특수채特殊債, 금융채金融債, 회사채會社債<br>• 특수채는 특별법으로 설립된 법인이 발행하는 채권(한전채 등) |
| 이 자<br>지급 방법 | 이표채利票債, 할인채割引債, 복리채複利債<br>• 이표채란 액면 가격으로 채권을 발행하고, 일정 기간마다 이자를 지급<br>하며 만기에 원금을 상환하는 채권<br>• 할인채는 채권 가격(발행 가격)이 액면 가격(상환 가격)보다 낮은 채권<br>(발행 가격과 액면 가격의 차액을 이자라고 볼 수 있음)<br>• 복리채는 이자가 자동 재투자되어 만기 상환 시 원금과 이자를 같이<br>지급하는 채권 |
| 상환 기간 | 단기채短期債, 중기채中期債, 장기채長期債<br>• 단기채는 채권 만기가 1년 이하, 중기채는 1년~5년 이하,<br>장기채는 5년 이상의 채권 |
| 모집 방법 | 사모채私募債, 공모채公募債<br>• 사모채는 50인 미만 소수의 한정된 투자자를 대상으로 발행되는 채권<br>• 공모채는 금융감독원에 증권 신고서를 제출하고, 50인 이상의 투자자<br>에게 새로 발행되는 증권의 취득을 권유해야 함(청약 모집),<br>발행 절차에 따라 수요 예측 과정을 통해 발행 금리가 결정된다.<br>사모채와 달리, 대표 주관사를 선정함. |
| 보증 유·무 | 보증 사채保證社債, 무보증 사채無保證社債 |

최근 금융권에서 많이 발행하고 있는 영구채perpetual bond가 있다. 만기가 정해져 있지만 발행 회사의 선택에 따라 만기를 연장할 수 있어 원금을 상환하지 않고서 일정 이자만을 영구히 지급할 수 있다. 회계상 자본으로 인정받는 채권으로, 주식과 채권의 중간 성격을 띠어 신종 자본 증권(하이브리드 채권)으로도 불린다. 일정률의 이자 지급은 있으나 상환 기간이 없고 발행 회사의 해산이나 중요한 채무 불이행 등의 특수한 경우 이외에는 상환하지 않으므로 불상환 사채라고 한다. 발행 회사가 청산되면 투자자가 원리금을 상환받는 순위가 뒤로 밀리기 때문에 통상 일반 회사채보다 신용도가 낮고 금리가 높다. 그래서 일반적으로 중도 상환권(콜옵션)[19]을 발행 회사가 가진다. 중도 상환권은 만기는 없지만, 일정 기간 경과 후 발행 회사가 채권을 되사는 것을 말한다. 통상 콜옵션을 행사하지 않으면 추가 이자를 지급하는 조건이 붙는다. 채권을 매입한 투자자는 중도 상환 기간이 오면 회사가 되살 것이라 기대하고서 이를 감안하여 투자하는 경향이 높다. 만약 회사가 콜옵션을 행사하지 않으면 회사의 상환 능력에 투자자들이 의문을 가지고, 추가 자금 조달에 어려움이 발생한다. 금융 회사들이 은행채를 영구채로 발행하는 경우가 많은데, 영구채는 채무의 성격이지만, 회계상 자기 자본으로 인정해주기 때문에 자기 자본 비율을 높이기 위하여 발행한다. 투자자는 영구채에 대한 인기가 높은데, 이는 영구채가 금리가 높고 대부분 콜옵션 행사를 하므로 콜옵션 기한을 만기로 생각하기 때문이다.

2022.11월 **생명은 11월 1일 콜옵션 만기가 도래된 5년 전 발행했던 5억 달러 외화 신종 자본 증권에 대한 콜옵션 행사를 하지 않겠다는 의사를 싱가포르 증권거래소에 공시했다. 자본 시장은 이를 만기 불이행처럼 받아들였으며, **생명의 자금 상환 능력에 의문을 품었다. 외국 투자자들은 한국 기업과 금융회사들이 발행한 해외 채권의 상환 능력을 의심하면서 가격이 급락했다. 한국 채권에 대한 신뢰 하락은 타 기업이나 금융 기관에게 영향을 미치기 시작했다. **생명은 한국 채권에 대한 악영향을 의식하여 결정을 번복하고서 중도 상환(콜옵션 행사)했다.

# 4
## —
## 펀드 이야기

펀드는 불특정 다수로부터 자금을 모아 운용하고서 운용 실적에 따라 배당하는 실적 배당형 금융 상품이다. 펀드를 운용하는 펀드 매니저에 따라 실적이 좌우되는 경향이 있으며, 예금자 보호 대상 금융 상품이 아니기 때문에 원금 손실 가능성이 항상 있다.

펀드는 환매 여부에 따라 개방형 펀드(Open-end Fund), 폐쇄형 펀드(Closed-end Fund)로 크게 나눌 수 있다. 개방형 펀드는 투자자가 펀드에 투자한 후에 언제든 환매 청구를 할 수 있다. 펀드 관리 회사는 환매에 대비한 유동성 확보를 위하여 자산의 공정한 평가가 매일 가능한 자산을 대상으로 투자를 하게 된다. 투자자가 자금이 필요할 때 단기간 안에 환매가 되어 수익률이 폐쇄형 펀드에 비하여 낮다고 볼 수 있다. 폐쇄형 펀드는 펀드의 존속 기한이 정해져 있으며, 그 기간 안에는 투자자가 환매 청구를 할 수 없다. 폐쇄형 펀드의 경우에 투자자가 환매를 통한 투자금 회수가 어렵다. 공모 펀드의 경우에는 거래소 시장에 상장하도록 하여 투자자가 상장된 펀드 지분을 거래소 시장에서 거래를 통하여 투자금을 회수하도록 하는 구조를 만들어 폐쇄형 펀드의 유동성을 보완하고 있다. 폐쇄형 펀드는 환매 부담이 없으므로 펀드의 투자 목적과 이익 극대화를 위하여 특정 자산에 펀드 자산을 전부 투자할 수 있고, 부동산과 같이 매일 공정한 평가가 어려운 자산에 대한 투자를 할 수도 있다.[20]

그리고 액티브 펀드(Active Fund)와 패시브 펀드(Passive Fund)도 알아둘 필요가 있다. 액티브 펀드는 펀드 실적이 해당 시장의 평균 수익률(기준 수익률로 시장에서 주식, 채권, 원자재 등 상품에 따라 다르다)보다 높은 수익률을 목표로 운용하는 펀드를 의미한다. 패시브 펀드는 주식 시장의 지수나 기준 수익률에 맞춰 가는 수준으로 수익률을 목표로 운용하는 펀드를 말한다. 인덱스 펀드가 그런 사례다. 참고로 수수료가 얼마인지도 고려해야 한다.

펀드에 가입할 경우에는 반드시 개방형인지, 폐쇄형인지, 패시브인지, 공모 펀드인지 등을 확인하고 자신의 자금 소요에 맞게 투자를 결정해야 한다.

---

〈참고〉 펀드 이름의 의미[21]

①△△ ②한국헬스케어 ③ 증권 ④자 ⑤투자신탁 ⑥1 ⑦(주식)
⑧A피델리티 글로벌테크놀로지 증권 자 투자신탁(주식-재간접형) 종류CP-e

①펀드를 운용하는 운용 회사를 말한다.
②펀드의 투자 대상을 의미. 예시는 국내 헬스케어 관련 주식에 주로 투자하는 펀드임을 뜻한다.
③투자 자금을 주식, 채권 등 증권에 투자하는 펀드임을 알려준다.
④펀드 이름에 '자子'자가 들어가면 모母펀드가 따로 있다는 의미로, 동일한 운용 회사가 설정한 여러 아들子펀드의 재산을 펀드별로 운용하는 대신에 모母펀드에 통합하여 운용하기도 한다.
⑤펀드의 법적 성격을 말한다.
⑥펀드의 순번을 뜻한다. 펀드의 규모가 커져 같은 성격의 펀드를 더 만들어 판매할 경우 1호, 2호 등으로 표시한다.
⑦운용 자산의 성격을 보여준다. 예시 펀드는 운용 자산을 주로 주식에 투자하는 예이다.
⑧펀드의 클래스를 의미한다. 펀드는 가입 자격 및 판매 경로 등에 따라 종류(클래스)별로 판매 수수료·보수가 다르게 부과될 수 있으므로 본인의 투자 목적, 투자 기간에 맞는 클래스를 선택하는 것이 바람직하다.

(출처: 금융감독원)

펀드의 유형은 투자를 어떤 자산에 하느냐에 따라 증권 펀드, 부동산 펀드, 특별 자산 펀드, MMF 등으로 구분하고 있다. 본인이 펀드에 가입할 때 펀드의 유형과 특징, 수수료 등을 알고서 투자해야 한다.

[표 5-3] 펀드의 주요 유형

| 유 형 | 특 징 |
|---|---|
| 증권 펀드 | 주식, 채권 등 증권에 주로 투자 |
| | 주식형 : 주식 및 주식 관련 파생 상품에 60% 이상 투자 |
| | 채권형 : 주식에 전혀 투자하지 않고 채권 등에 주로 투자 |
| | 혼합형 : 주식이나 채권 중 어느 한쪽에 60% 이상 투자할 수 없는 펀드 |
| 부동산 펀드 | 부동산 관련 자산에 주로 투자 |
| 특별 자산 펀드 | 금, 석유, 곡물 등의 실물, 수익권 등에 주로 투자 |
| 혼합 자산 펀드 | 증권, 부동산, 특별 자산 등에 자유롭게 비중을 조절하여 투자 |
| MMF(Money Market Fund) | 단기 금융 상품에 투자 |

(출처: 금융감독원)

(판매)수수료는 펀드를 사거나 팔 때(가입/환매) 판매사에 지급하는 일회성 비용을 말한다. 펀드에 가입할 때 지급하는 선취 판매

수수료, 환매할 때 지급하는 후취 판매 수수료, 그리고 정해진 기간보다 먼저 환매하면 페널티처럼 발생하는 환매 수수료 3가지 종류가 있다.

(판매)보수는 일회성이 아니라 펀드에 가입해 있는 기간 동안 펀드 평가 금액을 기준으로 운용사, 판매사, 수탁사, 사무관리 회사 등에 정기적으로 지급하는 비용으로 필요 경비라 생각하면 된다. 펀드를 유지하고 관리하는 비용이다. 펀드 클래스는 펀드에 적용되는 다양한 수수료·보수 체계를 구분하는 표시다.

[표 5-4] 펀드 클래스 종류

| 종류 | 특징 | 기타 |
|---|---|---|
| A클래스 | 선취 판매 수수료를 받지만, 연간 보수가 낮음 | 장기에 유리 |
| C클래스 | 선, 후취 수수료를 받지 않지만, 연간 보수가 높음 | 단기에 유리 |
| E클래스 | 인터넷을 통해서만 가입 가능 (Ae,Ce) | |
| S클래스 | 연평균 판매 보수가 가장 저렴 (한국포스증권 이용) | 우리은행, 우체국, 새마을금고 지점에 방문, 온라인 펀드 가입 신청 |

(출처: 저자 작성)

[표 5-5] C클래스와 Ce클래스의 실제 수수료·보수 비교(예)

| 삼성 글로벌 선진국 증권 펀드 H/UH [주식]_C | | 삼성 글로벌 선진국 증권 펀드 H/UH [주식]_Ce | | |
|---|---|---|---|---|
| 선취 판매 수수료 | 연간 총보수 | 선취 판매 수수료 | 연간 총보수 | |
| 펀드 살 때 수수료 없음 | 1.80% | 펀드 살 때 수수료 없음 | 1.00% | |
| | 운용 보수 0.45% | | 운용 보수 | 0.45% |
| | 판매 보수 1.30% | | 판매 보수 | 0.50% |
| | 수탁 보수 0.05% | | 수탁 보수 | 0.05% |
| | 사무 보수 0.00% | | 사무 보수 | 0.00% |

| 삼성 글로벌 선진국 증권 펀드 H/UH [주식]_S | | | |
|---|---|---|---|
| 선취 판매 수수료 | 연간 총보수 | | 후취 판매 수수료 |
| 펀드 살 때 수수료 없음 | 0.85% | | 3년 미만 환매 시 출금액의 0.15% |
| | 운용 보수 | 0.45% | |
| | 판매 보수 | 0.35% | |
| | 수탁 보수 | 0.05% | |
| | 사무 보수 | 0.00% | |

(출처: 삼성자산운용 공식블로그, 2022.1.9.)

펀드에 투자할 때 기본적으로 지켜야 할 3원칙을 말하기도 한다.[22] 첫째로, 목표 투자이다. 노후 생활에 필요한 재산의 증식 등, 본인의 투자 목표를 설정하면 투자 규모, 투자 기간 등 구체적인 투자 방법을 스스로 정할 필요가 있다. 투자 목표는 추후 투자의 성공, 실패 여부를 판단하여 투자 방법을 조정하는 기준이 될 수 있다. 둘째로, 분산 투자이다. 분산 투자의 목적은 리스크를 줄이는 데 목적이 있다. 투자 대상의 분산은 한 종류의 펀드에만 투자하는 것보다 성격이 다른 펀드에 적절히 나누어서 투자하고, 투자 대상을 예금, 부동산, 주식, 펀드 등 일부 자산의 가치가 크게 변동되는 것을 최소화하기 위한 분산 투자 전략도 필요하다. 투자 시점의 분산은 적립식 펀드처럼 여러 시기에 걸쳐 나누어 투자하면 투자 위험을 줄일 수 있다. 세 번째로 장기 투자다. 경제가 장기적으로 상승이 예상되면 장기 투자가 유리하다. 일시적인 경기 하락을 극복하고서 수익을 낼 수 있고, 투자 기간이 길어지면 투자 위험을 낮출 수도 있다. 그러나 장기 투자는 여유 자금으로 운용해야 하고, 펀드의 투자가 장기적인 추세를 따르고 있는지 파악할 필요가 있다. 높은 리스크를 추구하면 손실을 볼 수 있으므로 예·적금 보다는 다소 높은 안정적 수익을 확보한다는 생각으로 펀드를 선택하고 투자하는 것이 필요하다.


공격적인 투자, 헤지펀드란?

헤지는 리스크를 제거하는 것이다. 헤지의 목적은 선물 시장을 이용하여 자산이 현재 직면하고 있는 특정 리스크를 감소시키는 데 있다. 특정 리스크란 원유 가격, 주가 및 기타 변수들이 변함에 따라 발생하는 리스크다.[23] 그러나 헤지펀드는 레버리지를 크게 일으키고, 헤지를 하는 투자 기법을 이용하여 수익을 극대화하는 펀드라 할 수 있다. 헤지는 리스크를 줄이지만, 헤지펀드는 리스크를 크게 확대한다. 헤지펀드는 보통 소수(100명 미만)의 투자자로부터 자금을 모아 파트너쉽을 결성하여 현물과 선물을 결합한 다양한 투자 전략[24]을 사용한다. 거액의 차입을 통하여 레버리지를 확대하는 경우가 많다. 현재 활동 중인 글로벌 헤지펀드의 수는 전 세계적으로 9천 개가 넘는다.[25] 목표 이상의 수익을 내면 펀드 운용사는 높은 수준의 성과급을 챙긴다. 전형적인 단기 투자 자본으로 손실이 커질 경우에 금융 시장 불안 요인으로 작용하기도 한다.

롱텀캐피탈매니지먼트LTCM(Long-Term Capital Management)는 1994년에 설립되어, 1998년 러시아 모라토리엄(채무 상환 유예)으로 파산한 미국의 유명한 헤지펀드다. 경영진에는 노벨경제학상을 받은 마이런 숄즈Myron Scholes와 로버트 머튼Robert Merton도 있었다. 투자자들이 줄을 서서 기다릴 정도였다. LTCM은 파산할 당시에 자본금은 50억 달러였는데, 부채는 1250억 달러로 레버리지가 25배에 달하였다.

2011년에 도입한 한국형 헤지펀드는 최저 가입 기준이 기존 5억 원 이상에서 1억 원 이상(레버리지 200% 이상인 펀드는 3억 원 이상)으로 문턱이 낮아지면서 2015년 말부터 많이 늘어났다. 그러나 2020년에 한때 국내 헤지펀드 업계 1위인 라임자산운용(라임)의 1조 5천억 원대 펀드 환매 중단 사태로 인한 투자자 피해가 발생하는 등 리스크도 커졌다.

펀드 투자 피해 사례

〈라임·옵티머스 사태〉

라임자산운용(2015년 사모펀드 인가)은 수익을 극대화하기 위해 신용 등급이 낮은 기업들이 발행한 전환 사채CB, 신주 인수권부 사채BW 등에 투자한 자산이 부실화되면서 펀드런 사태를 일으켰다. 해외 무역 금융 펀드 등도 부실화되면서 펀드의 환매 중단 사태에 이르면서 사회 문제화되었다. 이어서 경영진의 도덕적 해이로 자금 횡령까지 드러났다. 사모펀드 국내 1위까지 올랐던 배경에는 고수익을 보장하면서 폰지 사기 형태의 자금 운용으로 고객들을 끌어들였다는 사실이 밝혀졌다. 라임·옵티머스 사태는 개방형 펀드 설정임에도 무리한 수익률 추구로 인하여 장·단기 운용 자산 간 기간 미스 매치와 운용 사기까지 겹친 경우다.

〈DLF 사태〉

DLS(Derivatives Linked Securities)는 파생 결합 증권을 말한다. DLS는 곡물 및 농산물, 원자재, 유가, 환율, 금 등에 연계되어 손익이 결정되는 파생 상품이다. DLF(Derivatives Linked Fund)는 DLS를 기초 자산으로 하는 펀드다. **은행에서 판매한 DLF의 구체적 내용을 보면 기초 자산은 독일 국채 10년물 금리이며, 파생 상품의 만기는 4개월 초단기 만기로 설정하였다. 짧은 기간 동안 변동하지 않으면 수익을 볼 수 있어 얼핏 보면 안전한 상품으로 보인다. 구체적으로 보면, 독일 국채 10년물 금리가 마이너스 0.2% 이상이면 연 3~5%의 수익이 나지만, 마이너스 0.3% 아래로 떨어지면 원금 손실 구간에 진입하며, 마이너스 0.6% 아래로 떨어지면 원금을 모두 잃는 구조다. 2020년 9월 25일 기준으로, 독일 국채 금리가 마이너스 0.619%로 떨어지면서 전액 손실을 초래했다. 추후 일부 손실이 회복되었으나, 대부분 70% 이상 손실 발생이 발생하였다.

파생 상품은 원래 헤지hedge[26]를 목적으로 운용한다. 파생 상품의 기초 자산을 보유(투자)하지 않고 파생 상품만 거래하는 경우는 파생 상품 투자자 간 변동성을 가지고 손익을 다투는 제로섬zero-sum 게임이다. 그래서 파생 상품을 면도날과 같다고 표현하기도 한다. 잘못 쓰면 얼굴에 상처를 낼 수 있기 때문이다. DLF 상품을 보면 기초 자산이 독일 국채인데, 당시 독일 국채의 이자율은 2% 이하였다. 이자가 내린다는 확신(이자가 내리면 국채 가격이 상승한다)이 없다면, 누가 독일 국채 선물을 사는 대가로 3% 이상을 지불하겠는가? 그리고 파생 상품의 상대방은 대부분 헤지펀드 등 전문 투자자다. 여기에서 승부는 이미 결정되었다. 국내 파생 상품에 대한 리스크 관리 역량은 부족한 편이다. 그리고 기초 자산을 갖지 않고서 파생 상품만 거래하는 경우 미래의 방향을 두고 싸우는 전쟁터임을 알아야 한다. 윈-윈win-win 게임이 될 수 없음을 명심할 필요가 있다.

## 해외 대체 투자 손실 사례

해외 부동산 투자[27]의 경우에도 매각 지연이나 현지 운용사의 부실 등으로 손실이 발생하는 경우가 다수 발생하고 있다. 2019년 설정된 JB호주 NDIS 펀드는 임대 수익이 목적이었지만, 계약과 다른 부동산 투자와 대출 서류 위조로 손실이 발생하였다. JB영국 루프탑 펀드는 현지 운영사의 계약 변경으로 환매가 연기되는 사태가 발생한 사례도 있다. 이러한 투자 실패 사례는 해외 대체 투자의 리스크 관리 현실을 보여주고 있다. 기본적으로 저성장 시대에 낮은 리스크를 갖고 높은 수익률을 가져다주는 투자 상품은 거의 없다. 그동안 고성장을 통하여 고수익에 익숙한 투자자들이 리스크를 감안하지 않는 무리한 투자 성향도 폰지 사기 형태의 투자 유혹에 쉽게 유인되는 결과로 이어지는 경향이 있다.

해외 투자 펀드의 경우에 정보 비대칭성이 높고, 신용 리스크 이외에 국가·법률 리스크 등 다양한 리스크가 있어 리스크 관리가 매우 중요하다. 투자 국가와 상품에 대한 경험과 객관적 정보가 확보된 경우가 많지 않고, 고객에게도 관련 리스크에 대한 정확한 공지를 하지 않는 것도 문제다. 해외 투자 펀드를 가입할 때 다소 신중하게 접근할 필요가 있다. 펀드 설정 회사는 해외 펀드를 설정할 때 투자 대상이나 해당 국가에 대한 기존의 풍부한 데이터를 확보하여 리스크의 범위를 설정하고 고객이 합리적 판단을 할 수 있도록 노력할 필요가 있다.

## 반복되는 폰지 금융 사기

폰지 사기는 대표적인 금융 사기 중의 하나다. 미국 주식의 활황기인 대공황 이전인 1920년대 미국에서 찰스 폰지Charles Ponzi가 벌인 사기 행각에서 유래되었다. 사기와 거품을 구분할 필요가 있다. 거품은 가치가 비정상적으로 과다하게 평가된 것을 말하고, 사기는 가치가 없음에도 가치가 있는 것처럼 현혹하는 것을 말한다. 폰지 사기는 시장 금리보다 높은 확실한 배당금이나 이자를 약속한다. 처음에는 약속한 이자 등을 지급한다. 그러면 더 많은 사람이 투자한다. 이자를 지급하다가 어느 순간에 이자를 계속 지급하지 못하게 되면서 파산한다. 우리 속담 "아랫돌 빼서 윗돌 고이기"나 다단계 사기와 비슷하다. 가치를 창출하지 않으므로 들어오는 돈으로 나가는 돈을 지불하는 셈이다.

미국 역사상 최대 규모의 폰지 사기는 2008년 12월에 미국 나스닥 증권거래소 회장을 지낸 버나드 매도프Bernard Madoff의 금융 사기 사건이다. 매도프는 1960년 자신의 이름을 딴 증권사 버나드 매도프 주식 중개회사를 설립한 뒤 20년 가까이 신규 투자자의 돈으로 기존 투자자에게 수익금을 지급하는 방식으로 최대 650억 달러에 달하는 미국 역사상 최대 규모의 폰지 사기 행각을 벌였다.

최근에도 폰지 사기 수법은 이어지고 있다. 루나-테라 사태도 비슷하다. 루나와 테라는 금 등의 실물 자산이 아닌 알고리즘으로 스테이블 코인[28]을 유지하도록 만든 프로그램으로 생성된 코인이다. 루나는 2022년 한때 암호 화폐 시가총액 10위 안에 들면서 50조 원의 시장 가치를 인정받기도 했다. 테라를 유치하면 20%의 이자를 지급했다. 그러나 테라가 20% 이상의 가치를 창출할 수 있는 수익 구조는 없었다. 결국 본질적인 문제를 눈치챈 사람들의 뱅크런으로 순식간에 무너졌다.

폰지 사기는 낮은 리스크로 높은 수익률을 기대하는 사람에게 항상 다가간다. 그리고 일정 기간 확정된 수익률을 지급함으로써 투자 성과를 보여준다. 폰지 사기는 언제나 인간의 탐욕을 비집고 들어온다. 독일 통일의 주역인 수상 비스마르크Bismarck(1815~1898)는 "어리석은 자는 경험에서 배우고 지혜로운 자는 역사에서 배운다"라고 말한다. 폰지 사기 형태의 투자는 계속 나올 수 있다. 항상 투자를 권유하며 높은 수익이 보장된다고 하면 수익 구조가 가치를 창출할 수 있는지에 대해 상세하게 검토할 필요가 있다. 추천하는 금융 상품의 수익 구조에 대해 잘 알지 못하면, 투자를 실행하지 않는 것이 좋다.

# 5

—

## 주식 관련 파생 상품

산업의 발전과 IT 등 금융 환경의 변화는 금융 상품의 다양화에도 영향을 미치고 있다. 주의할 점은 모든 금융 상품은 리스크와 수익이 대응하기 때문에 안정적인 금리를 높게 받으면서 언제나 환매가 가능한 리스크가 낮은 상품은 없다고 할 수 있다.

수많은 금융 상품이 쏟아져 나오고 있다. 최근에는 ETF, ETN 등 용어를 이해하기도 쉽지 않다. 모르는 금융 상품은 투자하지 않는 것이 현명하나, 다양한 투자 수단들을 알고 있어야 포트폴리오(분산 투자)를 구성할 수 있고 투자의 위험도를 측정할 수 있다. 최근 경제 변동성이 크게 나타나고 있어서 파생 상품 투자에는 특히나 주의할 필요가 있다.

⟨ETF(Exchange Traded Fund)[29]⟩

ETF는, 말 그대로 인덱스 펀드index fund를 거래소에 상장시켜 투자자들이 주식처럼 편리하게 거래할 수 있도록 만든 상품이다. 인덱스 펀드는 일반 주식형 펀드와 달리, KOSPI 200과 같은 시장 지수의 수익률을 그대로 따라갈 수 있도록 구성한 펀드다. ETF는 투자자가 개별 주식을 고르는 데 수고를 하지 않아도 되는 펀드 투자의 장점과 언제든지 시장에서 원하는 가격에 매매할 수 있는 주식 투자의 장점을 모두 가지고 있는 상품이다. 인덱스 펀드와 주식을 합쳐놓은 것으로 생각하면 된다. 최근에는 시장지수를 추종하는 ETF 외에도 배당주나 가치주, 성장주 등 다양한 스타일을 추종하는 ETF가 상장되는 등 종류도 다양해지고 있다.

〈상장지수 증권ETN(Exchange-Traded Note)[30]〉

원자재, 환율, 주가지수 등 기초 자산의 가격 변동에 따라 수익이 결정되도록 설계한 채권 형태의 상품(파생 결합 증권)으로, 2014년 11월에 도입되었다. 채권과 원자재, 통화, 주식, 선물 등에 투자해 해당 상품가격이 오르면 수익률도 오르고 떨어지면 손실이 발생한다. 금융 회사(증권사)가 자기 신용으로 발행하고 ETF처럼 거래소에 상장되기 때문에 시장에서 ETN을 자유롭게 사고팔 수 있다. 미리 약정한 기초 지수 수익률을 지급하겠다고 발행자가 약속하기 때문에 추적 오차tracking error가 발생하지 않는다는 안정성이 있다. 독창적인 투자 전략을 활용한 이색 상품이 많고, 증권사가 LP[31] 역할을 한다는 점은 ETF와 같다.

ETN은 적은 수수료로 해외 자산과 국내 전략 상품 등에 투자할 수 있는 중위험·중수익 투자 상품으로 꼽힌다. 거래량이 적지만 유동성 공급자 역할을 맡은 증권사들이 가격대별로 촘촘하게 호가를 내주기 때문에 원하는 시기에 ETN을 팔아서 현금화가 가능한 장점이 있다.

　ETN 거래 방법은 주식과 같고 국내 지수와 연계한 상품은 세금이 없지만, 해외 지수 연계 상품, 원자재 상품 등에 대해선 매매 차익 중 15.4%를 세금으로 내야 한다. 상장지수 펀드ETF와 비슷하지만, 발행 주체가 자산 운용사가 아닌 증권사이며, 만기가 있다는 점이 다르다. ETN은 ETF와 달리, 기초 자산을 보유하지 않고서 운용사가 신용으로 대체한다. 관련 시장이 폭락하면 증권사도 큰 타격을 받을 가능성이 있다.

[표 5-6] ETN과 ETF 비교

| 구 분 | 상장지수 증권ETN | 상장지수 펀드ETF |
|---|---|---|
| 발행사 | 증권사 | 자산 운용사 |
| 법적 성격 | 파생 결합 증권 | 집합 투자 증권 |
| 만기 | 있음(1년 이상, 20년 이하) | 없음 |
| 최소 지수 구성 항목 | 5종목 | 10종목 |
| 파산 위험 | 있음 | 없음 |
| 기초 지수 | 특화 지수 | 대부분 시장 추종형 지수 |
| 수익 구조 | 약정된 기초 지수 수익 제공 | 운용 실적에 따라 다름 |

(출처: 한국거래소)

[그림5-5] ETF와 ETN(2023.1.17. 현재)

| <ETF> 종목명 | 현재가 | 전일비 | 등락률 | 시가총액(억) |
|---|---|---|---|---|
| KODEX 200 | 32,485 | ▼ 290 | -0.88% | 62,436 |
| TIGER CD금리투자KIS(합성) | 51,940 | ▲ 15 | +0.03% | 50,109 |
| KODEX KOFR금리액티브(합성) | 102,155 | ▲ 30 | +0.03% | 31,118 |
| TIGER 차이나전기차SOLACTIVE | 12,200 | ▼ 185 | -1.49% | 30,515 |
| KODEX 200선물인버스2X | 2,845 | ▲ 50 | +1.79% | 27,565 |
| | | | | |
| KODEX 종합채권(AA-이상)액... | 103,930 | ▼ 545 | -0.52% | 23,652 |
| TIGER 미국나스닥100 | 71,810 | ▼ 1,260 | -1.72% | 21,636 |
| TIGER MSCI Korea TR | 13,510 | ▼ 155 | -1.13% | 21,494 |
| KODEX 200TR | 10,925 | ▼ 105 | -0.95% | 20,255 |
| KODEX 레버리지 | 15,310 | ▼ 290 | -1.86% | 19,505 |
| | | | | |
| TIGER 200 | 32,500 | ▼ 290 | -0.88% | 18,964 |
| TIGER 미국S&P500 | 13,250 | ▼ 120 | -0.90% | 18,080 |

| <ETN> 종목명 | 현재가 | 전일비 | 등락률 | 시가총액(억) |
|---|---|---|---|---|
| 삼성 인버스 2X WTI원유 선물 | 135 | ▲ 5 | +3.85% | 2,021 |
| 삼성 레버리지 천연가스 선물 | 2,505 | ▼ 115 | -4.39% | 1,127 |
| 삼성 인버스 2X 코스닥150 선 | 14,190 | ▲ 560 | +4.11% | 710 |
| 미래에셋 인버스 2X 코스닥 15 | 14,200 | ▲ 585 | +4.30% | 284 |
| TRUE 레버리지 천연가스 선물 | 1,185 | ▼ 70 | -5.58% | 415 |
| | | | | |
| TRUE 인버스 2X 코스닥 150 | 14,225 | ▲ 600 | +4.40% | 142 |
| TRUE 인버스 2X 천연가스 선 | 1,460 | ▲ 80 | +5.84% | 2,146 |
| 신한 블룸버그 2X 천연가스 선 | 2,220 | ▼ 130 | -5.53% | 167 |
| 신한 인버스 2X WTI원유 선물 | 120 | 0 | 0.00% | 760 |
| TRUE 인버스 2X 나스닥 100 ETN | 1,875 | ▲ 125 | +7.14% | 563 |
| | | | | |
| 삼성 인버스 2X 코스피200 선 | 15,695 | ▲ 280 | +1.82% | 157 |
| 삼성 레버리지 코스닥150 선 | 25,035 | ▼ 1,160 | -4.43% | 250 |
| 삼성 인버스 코스피 200 선물 | 11,650 | ▲ 115 | +1.00% | 117 |
| 삼성 인버스 코스닥 150 선물 | 11,110 | ▲ 245 | +2.25% | 111 |
| 신한 레버리지 WTI원유 선물 E | 1,010 | ▼ 40 | -3.81% | 5,050 |

(출처: 네이버 증권)

〈주가 연계 증권ELS(Equity-Linked Securities)[32]〉

특정 주식의 가격이나 주가지수의 수치에 연계하여 투자 수익이 결정되는 증권이다. 자산을 우량 채권에 투자하여 원금을 보존하고 일부를 주가지수 옵션 등 금융 파생 상품에 투자하여 고수익을 노리는 금융 상품이다. 2003년 증권거래법 시행령에 따라 상품화되었으며, 일반적으로 ELN(Equity-Linked Note)으로 불리기도 한다. 장외 파생 상품 투자 매매업 겸영 인가를 받은 증권 회사만 발행할 수 있는데, 만기는 3개월~2년으로 1년 이하의 단기가 주를 이룬다. 유가증권에 적용되는 일반적인 규제가 적용되나, 주식이나 채권에 비해 손익 구조가 복잡한 편이다. 또한 원금과 수익을 받지 못할 위험성도 있고 투자자가 만기 전에 현금화하기가 어렵다는 특징도 지닌다.

주가지수가 상승할 때 일정한 수익을 얻을 수 있도록 하는 것부터 주가지수 등락 구간별 수익률에 차이가 나게 하는 것 등 다양한 유형이 있다. 일반적으로 원금 보장형·원금 부분 보장형·원금 조건부 보장형의 3가지로 나뉜다. 원금 보장형은 보수적이거나 안정적인 투자자가 선호하며, 원금 부분 보장형은 적극적인 투자자가, 원금 조건부 보장형은 공격적인 투자자가 선호한다.

투자자에게는 투자 선택의 폭을 넓히고, 증권 회사에는 수익 구조를 변화시켜 증권업 활성화에 기여하고 있는 것으로 평가된다. 또한 주식이나 주가지수 이외에도 원자재·금 등과 같은 실물과 연계하거나, 물가지수나 채권지수 등에도 연계하는 등 그 범위가 다양해질 것으로 전망된다.

ELS는 중수익, 중위험 상품으로 투자 열풍이 있었으나, 2016년 홍콩H지수의 급락으로 당시 37조 원 투자한 홍콩H지수 연계 ELS 상품이 일부 원금 손실을 초래한 결과가 발생한 이후로 최근에는 리스크 보완을 한 상품이 출시되고 있다. ELS는 원금이 보장되는 상품이 아니며, 주가가 급락하면 큰 손실도 초래할 수 있다는 점에 유의하고서 투자자는 상품 내용을 디테일하게 검토하는 것이 필요하다.

투자는 과거의 수익률이 미래의 수익률로 반드시 연결되지는 않는다. 예상 수익률은 비슷하나 위험이 더 큰 상품을 먼저 추천한 뒤에 ELS를 내보이면 소비자는 ELS가 수익 대비 위험이 상대적으로 낮다고 판단하고 투자하는 사례도 적지 않다.[33] 유명 금융사나 펀드 매니저 등의 추천을 곧 수익률 보장으로 생각해서는 안되고, 투자는 항상 본인 책임임을 명심해야 한다.

1  [네이버 지식백과] 정기적금 (한경 경제용어사전).

2  자료:표준국어대사전.

3  [네이버 지식백과] RP [repurchase agreement] (매일경제, 매경닷컴).

4  강창희, 조철희, 오윤관, 『펀드투자 제대로 하자』, 전국투자교육협의회, 2009.

5  윌리엄 N. 괴츠만, 『금융의 역사』, 위대선 역, 지식의날개, 2020, p. 382.

6  앞의 책, p. 401.
   두 동인도회사는 2세기 동안 2세기 동안 유럽과 아시아 교역을 독점하였는데, 민간 주식회사이자 식민지 통치 기관이었다.

7  헤지펀드 등 노련한 투기꾼들은 내부자와 공모를 하지 않더라도 일반 투자자들에 비해 초반에 사서 거품이 터지기 전에 파는 시점을 잘 파악한다.

8  돈이 시중에 넘치면 자산 인플레이션(주식, 부동산 등이 급등하는 현상)이 발생할 수 밖에 없다.

9  니얼 퍼거슨, 『금융의 지배』, 김선영 역, 민음사, 2010, p. 125.

10  채준, 『재무관리이야기』, 아코바에듀, 2011, pp. 47~49를 참조하여 작성.

11  https://dart.fss.or.kr/

12  https://www.k-otc.or.kr/

13  찰스 P. 킨들버거·로버트 Z. 알리버, 『광기, 패닉, 붕괴 금융위기의 역사』, 김홍식 역, 굿모닝북스, 2020, p. 39.

14  같은 책, pp. 40-41.

15  라구람 G. 라잔, 『폴트라인』, 김민주·송희령 역, 에코리브르, 2011, p. 227.

16  찰스 P. 킨들버거 외, 앞의 책, p. 37.

17  로마 제국의 전성 시대를 연 로마 최초의 황제다.

18  로러트 쉴러, 『새로운 금융시대』, 노지양·조윤정 역, RHK, 2013, p. 305.

19  시드니 호머·리차드 실러, 『금리의 역사』, 이은주 역, 리딩리더, 2012, p. 622.
   인플레이션 수준은 영국의 소매 물가지수로 측정했고 이 지수와 채권이 가격이 연계됐다. 물가 연동 채권은 index-linked gilt라 한다. 영국인들은 정부가 발행하는 확정 금리부 채권을 gilt-edged bond라고 하는데, gilt는 여

기서 나온 말이다.

**20** 금융 시장에서 콜call은 매수, 풋put은 매도를 의미한다. 콜옵션 행사를 하지 않았다고 채무 불이행(디폴트)이 되는 것은 아니다.

**21** 네이버 지식백과, 금융감독용어사전 참조.

**22** 금융감독원의 금융 상품 거래 단계별 핵심 정보를 참조하여 작성.

**23** 존 헐John Hull, 『파생상품의 평가와 헷징전략 4판』, 김철중 외 역, 탐진, 2004, p. 137.

**24** 헤지펀드에서 많이 사용하는 롱쇼트 전략은 주식 시장에서의 매수Long와 공매도Short 전략을 동시에 활용해 안정적인 수익률을 추구하는 방법이다.

**25** 현재 활동 중인 헤지펀드의 수는 9283개다. https://www.preqin.com/data/hedge-funds(2022. 2. 1).

**26** 헤지hedge는, 영어사전에서 보면 금전 손실을 막기 위한 대비책이란 뜻으로, 현재 투자(보유)하거나 투자하려고 하는 금융 상품의 변동성을 보완하기 위하여 반대로 움직이는(가치가 서로 상쇄되는) 금융 상품에 투자하여 투자 손실을 최소화하는 것을 말한다.

**27** 일반적으로 전통적인 투자 자산군은 주식, 채권, 파생 상품, 단기금융 자산이다. 대체 투자는 이에 포함되지 않은 부동산, 인프라, PEF(Private Equity Fund), 헤지펀드 및 실물 자산 등이 투자 대상이다. 대체 투자는 주로 펀드를 통해 이루어지는데, 그 규모도 확대되고 있다(조경식, 「Exit구조화펀드의 설계와 방향」, 국토연구원, 『건설경제』, 통권 89권, 2020).

**28** 스테이블 코인이란 정부가 화폐를 제조하는 데 화폐의 가치에 해당하는 일정량의 금을 담보로 비축해두는 금본위 제도처럼, 자신을 더 안정적인 다른 자산(달러, 비트코인 등)에 연동(일명, '페깅pegging')시킴으로써 가치를 유지하려는 암호 화폐를 일컫는다.

**29** [네이버 지식백과] ETF (시사경제용어사전, 2017. 11., 기획재정부)를 참조하여 작성.

**30** [네이버 지식백과] 상장지수 증권[exchange-traded note](한경 경제용어사전)를 참조하여 작성.

**31** LP는 Limited Partner의 줄임말이다. 유한 책임 투자자라고 한다. 보통 LP는 자금을 모으고 펀드에 자금을 출자하여 GP(General Partner)에게 운용을 맡긴다. GP는 운용 보수를 받는 대신에 투자 운용에 대한 책임을 진다.

**32** [네이버 지식백과] 주가연계증권[Equity-Linked Securities;ELS](두산백

과)를 참조하여 작성.

**33** 마케팅에서 말하는 맥락 효과context effect로, 맥락 효과는 인지심리학에서 나온 용어다. 맥락 효과는 표적 대상이나 상황이 어떤 자극과 비교되는가에 따라 실제와 다르게 지각되는 왜곡 때문에 나타난다. 이것을 대비 효과contrast effect라고 하는데, 비교되는 자극이 하나의 기준점reference point으로 작용하여 표적 대상이나 상황이 실제와 다르게 지각되는 현상을 말한다.

# 6장

# 금융 차입과 자산 관리

(위키미디어 커먼스)

로스차일드는 어떻게 부를 모으게 되었는지
질문을 받았을 때 이렇게 대답했다.
"나는 항상 조금 일찍 팔았습니다."

마이어 암셀 로스차일드Mayer Amschel Rothschild(1744~1812)

# 1
-

## 대출에 대한 기본 지식

대출은 어떻게 받아야 하나?

대출을 받는 경우에 가계 전체의 수입액과 지출액을 감안한 현금 흐름을 생각해야 한다. 부동산이나 주식 등 자산 가치 상승을 목적으로 과다한 대출을 받으면 경제의 변동이 심할 때는 현금화가 쉽지 않다. 본인 소득의 현금 흐름을 감안하여 상환 가능액을 산출하고서 대출을 이용해야 한다. 채무가 누적되고 상환 능력이 저하되면 신용 등급도 낮아지면서 금리도 상승하는 악순환에 빠져드는 경우가 많다.

소득과 비교하여 각종 생활비, 공과금, 교육비 등을 체계적으로 볼 수 있는 지출 계산서를 만드는 것도 중요하다. 지출 억제가 잘 안되면 체크 카드를 만들어서 한도 내에서만 사용하도록 지출 관리를 강제할 필요도 있다.

대출을 받을 때 만기 1년의 자동 대출(마이너스 한도 대출)이나 단기 대출은 기한 연장이 어려울 수도 있으므로 상환해야 한다는 생각을 가지고서 자금 계획을 마련해야 한다. 흔히 돈을 빌리고 상환 계획이 없으면 대출을 연장하면서 빚이 계속 늘어나는 경우가 많다. 3년 정도의 분할 상환 대출을 통하여 원금과 이자를 상환하는 계획을 세우고서 만기 상환에 따른 부담을 줄일 필요도 있다.

대출을 일부 갚을 때는 고금리의 단기 대출(카드론 등)을 우선 줄이고, 다음에는 제2 금융권 대출을 상환하여 이자 비용을 줄이면서 아울러 신용 관리도 할 필요가 있다. 소액으로 나누어져 있는 대출은 묶어서 관리하면 대출 관리가 편하다. 어느 정도 신용이 쌓이고 신용 변동(직장에서의 승진 등)이 생기면 은행에 금리 인하에 대한 요구를 적극적으로 하여 금융 비용을 낮추려는 노력도 해야 한다.

소득과 비교하여 과다한 부채 부담은 한번 빠져들면 정리하기 어렵기 때문에 스스로 지출과 투자, 미래에 대비하는 예금 등을 종합적으로 판단하여 장기적으로 재무를 관리할 수 있도록 노력해야 한다.


대출의 종류

일반적으로 대출의 종류를 담보를 기준으로 하여 담보 대출과 신용 대출로 크게 구분할 수 있다. 담보 대출은 집이나 부동산 등을 담보로 대출해주는 것으로 담보물의 가치(감정 가격 등)에 따라 대출 금액이 달라지며, 대표적인 상품으로 주택 담보 대출과 예·적금 담보 대출 등이 있다.

신용 대출은 담보나 보증인 없이 본인의 신용으로 대출을 받는 것으로 금융 회사는 신용 대출 대상의 직업, 소득, 대출 금융 기관과의 거래 실적, 인적 사항(주로 근무처), 재산 상태, 자동이체 항목

수 등을 개인 신용 평가 제도[CSS](Credit Scoring System)에 따라 종합적으로 분석한 후 대출 여·부와 대출 한도를 결정한다. 대표적인 상품으로는 일반 신용 대출(건별 대출)과 '마이너스 통장'이라고 불리는 한도 대출[1]이 있다. 마이너스 한도 대출은 분할 상환 대출보다 금리가 다소 높다. 그 이유는 한도 대출은 다 사용하지 않더라도 은행이 한도액을 감안하여 일정 금액만큼 자본을 적립해야 하는 의무[2] 때문이다. 그래서 일정 금액을 일정 기간 필요한 경우에는 건별 대출을 받는 것이 금리로는 유리하다.

주택 담보 대출은 금융권에서는 담보 가치가 확실하므로 선호하는 경향이 있다. 돈을 빌리는 차입자의 측면에서 보자면 부동산을 담보로 과다한 대출을 하는 경우에 금리가 오르고 자산 가치가 하락하면 큰 손해를 입게 된다. 주택을 담보로 한 과다한 대출을 방지하기 위하여 자산 가치 하락과 상환 능력을 감안하여 LTV, DTI, DSR 등을 제도적으로 운용하고 있다.

LTV(Loan To Value ratio)는 담보 인정비율이다. 즉 담보로 돈을 빌릴 때 인정되는 자산 가치의 비율을 말한다. 자산 가치는 주로 감정 가격이다. 담보 인정 비율은 담보의 종류(주택, 상가, 공장, 기계 등)에 따라 다르고, 금융 회사별로 똑같이 운용하지는 않는다. 주택의 경우는 부동산 가격 안정 등을 위한 목적으로 정책적으로 LTV를 정하여 운용하기도 한다.[3] 예를 들어 주택 담보 인정비율이 60%이고, 감정가가 3억인 주택을 담보로 돈을 빌리고자 한다면 빌릴

수 있는 최대 금액은 1억 8천만 원(3억×0.6)이 된다.[4]

총부채 상환 비율인 DTI(Debt To Income)는 금융 부채 상환 능력을 소득을 감안하여 대출 한도를 정하는 계산 비율을 말한다. 대출 상환액이 소득의 일정 비율을 넘지 않도록 제한하여 지나친 부채 부담을 억제하기 위하여 실시한다.

한국에서는 부동산 투기 과열에 따라, 2007년 은행권에서 투기 지역과 투기 과열 지구에 대하여 주택 담보 대출에 DTI 규제를 확대하였다. 소득을 적게 신고한 자영업자나 상환 능력은 있지만 현재 소득이 없는 은퇴자의 경우에 불리하게 적용될 수 있다. DTI는 연간 소득에서 원리금 상환이 차지하는 비율을 나타내는 것이므로, 대출 기간을 장기로 하면 연간 원리금 상환액이 감소하여 대출 한도도 증가하게 된다. 예를 들어 연간 소득이 1억 원이고 DTI를 40%로 설정하면 총부채의 연간 원리금 상환액이 4천만 원을 초과하지 않도록 대출 규모를 제한하는 것이다.

총부채 원리금 상환 비율DSR(Debt Service Ratio)[5]은 개인이 받은 모든 대출의 연간 원리금을 연 소득으로 나눈 비율을 말한다. 대출에는 주택 담보 대출, 신용 대출, 카드론 등 모든 대출이 포함된다. 2022년 1월부터 차주借主 단위 DSR 적용 여부를 결정하는 "총 대출액"은 신청분을 포함하여 금융권의 모든 가계 대출을 합산한 것이다. 한도 대출(마이너스 통장)은 실제 사용금액이 아닌 한도 금액 기준이다. 신규 대출로 기존 대출의 상환이 예정된 경우에는 상환이 예정된 금액만큼은 총대출액을 계산할 때 제외된다. 차주의 기존 대출과 신규 대출 신청분을 합산하여 2022년 7월부터 총대출액이 1억 원(이전에는 2억 원)을 초과하는 경우에 차주 단위 DSR를 적용하고 있다. 대출을 억제하는 데는 DSR이 가장 효과적이다.

---

〈참고〉 차주 단위 DSR 계산에서 예외적으로 제외되는 대출

①분양 주택에 대한 중도금 대출
②재건축·재개발 주택에 대한 이주비 대출,
　추가 분담금에 대한 중도금 대출
③분양 오피스텔에 대한 중도금 대출 등
④서민 금융 상품(새희망홀씨, 바꿔드림론, 사잇돌대출,
　징검다리론, 대학생·청년 햇살론 등)
⑤3백만 원 이하 소액 신용 대출(유가증권 담보 대출 포함)
⑥전세 자금 대출(전세 보증금 담보 대출은 제외)
⑦주택 연금(역모기지론)
⑧정책적 목적에 따라 정부, 공공 기관, 지방 자치 단체 등과
　이차 보전 등 협약을 체결하여 취급하는 대출
⑨자연재해 지역에 대한 지원 등 정부 정책 등에 따라
　긴급하게 취급하는 대출
⑩보험 계약 대출
⑪상용차 금융
⑫예·적금 담보 대출
⑬할부·리스 및 현금 서비스

---

# 2
—
## 개인의 자산 관리

### 자산 관리를 위한 기본 환경 이해

투자에 대한 전반적인 불확실성은 계속 높아지고 있다. 특히 코로나COVID-19 발생으로 경기 침체를 막고 팬데믹에 대응하기 위하여 선진국, 개도국 모두 전 세계적으로 천문학적으로 풀린 돈은 자금의 유동성으로 이어져서 주식, 부동산, 암호 화폐 등 자산 인플레이션을 초래하였다. 2022년에는 이에 대한 반작용으로, 미국의 금리가 급격하게 올라가면서 국내 금리 상승으로 인한 이자 부담이 가중되는 등 어려운 경제 현실이 되고 있다.

더구나 미·중 무역 갈등으로 인한 공급망supply chain의 재편과 러시아와 우크라이나 전쟁에 따른 원자재 가격의 변동성 확대 등으로 자원이 무기화되는 추세도 강해지고 있어 향후 세계 경제의 미래는 매우 불투명하고 변동성이 확대될 것으로 전망된다.

미국은 급상승한 인플레이션을 억제하고 기축 통화인 달러 가치의 안정성 확보를 위하여 긴축 모드로 들어가면서 이로 인한 이머징 국가들의 긴축 발작[6]이 시작되고 있다. 급상승한 자산들의 가격 조정이 급격하게 이루어질 수도 있는 점을 감안하면 향후 투자를 둘러싼 환경은 변동성이 크고 리스크 또한 커질 것으로 보인다.

경기 변동성이 큰 시기에 부채의 레버리지를 이용한 투자는 리스크가 높다. 부채(차입금 등)로 투자하는 경우에 수익률이 이자율보다 높으면 레버리지 효과로 큰 이익을 가져다주지만, 투자의 수익률이 저조하고 이자율보다도 낮으면 부채의 늪에 빠질 수 있다. 수익률 확보가 쉽지 않은 시기에 금리가 올라가는 추세에서는 투자에 있어 보수적인 접근 방법이 요구된다.

[그림 6-1] 한국의 경제 성장률(1954~2022)

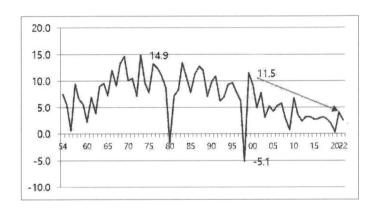

(출처: 저자 작성)

투자를 결정할 때 한국의 경제 현황을 이해하여 자산을 운용할 필요가 있다. 한국은 그동안 고성장 시대를 구가했다. 1954년부터 2020년까지 연평균 7.06%의 유례없는 고성장을 기록하였다. 미국의 1차 성장은 1870~1929년 1.76%, 황금기라 불리는 1950~1973

년 성장률은 평균 2.5%이며, 영광의 30년이라 불리는 유럽의 성장이 1950~1973년 간 평균 3.8%인 점을 감안한다면 한국의 성장이 얼마나 대단함을 알 수 있다. 한국도 2010년부터는 고성장 시대를 마감하고 점진적인 저성장 국면에 접어들었다.

저성장 시대란 고성장 시대와는 달리, 시장에 진입할 수 있는 틈이 좁아지고 새로운 기업이 성장하기가 쉽지 않음을 의미한다. 사회의 모든 영역에서 기존 산업이 경쟁이 치열하고 개발되지 않은 영역도 찾기 힘들다. 경쟁이 더욱 치열해지는 시대로 접어들었다. 고성장 시대의 기본적인 사회 인프라 구축으로 추가적인 인프라 투자로 성장을 이끌어가기도 힘들다. 산업 혁신과 글로벌 경쟁력 확보로 인한 국가 경쟁력 우위를 지속하지 않으면 성장은 더욱 힘들어지는 시대다. 투자를 둘러싼 환경도 높은 수익을 기대하기 위해서는 높은 리스크를 부담해야 한다는 것을 뜻하기도 한다. 투자 손실이 크게 발생하면 손실 회복이 쉽지 않은 경제 환경이기 때문에 투자 선택에 신중함이 요구된다. 기업 측면에서 보면 기존 기업 간 경쟁은 치열해지고 스타트업start-up 기업도 이제 국내뿐만이 아닌 글로벌 시장에서 실시간으로 경쟁해야 하는 시대다. 기업도 혁신을 통한 차별적인 경쟁력을 가지지 않고서는 지속 가능성을 담보하기 어렵다.

[그림 6-2] 고성장과 저성장

(출처: 저자 작성)

지금의 경제, 사회의 변화에 대한 올바른 인식은 스마트한 투자를 하기 위해서도 필요하다. 우리 사회는 4차 산업혁명인 산업 패러다임의 변화와 글로벌 경쟁의 심화, 전 지구적 생태적 위기, 미래에 대한 불확실성 증대, 극심한 불평등과 계층 갈등에 따른 사회 불안 등 리스크 사회라 할 수 있다. 급격한 변화의 시기(혁명의 시기)에는 미래의 불확실성이 증폭되고 과거의 지식, 관행, 관습이 판단의 오류를 만들어내고 걸림돌로 작용하는 경우가 많다. 미래학자 앨빈 토플러는 "21세기 문맹인은 읽고 쓸 줄 모르는 사람이 아니라 배운 것을 잊고 새로운 것을 배울 수 없는 사람이다"라고 표현했으며. 헝가리의 사회학자 지그문트 바우만은 "미래의 성공에 중요한 것은 과거의 움직임을 기억하거나 이전의 학습을 통해 마련된 토대를 기반으로 전략을 세우는 것이 아니다. 그보다는 시대에 뒤떨어진 정보와 경직된 낡은 습관을 신속하게, 그리고 철저히 잊는 것이 중요하다"[7]라고 말하고 있다.

투자 등 자산 관리를 해나가는 데 있어 과거의 수익률이 높았다고 해서 미래에 똑같은 결과를 담보하는 것은 아니다. 투자를 판단할 때 기존의 관행이나 관습에 얽매이지 말고 금융에 대한 기본 지식을 이해할 필요가 있다. 국가나 공공 기관에서 제공하는 정보에 대한 접근성도 높일 필요가 있다. 자산 관리도 한 부분에 모든 자산을 투자하기보다는 가능한 한 다양한 투자 상품에 분산 투자를 하여 미래의 리스크에 대비할 필요가 있다.

투자에서 한번쯤 생각해야 하는 문제들[8]이 있다. 러시안 룰렛 같은 투자는 리스크가 크다. 러시안 룰렛은 6연발 권총에 총알을 한 발만 넣어 머리에 대고 방아쇠를 당기는 게임이다. 누군가 러시안 룰렛을 통과하면 큰돈을 주겠다고 제안했을 때 우연히 살아남아 큰돈을 벌 수도 있다. 그러나 반복하면 죽을 확률이 높아진다. 인생을 걸고 도박을 하는 것만큼 어리석은 일은 없을 것이다.

"자신은 다르다"라는 생각도 위험하다. 객관적으로 불리한 금융 시장에서 자신이 시장을 파악하고 있고 "이번에는 다르다", "우리 시장은 다르다"라고 주장하며 리스크를 회피할 수 있다는 생각만큼 위험한 것도 없다. 특히 사기성 투자 권유를 할 때 많이 사용하는 논리로, 그럴듯하게 포장하여 현혹하는 경우가 많음을 주의해야 한다.

"시장이 과거에 이러이러한 적이 없다"라고 주장하며 투자를 권유하는 것도 문제가 많다. 시장에 그런 사실이 없다는 사실은 역으로 일어날 확률도 높아질 수 있다. 특히 금융 시장에서는 항상 새로운 유형의 사건이 발생하기 때문에 과거에 없다고 미래에 절대적으로 없다고 주장하는 것만큼 위험한 것은 없다.

금융 시장에서는 과거의 실적이 미래를 담보하지 않는 경우가 많다. 금융 시장 전체를 파악해야지 저 사람은 항상 수익을 최고로 올려준다는 평가는 그 수익이 운인지 실력인지 파악하기 힘든 경우가 많고, 소위 최고라고 평가할 때가 정상인 경우도 적지 않다.

일본이 초호황 시절이었던 90년대 초 일본에서 발생한 오노우에 누이尾上縫 사건을 한번 살펴보자. 오노우에는 술집 2개를 운영하는 마담이었는데, 은행 직원의 권유로 1987년 100억 원의 채권을 투자하여 큰돈을 벌었다. 이에 소문을 들은 많은 사람이 이노우에에게 자금을 맡기기 시작했다. 오노우에가 투자 종목을 결정하는 방법은 자신의 술집에 모셔둔 두꺼비상에 어떤 주식을 사야 할지 물은 다음, 즉흥적으로 머릿속에 떠오르는 종목을 사들인 것이다. 일본산업은행 등 주요 금융 회사들 역시 이처럼 황당한 투자 방식을 믿고서 그에게 30조 원 가까운 천문학적인 돈을 빌려줬다. 90년대 초 일본의 버블 붕괴로 인한 그녀의 파산으로 대출 기관들

역시 2조7천억 원이 넘는 손실을 봤으며 이로 인해 은행 2곳이 도산했고, 일본산업은행장은 사퇴하는 결과로 이어졌다.

## 한 곳에 모든 것을 걸지 마라

수많은 투자 관련 책들이 시장에 쏟아져 나오고 있다. 그중 참고할 만한 책들도 있지만, 대부분 본인이 성공한(그것도 우연히) 경우를 기반으로 하거나, 외국의 유명한 투자 성공 사례, 유명 투자자의 투자 관련 저술이나 의견에 의존하는 경우가 많다. 한 권의 책으로 투자에 성공할 수 있다면 이보다 효과적인 투자는 없다. 현실은 잘 알다시피 그렇지 않다. 모든 투자는 리스크를 수반한다. 투자 자산의 가치와 수익에 대한 변동성이 항상 일어나기 때문이다. 해외 투자의 경우에는 투자 자산의 내재적인 리스크외 다양한 리스크가 발생한다. 개인이 여유 자산을 관리할 때 특별한 법칙이 존재하지는 않는다. 자기의 상황과 여건에 맞게 자금을 운용할 필요가 있으며, 무엇보다 워런 버핏의 말처럼 돈을 지키는 것이 중요하다.

리스크 관리의 기법으로 분산 투자가 있다. 흔히 포트폴리오 이론이라고도 한다. 셰익스피어는 『베니스의 상인』에서 유대인 고리대금업자인 샤일록을 부정적으로 묘사하고 있다. 셰익스피어는 부친이 사업으로 망해서 유대인 고리대금업자에 대한 좋지 못한 감정을 가진 것 같다.[9] 부친의 사업 실패로 셰익스피어는 대학에 가지 못하고서 연극을 할 수밖에 없었다. 부친이 사업에 성공했다면 위대한 문호가 탄생하지 않았을 수도 있다. 셰익스피어의 『베니스의 상인』 중 해외 상선을 운영하는 안토니오의 대사를 보면, 오랫동안 투자의 방법으로 분산 투자를 생각하여 투자했음을 알 수 있다.

> "나는 어떤 투자가 투자 가치가 있다고 해서,
> 그 하나에 내 모든 재산을 쏟아 붇지는 않지.
> 올해 제법 운 좋게 흐르고 있다 해도 말이야,
> 그렇기 때문에 나는 슬픔을 모르고 장사를 하지."

유대인 율법서인 『탈무드』에서 랍비 이삭은 "누구나 자신의 재산을 세 부분으로 나눠두어야 한다. 1/3은 토지, 1/3은 상품, 나머지 1/3은 현금이다"[10]라고 분산 투자의 중요성을 인식하고 있었다.

미국의 경제학자로 1990년 노벨경제학상을 받은 해리 마코위츠 Harry M. Markowitz(1927~)는 1952년 포트폴리오 이론을 체계적으로 제시하였다.[11] 마코위츠는 "계란을 한 바구니에 모두 담지 말라, 모험 없이는 얻는 것도 없다"라고 분산 투자의 핵심을 말하고 있다. 그리고 분산 투자도, 존 메이너드 케인스도 얘기했듯이 본인이 잘 알고 있는 분야나 종목으로 나누어 투자해야 한다. 모르는 분야에 대한 분산 투자는 리스크를 높일 수 있다.

분산 투자를 하더라도 시장의 변동에 같이 움직이는 자산으로 나누어 투자하면 분산 투자의 효과가 작을 수 있다. 예를 들어 바이오가 유망하다 해서 바이오 회사에 나누어 투자하면 바이오 시장이 하락할 때 손실이 한꺼번에 발생하여 분산 투자의 의미가 사라진다.[12]

## 만들어진 부동산 불패 신화의 종말

우리는 과거의 관점에서 바라본다. 부동산은 그동안 많은 사람에게 부를 안겨주었다. 그 시대가 가고 있음에도 불구하고 여전히 부동산에 집착하고 있다. 전 세계에서 가장 많은 전문가를 가진 경제 영역이 부동산이다. 역사학자인 니얼 퍼거슨도 "우리 모두 경제의 한 분야만큼은 전문가를 자처한다. 바로 주택 시장이다"라고 말하고 있을 정도다.[13] 국토교통부에 따르면, 2022년 2분기 기준 개업 중인 공인 중개사 수만 11만9006명이다. 유튜브에도 전문가들이 넘쳐난다. 주부부터 모든 사람이 부동산 얘기만 나오면 한 마디를 한다.

부동산은 자산이다. 그렇지만 특별한 자산이다. 인간의 필수재이고, 언제 어디서나 쉽게 사고팔 수 없다. 그래서 때로는 희소성으로, 때로는 과다한 공급으로 가격의 부침을 겪는다. 부동산의 가치에 맞는 적절한 가격은 그 시대의 경제 환경이나 인구 등 다양한 조건에 의하여 형성된다. 예로부터 주택 소유는 부의 시작이었다. 크고 좋은 집을 갖는다는 것은 삶에 있어 하나의 희망이 된다.

부동산이 오르기 시작하면 부동산은 좋은 투자 대상으로 바뀐다. 역사를 돌이켜보면 로버트 실러가 잘 지적하고 있다. 노벨경제학상을 받은 로버트 쉴러는 케이스-쉴러 주택 가격지수[14]를 만들었는데 그 결과 장기적으로 주택 가격은 소비자 물가지수의 상승과 비슷하다는 결론을 얻었다. 그런 면에서 주택은 주식이나 채권에 비하여 좋은 투자만은 아님을 말해주고 있다. 로버트 쉴러는 "사람들은 모든 곳의 집값이 오르기만 할 것이라는 강한 직관을 가졌던 것 같다. 한정된 토지와 인구 성장, 경제 성장에 대한 이야기는 끈질긴 매력을 갖고 있지만 집값이 급등할 경우에만 설득력을 가진다"라고 부동산에 대한 사람들의 순진하거나 직관적인 믿음에 대하여 말하고 있다.[15] 2022년 10월 1일 기준으로 보면 미국의 주택 가격지수가 108.5로 과대 평가되었음을 말해주고 있다. 주택 가격이 하락하기 시작하면 회복하는 데는 오랜 시간이 걸리고 있음을 알 수 있다.

[그림 6-3] 케이스-쉴러 미국 주택 가격 지수/미국 소비자 가격 지수

(1987.1.1.~2022.10.1.)

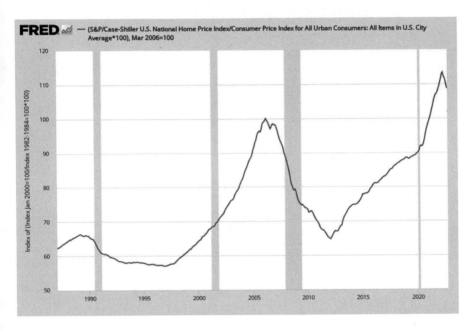

*음영은 경기 침체를 말한다.
(출처: S&P Dow Jones Indices LLC ; U.S. Bureau of Lavor Statistics)

주택 버블은 금융의 발전이 한몫했다. 정치가들은 유권자들에게
자가 주택에 대한 희망을 불어넣는다. 금융의 발전이 이를 가능하
게 했다. 장기 주택 대출 등 주택 관련 대출이 활발하게 이루어지
기 시작한다. 은행의 입장에서도 주택 담보 대출은 돈이 되는 장
사였다. 다시 말해서 은행인 채권자의 입장에서 보면 채무자는 도

망갈지라도 부동산不動産이라는 말 그대로 주택과 땅은 도망가지 않는다. 은행은 돈을 빌려줄 때도 부동산의 가치만 평가하면 되고 신용 평가 등 복잡한 절차를 거칠 필요가 없다. 갚을 능력은 부차적이다. 부동산이 오르기만 하면 손실이 날 우려가 없다. 너도나도 부동산에 뛰어든다. 이러한 부동산 매입 열기와 금융의 탐욕은 미국의 대공황 시대인 1933년에는 매일 1000개 넘는 집의 압류[16]로 이어졌으며, 2008년 미국의 서브프라임 모기지 사태를 시작으로 전 세계 금융 위기를 불러왔다.

주택 버블은 금융과 언론, 건설업자들, 여기에 투기꾼과 소위 전문가라는 바람잡이들이 자연스럽게 합작하면서 시작한다. 주택 버블이 형성되고, 폭락을 시작하면, 경착륙은 경제에 악영향을 준다고 떠들어댄다. 투기꾼, 금융업자, 건설업자, 언론 그리고 이에 대한 압력을 받은 정치인들이 뭔가 경제적 큰일이 일어난 것처럼 떠든다. 가격이 스카이 로켓처럼 올라갈 때는 똘똘한 한 채니 미국의 중심 지역 가격보다 낮다느니, 그동안 안 올랐다느니 온갖 합리적 타당성을 갖다댄다. 그러나 떨어질 때는 "경착륙하면 안된다"라고 주장하면서, 온갖 제도를 완화하고 투기꾼과 합작꾼들이 빠져나갈 수 있는 시간을 가능한 한 벌게 만들어준다. 오를 때는 시장의 논리를 주장하던 사람들이 내릴 때는 정부의 적극적인 개입을 요구한다.

영끌한 사람들, 부동산 상승기에 지금이라도 뛰어들지 않으면 금방 망해버릴 것 같은 심리적 압박FOMO(Fearing Of Missing Out)[17]을 느껴서 상환 능력을 고려하지 않고 뛰어든 서민들이 그동안 갖고 있던 재산마저 날려버린다. 부의 이전이 일어나고, 사회는 성실함의 덕목을 상실한다. 부자가 될 날을 기다리며 소박한 꿈을 꾸던 사람들이 하루아침에 나락으로 떨어진다. 금융에서 빼놓을 수 없는 가문, 로스차일드 가문은 "거리에 피가 흘러 강을 이룰 때는 꼭 자산을 사두어라"라는 유명한 말을 남겼다.[18] 잔인한 시대가 오고 있다.

일본의 부동산 버블 시대를 보면 상업용 부동산이 가장 큰 변동성을 갖고, 그 다음은 주택이다. 일본의 부동산 버블은 1986년부터 급격하게 상승하기 시작하여 1991년부터 하락하기 시작한다. 소비자 물가지수와 비교하면 거의 2배, 3배 이상 폭등한 후에 급격하게 하락하기 시작하고 더 이상 상승하지 못한다. 일본의 잃어버린 20년의 시작이다. 상업용 부동산은 최고점 대비 87% 폭락했는데, 일본 금리의 상승으로 금융 비용이 임대료 수입과 비교하여 지나치게 높아졌기 때문이다.

한국도 중심 지대 상가인 경우에 임차료가 상가 가격(매입 가격)의 연 3% 내외인 경우가 많다. 이 경우에 대출 금리가 3% 이상으로 상승하면 손실이 발생한다. 예를 들어 10억 원을 가지고 상가를 매입(전액 빌렸다고 가정하자)한 후 연 3%로 임대하면 연 3천만 원(월 2백5십만 원)의 수익이 발생한다. 대출이자가 2%면 순수익은 1천만 원이 된다(세금, 건물 수선 비용 등은 계산하지 않았다). 임차료는 그대로 이고 대출 이자가 6%로 오른다면 상가 가격은 50%하락할 수 있다. 경기 침체기에 상가 임차료는 오르기 힘들다. 아니, 비어 있지 않으면 다행이다. 월 2백5십만 원 받던 상가를 월 5백만 원으로 올릴 수가 없다. 위의 상가를 5억 원에 사고서 현행 임차료 그대로 연 3천만 원을 받는다면 대출 이자를 갚고 나면 수익은 제로가 된다. 상가 투자는 금리 추세를 즉각적으로 반영하기 때문에 버블이 크게 발생할 수 있고, 폭락하는 추세도 가파르다.

[그림 6-4] 일본 6개 대도시의 부동산 가격 지수(1965~2008)

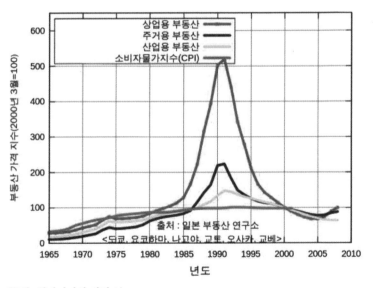

(출처: 위키미디어 커먼스)

주택은 하나의 자산이지만, 주거는 필수재이고 국가는 이를 관리할 책임이 있다. 이스라엘의 역사학자 유발 하라리는 "우리의 일을 시장의 힘에 맡기는 것이 위험한 이유는 그 힘들이 인류나 세계에 유익한 일을 하기보다는 시장에 유익한 일을 하기 때문이다"라고 시장의 위험성을 경고하고 있다.[19] 주택을 시장에 맡겨놓는 것은 투기꾼들의 놀이판을 만들어주는 것과 같다. 주택 가격은 물가 상승률 등을 감안하여 적정하게 책정하여 관리해야 한다.

향후 주택 가격의 미래는 어둡다. 한국의 GDP 대비 가계 부채 비율도 100%를 넘어서 위험 수위다. 더 이상의 신용 확장이 어렵다. 인구 구조의 변화도 생각해야 한다. 인구통계학자로 유명한 해리 덴트Harry S. Dent는 2018년부터 한국의 인구 구조와 소비의 변화가 일어나고, 그 여파로 부동산이 가장 큰 충격을 받을 수 있다고 예측했다.[20] 팬데믹이 버블을 더 확대한 측면이 있다. 통계청에 의하면 2020년부터 생산 가능 인구[21]가 줄고 있으며, 2021년부터 인구도 감소하고 있다. 전체 가구 중 1인 가구 비중은 (2020년 31.2% 인 647만7천 가구) 계속 증가할 전망이다.[22] 2040년부터는 가구수도 줄어들 추세다. 인구가 증가하는 고성장과 개발 시대의 주택 가격 추이와 같을 수 없다.

한국에만 있는 독특한 제도가 있다. 전세 제도다. 전세 제도는 집 값이 오르리라는 가정 아래 이루어지는 제도다. 만약 집값이 오르지 않는다면 주택 소유자는 집 가격과 전세 가격의 차이만큼 기회 비용[23]이 발생한다. 주택 소유자는 여기에 보유세 등을 추가로 부담한다. 시장에서 형성된 전세 가격이 그 주택의 사용가치를 더 잘 반영하고 있다. 주택 소유자가 부득이한 사정으로 집을 임대하는 경우에 집의 사용가치에 대한 대가(전세든 월세든)를 받는 것이 합리적이다. 한국의 부동산 시장이 장기간 상승 추세가 어려운 점을 감안한다면 향후 전세 가격 수준으로 주택 가격이 하락할 가능성이 크다. 주택 가격의 현실을 보여주는 것으로, 연소득 대비 주택 가격 배수인 PIR(Price Income Ratio)이 있다. 2021년 수도권의 PIR은 중위수 기준 10.1배, 서울은 14.1배로 조사되었다.[24] 주택을 구입하기 위해서는 연소득 전부를 14년 이상 모아야 한다는 얘기다. 적정 PIR이 5배수 내외인 점을 감안한다면 주택 버블의 심각성을 알 수 있다. 젊은이들이 창의적이고 도전적인 면모보다는 자산의 축적에 모든 것을 거는 오늘날의 사회를 바라볼 때 씁쓸한 기분이 든다. 항상 변동성과 리스크가 발생하는 자산 투자에 있어 영끌이란 용어가 나오는 것은 이 사회의 미래에 희망이 없기 때문이다. 노력과 성실보다는 우연한 기회가 대박을 실현하고 꿈을 이룰 수 있는 사회가 정상적인 사회라고 볼 수 없다. 이러한 사회 분위기를 만든 것은 기성 세대의 잘못이고, 이를 바로 잡지 않고서는 이 사회의 미래는 우울하다.

인플레이션 시대에 금은?

금은 이상한 금속이다. 인류가 처음 숭배한 금속이며, 현재까지 사랑받고 있는 금속이다. 남아메리카의 사라진 잉카 문명에서 금과 은은 숭배되었으며, 현재로서도 이해하기 어려운 기술을 사용하여 금을 채굴하고 제련하였다. 그래서 잉카인들은 금은 태양의 땀, 은을 달의 눈물이라고 부르기도 하였다. 당시에는 금과 은의 실생활에서 활용되지는 않았다. 화폐로 사용되지도 않았다. 다만 장식용이었을 뿐이다. 그럼에도 금과 은을 캐기 위해 막대한 노동력과 사회의 응집력을 사용한 흔적으로 보아 신에 바치는 선물로 포장하여 당시 신민들을 다스리기 위하여 만들어낸 말일 것으로 추정된다. 16세기 잉카 문명은 스페인의 약탈자인 피사로Francisco Pizarro의 잔인한 정복으로 인해 엄청난 양의 금이 유럽으로 이전되고, 역사 속으로 사라진다. 스페인을 비롯한 서구의 금에 대한 광기어린 약탈을 위한 노동력 착취로 인해 아메리카 원주민 인구가 1/10로 줄어들었으며, 금을 채굴하기 위한 노동력을 보충하기 위해 아프리카에서 많은 수의 노예들이 수입됐다. 이 흑인 노예의 후예들은 오늘날 브라질 인구의 상당 부분을 차지하고 있다.[25] 지금도 금은 지구의 대부분 지역에서 가치 저장 수단으로 굳건한 자리를 차지하고 있다.

황금을 만들 수 있다는 환상에 젖어 있던 시절이 있었다. 특히 중세 시대의 연금술이 그렇다. 연금술이 성공하면 일확천금을 가질 수 있었기 때문이다. 중세 시대에는 수많은 연금술사가 있었다. 괴테나 뉴턴도 연금술에 관심이 많았다.[26] 이 황당한 연금술의 꿈은 현대에도 이어졌다. 1925년, 독일의 프란츠 도슨은 납과 주석을 같이 녹여 황금을 만들 수 있다고 하고 투자자를 끌어모아 연금술 회사를 설립했다. 처음에는 수익 배당금을 지불하면서 더 많은 투자자를 끌어모은 후 도망친 사기 사건이었다. 1931년 프란츠 도슨은 사기죄로 감옥에 갇혔다.[27]

금은 화폐로 오랫동안 군림했다. 금 화폐를 기반으로 국가 경제를 확대한 경우로, 로마를 들지 않을 수 없다. 로마는 기원 전 46년 경 카이사르 주도 아래 화폐 주조권을 국가가 소유하면서 금과 은 본위제를 실시한다. 당시 금과 은의 교환 비율은 1 : 12였다. 로마의 재정이 악화되고 금과 은이 부족해지면서 AD 46년 네로황제 시대에 금화와 은화의 순도를 줄이기 시작한다. 은화 순도는 180년 아우렐리우스 황제 때 75% 수준으로 즐어들다가 244년에는 1/20, 260년에는 1/5000로 줄어들면서 인플레이션이 일어나고 로마의 화폐에 대한 신뢰는 떨어진다. 이후 로마는 395년 동·서 로마 제국으로 분열하고, 476년 서로마 제국 멸망한 후 새로운 신흥 국가 오스만투르크에 의하여 1453년 동로마 제국이 멸망하면서 로마 제국은 사라진다. 화폐의 쇠락은 국가의 흥망과 같이한다.

[그림 6-5] 로마의 금화와 은화

로마 데나리우스 은화(69~79)/솔리두스 금화(364~378)
(출처: 위키미디어 커먼스)

금을 기반으로 하는 통화는 확장성이 있었다. 1252년 이탈리아 피렌체에서 주조되어 한때 유럽의 기축 통화 역할을 하기도 했던 플로린Florin 화폐나 1284년에 베네치아의 금화 두카토Ducato도 사실상 금본위 제도를 채택하고 있었다. 세계의 기축 통화로 금본위제의 막을 연 국가는 해가 지지 않은 국가로 알려진 대영 제국이었다. 1816년 영국이 금본위 제도를 채택하면서 금과 교환할 수 있는 파운드화가 세계 경제의 기축 통화로 등장했다. 2차 세계대전을 겪으면서 세계의 중심은 미국으로 이동한다. 1944년 브레튼우즈 체제의 탄생이다. 브레튼우즈 체제는 금 1온스당[28] 35달러로 고정되었으며, 언제든 달러를 금으로 교환할 수 있었다. 미국 달러의 금본위제 시대가 열렸다.[29] 파운드화가 달러로, 세계의 기축 통화가 바뀌었다.

닉슨 대통령이 1971년 8월 달러와 금을 교환할 수 있는 금태환 정지를 선언한다. 금본위제의 종말이다. 금이 담보되지 않는 달러가 기축 통화로 된 것이다. 미국의 막대한 경제력과 군사력은 달러의 기축 통화를 뒷받침하고 있다. 미국의 재정 악화는 달러의 안정성에 대한 의구심을 갖기 시작하고 있으며, 위안화 등과도 경쟁하는 시대로 접어들고 있다.

금의 가격 추이를 보면, 금 1온스당 1971년 8월 40달러가 2022년 1월 1936달러로 약 4740%인 47배가 상승하였다. 금이 안전 자산으로서의 가치는 있지만, 급격하게 상승할 것을 예상하고 투자하는 것은 위험이 크다. 그리고 달러 기준으로 거래되므로, 금 가격이 오르더라도 인플레이션이 지속되어 달러가 약세를 보이면 환차손이 발생하여 이익을 상쇄할 수도 있다. 어느 투자도 마찬가지이지만, 투자 회수 기간도 고려해야 한다. 금 가격도 1980년대 중반 이후 2006년까지는 크게 변동하지 않았다. 장기적으로 오르는 추세라 하더라도 단기간에는 변동성이 크게 나타날 수 있다. 차입금을 이용하여 투자하면 상환 기일에 쫓겨 손실을 볼 수도 있다. 특히 금은 전 세계 투자자가 많다. 가격이 급격하게 오르면 이익 실현을 위하여 투매 현상도 나타날 수도 있다. 금은 여유 자금으로 투자해야 할 필요가 있다.

[그림 6-6] 금 선물 가격 추이(1975.2.~2023.1.) ( 단위: 달러/1온스)

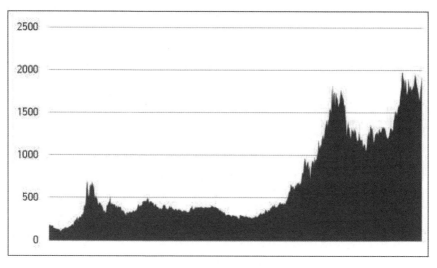

(출처: Investing.com)

투자에 모든 것을 걸지 마라

증권가에 "소문에 사고, 뉴스에 팔아라"라는 말이 있다. 언론에
공개된다는 것은 이미 많은 사람이 인지하고 있는 사실을 공개한
다고 보면 된다. 언론에 몇십% 수익률 등의 자극적인 내용은 참고
하지 않은 것이 좋다. 언론에서 나오는 성공 스토리는 반복되지 않
는다. 그리고 언론이 항상 올바른 방향을 제시하기보다는 이익 단
체의 견해를 대변하는 경우도 적지 않다. 언론이 비판적 기능을 잃
어버린지는 오래되었다. 전문으로 투자를 하는 경우가 아니라면
너무 자주 투자 종목을 바꾸거나 투자에 올인하는 것은 주의할 필

요가 있다. 고스톱을 밤을 새워서 치다보면 소위 고리를 가져가는 방주인이 제일 많이 번다. 수명이 연장되고, 오랫동안 경제 생활을 할 수밖에 없는 미래가 다가오기 때문에 자신을 위해 투자하는 것이 확실한 수익을 보장하는 투자라고 생각할 필요가 있다.

투자는 게임과 비슷하다. 많은 사람은 게임을 자기 중심적으로 본다. 즉 자신의 위치에만 초점을 맞춘다. 그러나 게임 이론에서 가장 중요한 것은 다른 참여자에게 초점을 맞추는 것이다.[30] 게임 이론은 투자를 결정할 때 많이 인용된다. 게임 이론을 발전시킨 공로로 1994년 노벨경제학상을 받은 존 내쉬John Forbes Nash Jr.의 일생을 2001년 러셀 크로우Russell Ira Crowe의 명연기로 보여준 『뷰티풀 마인드A Beautiful Mind』라는 영화로 제작되기도 했다. 영화를 보면 게임 이론이 얼마나 어려운 이론인지를 알 수 있다. 주인공은 이 이론을 개발하면서 정신병인 조현병을 끝까지 앓았으니까. 경쟁자인 상대방의 마음과 행동을 예측한다는 것이 얼마나 힘든 일인가? 게임에서 이기기 위해서는 예측되는 수많은 시나리오에서 최적의 수를 찾아야 한다. 투자하는 개인은 거대 금융자본이나 기관과는 달리, 모든 시나리오에 대응할 수는 없다. 투자도 게임 이론에 비추어보면 개인은 약자다. 그리고 절대적인 확신만큼 위험한 것은 없다. 항상 변화를 염두에 두어야 한다.

투자를 하는 모든 사람이 합리적으로 행동하지는 않는다. 심리적인 요소도 많이 가미된다. 인간이 투자를 포함한 다양한 경제 행위를 할 때 행동하는 방식을 경제학으로 옮겨놓은 것이 행동경제학이다. 정보 폭포informational cascade라는 현상이 있다. 처음 몇 사람의 의사 결정에 토대가 된 정보가 이후에 다른 모든 사람의 의사 결정에 과도하게 영향을 미치는 것을 말한다.[31] 때로는 유명 인플루언서나 유튜브, 언론 등을 통해 정보 폭포 현상을 만들어내기도 한다. 주식 투자에서 많이 나타난다. 그래서 "소문에 사고 뉴스에 팔라"는 말이 나오는 이유이기도 하다. 사람은 기본적으로 손실 회피 경향이 강하다. 직접 비교하든, 상대적으로 비교하든 손실은 이익보다 더 커 보인다.[32] 손실 회피 성향에서 파생된 현상으로 손익 분기 효과break-even effect가 있다. 행동경제학자인 리처드 세일러Richard H. Thaler와 에릭 존슨Eric Johnson은 인간이 돈을 잃고서 그 돈을 곧바로 되찾을 가능성이 있을 때는 리스크를 더 많이 감수할 뿐만 아니라 훨씬 더 강도 높은 리스크를 감수하며, 그 때문에 훨씬 더 큰 손실을 입는 경향이 있다고 주장한다.[33] 우리가 투자를 실행할 때 이와 같은 심리는 처음 손실이 더 큰 손실로 이어지게 만든다. 투자는 냉정해야 한다. 그리고 투자를 결정할 때 회수 기간과 손실을 감내할 수 있는 리스크의 범위를 설정하고서 이를 지킬 필요가 있다.

투자의 시대다. 해외 대체 투자, 해외 주식 투자 등 전국이 투자로 들썩인다. 한국이 해방 후 처음으로 곳간이 생겼기 때문이다. 곳간은 경제적으로 표현하면 자본 축적이다. 2014년에 한국은 순 대외 채권국이 되었다. 한국은행이 발표한 2022년 3월말 현재, 대외 채권에서 대외채무를 뺀 순 대외 채권은 4천257억 달러다. 그러나 모든 사람이 투자에만 힘을 쏟는다면 세상 말대로 "소는 누가 키우겠는가?" 투자는 본인의 여유 자금을 효율적으로 늘려나가는 하나의 수단이지 인생의 모든 것이 될 수는 없다.

### 격변기의 투자 포트폴리오는?

금융 시장은 따로 움직이지 않는다. 정치와 경제, 산업의 변화와 항상 맞물려 있다. 금융 시장을 둘러싸고 변화의 소용돌이가 거세다. 인플레이션은 시작되면 쉽게 끝나지 않는다. 그 원인이 복합적이기 때문이다. 전 세계의 제조 물품에서 10개 중 2개는 중국 제품이다. 중국의 저렴한 제품은 전 세계의 인플레이션을 억제하는데 많은 기여를 했다. 미·중 경제 전쟁은 값싼 중국 제품이 과거처럼 공급되지 않을 수 있음을 의미한다.

코로나 팬데믹 이전의 글로벌 경제에서는 언제, 어디서나 필요할 때 가장 값이 싼 부품이나 원자재를 조달할 수 있었다. 팬데믹은 기존의 서플라이 체인이 순식간에 붕괴될 수 있음을 보여주었다. 이제는 안정된 생산을 위해서는 서플라이 체인을 한 군데만 둘수 없다. 급작스런 사고에 대비한 재고도 늘려야 하고, 공급망 다변화도 필요하다. 다 비용이 수반되고 있다. 제품 가격과 물가에 영향을 미칠 수밖에 없다.

러시아-우크라이나 전쟁은 전 세계가 미국 중심에서 벗어나 국가 간, 지역 간 블록화, 다극화 추세의 길을 열어놓기 시작하고 있다. 기존의 질서가 무너진다는 것, 이것 역시 비용과 갈등의 수반을 초래한다.

마지막으로, 돈이 많이 풀리면 돈의 가치는 떨어진다. 팬데믹이 발생하고서 전 세계적으로 양적 완화를 통해 풀려나온 돈은 천문학적이다. 미국만 하더라도 4조7천억 달러를 풀었다. 2008년 금융 위기 뒤의 양적 완화까지 포함하면 총 8조8천억 달러로 급증한다. 미국의 2021년 GDP 23조 달러의 38%에 달한다. 미국의 국가 부채는 2023년 1월 말 현재, 31조 달러를 상회한다. 언제까지 기축 통화로서 시뇨리지seigniorage 효과[34]를 가져갈 수 있을까? 이에 대한 반발로, 달러에 대한 도전도 수면 위로 떠오르고 있다. 격변의 시대다.

부채의 레버리지를 활용한 투자는 리스크가 더욱 커진다. 빚은 최대한 빨리 갚을 필요가 있다. 『부자 아빠, 가난한 아빠』를 쓴 로버트 기요사키의 말처럼 빚은 총알이 장전된 총과도 같다. 이 총은 당신을 보호할 수도 있지만, 동시에 자칫 잘못하면 당신을 죽일 수도 있다.[35]

이러한 격변의 시대를 맞이하고 있는 우리는 경기 침체기와 불확실한 미래에 대비하여 지출을 줄이고 저축을 늘려야 한다. 우리는 더 많이 가질수록 더 많은 것을 원한다. 아마도 더 많이 가질수록 필요로 하는 것이 더 적어지리라고 생각하기 때문이다. 그러나 반대로 더 많이 가질수록 더 많은 요구가 새롭게 생겨난다. 소비도 마찬가지다. 새로운 욕망이 계속 일어나 마약과 같은 소비가 되지 않도록 조심해야 한다.[36]

그럼 투자 포트폴리오를 어떻게 해야 할까? 예측하기가 쉽지 않고 변동성이 심한 투자 환경에서는 원금을 지키는 것이 중요하다. 1억 원을 투자하여 50%의 손실을 보면 5천만 원이 된다. 그러나 회복하려면 100%의 수익률을 내야 한다. 그만큼 손실이 발생한 후에 회복하는 데는 배 이상의 노력이 든다. 손실을 보지 않도록 노력하는 투자 전략이 필요하다. 리스크 확대는 최소화해야 한다. 투기 상품이나 리스크가 높은 금융 상품은 피하는 것이 좋다.

역사적으로 금은 인플레이션 시대에 좋은 투자 대상이 된다. 여유 자금의 일부(10% 내외)를 투자하는 것도 나쁘지 않다. 만약 연금처럼 장기적으로 지출하기 위한 자금 마련 목적의 안정된 투자처는 국채다. 국채는 대체로 발행일로부터 매 6개월마다 이자를 지급한다. 국채가 4% 내외인 경우에는 5년이나 10년 이상의 장기 국채를 매입하여 운용하는 것도 좋은 대안이다.

주택, 상가를 포함한 부동산에 대한 투자 전망은 밝지 않다. 예금이 연 5%라면 72의 법칙을 적용하면 원금의 2배가 되는 데 약 14년 정도 걸린다. 현재의 부동산 가격이 2배로 될 때까지를 생각해 보면 예금이 더 경쟁력이 있다.

저축 은행 등의 예·적금도 고려할 필요가 있다. 5천만 원까지 원리금이 보장되기 때문에 부부가 나누어 예금하면 1억까지 은행보다 높은 금리를 받을 수 있다. 예금 보험 금액이 원리금이란 점을 감안하여 1인당 4천만 원 정도를 예금하는 것이 안전하다.

AAA 등급의 회사채도 좋은 투자 대상이다. 신용 등급의 유효 기간은 대부분 단기 등급인 1년이라는 점에 유의할 필요가 있다. 3년 정도 꾸준히 등급을 유지하고 있고, 성장성 있는 회사채를 사는 것이 안전하고 수익률이 높을 수 있다.

금융 시장에서 안전한 금융 상품만 찾다보면 항상 배고픈 것이 현실이다. 안전 자산에서 나오는 이자나 수익의 일부를 가지고서 공격적인 투자를 할 필요가 있다. 그러면 손실이 나더라도 원금을 지킬 수 있고, 만약 성공적인 투자가 되면 수익률을 높일 수 있다. 백금, 리튬 등 원자재 관련 상품도 고려할 만하다.

세계적인 금융 가문을 만든 마이어 암셸 로스차일드Mayer Amschel Rothschild( 1744~1812)는 어떻게 부를 모으게 되었는지 질문을 받았을 때 이렇게 대답했다. "나는 항상 조금 일찍 팔았습니다." 투자 시장에서 항상 되새겨야 할 말이다.

그리고 경제의 변동성이 확대되는 현 경제 상황에서는 여유 자금을 항상 갖고 있어야 한다. 기회는 기다리는 자에게 온다.

1 거래 방식에 따라 대출 약정과 동시에 대출금을 한꺼번에 지급하는 '건별 대출'과 달리, '한도 대출'은 대출 가능한 신용 한도를 정하고 한도의 범위 내에서 채무자가 필요할 때 언제든지 대출금 인출이 가능하다. 거래 실적에 따라 일정 한도를 정하고서 예금 통장에서 자금을 인출하면 마이너스 형태로 표시되어 일명 '마이너스 통장'이라 칭한다.

2 바젤의 자기 자본 비율 적립 기준.

3 예를 들어 1주택자의 경우에 규제 지역은 50%, 비규제 지역은 70% 등으로 부동산 시장 상황을 감안하여 금융 당국이 탄력적으로 정하여 운용한다.

4 [네이버 지식백과] 총부채원리금상환비율(DSR)[Debt Service Ratio](매일경제, 매경닷컴).

5 금융위원회의 가계부채 관리 강화 방안의 주요 Q&A를 참조하여 작성.

6 긴축 발작taper tantrum은 2013년 미국의 벤 버냉키 미국 연방준비제도 Fed 의장이 자산 매입 축소(테이퍼링)을 시사하자 미국의 국채 금리가 상승하고 신흥국의 통화 가치와 증시가 급락한 현상을 말하며, 최근 미국이 금리 인상과 재무제표 축소를 통한 시중 유동성을 흡수하려 하자 외화 유출로 인한 경제의 취약성이 노출되는 신흥국들이 경제 타격을 받을 것을 우려하는 용어로 사용되고 있다.

7 지그문트 바우만, 『모두스 비벤디』, pp. 10-11.

8 나심 니콜라스 탈렙, 『행운에 속지마라』, 이건 역, 중앙북스, 2016, pp. 62-64.

9 실제로 유대인 고리대금업자에게 돈을 빌렸는지는 모르겠지만, 당시 급전을 빌려주는 대부업자는 유대인이 대부분이었다.

10 미히르 데사이, 『금융의 모험』, 김홍식 역, 부키, 2018, pp. 103-104.

11 Harry Markowitz, "Portfolio Selection", *Journal of Finance 7*, 1952.

12 리스크 관리에서는 이를 상관관계라 하여 상관계수를 계산하고 리스크를 관리한다.

13 니얼 퍼거슨, 『금융의 지배』, 김선영 역, 민음사, 2010, p. 280.

14 케이스-쉴러 지수는 세계 3대 신용 평가 회사인 스탠더드앤드푸어스(S&P)가 발표하는 대표적인 주택 가격지수다. 칼 케이스Karl Case 웨슬리대학 교수와 로버트 쉴러Robert Shiller MIT대 교수가 개발했다.

15 조지 애커로프·로버트 실러, 『야성적 충동』, 김태훈 역, 랜덤하우스, 2009, pp. 236-237.

16 니얼 퍼거슨, 『금융의 지배』, 김선영 역, 민음사, 2010, p. 241.

17 다른 사람이 하는 데 하지 않으면 크게 손해가 될 것 같고, 유행에 뒤쳐지는 것에 대한 공포 심리, 소외되는 것에 대한 불안감을 말한다. FOMO 현상은 이성을 잃어버리고 자신도 모르게 탐욕에 빠져든다. 모든 버블에는 이러한 FOMO 현상이 일어난다고 볼 수 있다.

18 쑹훙빙, 『탐욕경제』, 홍순도 역, 알에이치코리아, 2014, p. 303.

19 유발 하라리, 『호모 데우스』, 김병주 역, 김영사, 2017, p. 516.

20 해리 덴트, 『2018 인구절벽이 온다』, 권성희역, 청림출판, 2015, pp. 5-13.

21 15-64세 생산 연령 인구는 2020년 3738만명에서 2030년 3381만명으로 감소될 전망이다(통계청).

22 2020년 전체 가구 중 1인 가구 비중은 31.2%(647만7천 가구)에서 2050년 39.6%(905만4천 가구)로 8.4%p(257만7천 가구) 증가할 전망이다(통계청).

23 기회 비용은 선택으로 발생한다. 10억에 주택을 사고서 6억원에 전세를 주면 4억원에 대한 투자 기회는 사라진다. 물론 집값이 오른다면 이것을 감안하고도 이익을 얻을 수 있지만.

24 국토교통부, 『2021년 주거실태조사』, 2022.12.20.

25 피터 L. 번스타인, 『황금의 지배』, 김승욱 역, 경영정신, 2001, p. 204.

26 연금술은 화학의 발전에 많은 역할을 하였다.

27 이봉, 『황금의 시대』, 이성희 역, 프롬북스, 2010, pp. 127-129.

28 금 1온스(toz, troy ounce)는 금 31.1g이다. 참고로 1돈은 3.75g이다.

29 미국은 당시 세계 금 보유고의 80%를 소유한 가장 부유한 국가였기 때문에 브레튼우즈 체제에 서명한 44개 국가들은 미국의 지급 능력을 신뢰할 수밖에 없었다.

30 아담 브랜든 버거·배리 네일버프, 『불확실성 경영』, 현대경제연구원 역, 21세기 북스, 2009, p. 94.

31 아비지트 배너지·에스테르 뒤플로, 『힘든 시대를 위한 좋은 경제학』, 김승진 역, 생각의 힘, 2020, p. 185.

32 대니얼 커너먼, 『생각에 관한 생각』, 이창신 역, 김영사, 2018, p. 417.

33 앨리슨 슈레거,『리스크의 과학』, 서정아 역, 세종, 2019, p. 143.

34 화폐 발행에 따른 이익이다. 주조 차익이라고도 한다. 중앙 은행이 화폐를 발행하면 화폐의 발행 비용(인쇄비 등)을 빼면 나머지 액면 가액은 실질 이익이 된다.

시뇨리지는 중세 유럽의 봉건 영주 시뇨르seigneur에서 나온 말이다. 당시에는 영주가 조폐 발행 권한을 갖고 있었다. 시뇨르는 부족한 재정을 보충하기 위해 시중에 나와 있는 금·은화에 구리 등의 불순물을 섞어 액면가보다 실제 가치가 떨어지는 화폐를 만들어 차액을 챙겼다. 이렇게 얻은 화폐 주조권자 시뇨르의 이득을 시뇨리지라고 부른다(최인호,『잃어버린 시뇨리지』에서 재인용).

35 로버트 기요사키,『페이크FAKE』, 박슬라 역, 민음인, 2020, p. 483.

36 토마스 새들라체크,『선악의 경제학』, 김찬별 역, 북하이브, 2012, pp. 318-319.

# 7장

# 디지털 금융의 발전과 금융 트렌드

(위키미디어 커먼스)

"금융자본주의는 인간의 발명품이자 아직 미완성이다.
분명한 것은 지금 상태로는 부족하다는 사실이다.
더 민주적이고 더 인간적인 금융 시스템이
우리 삶에 폭넓게 스며들어야 한다."

로버트 실러Robert James Shiller(1946~ )
『새로운 금융시대』 중에서

# 1
—
## 금융의 디지털 혁신

컴퓨터와 소프트웨어의 발전으로 인한 디지털 금융의 발전은 기존 금융의 전반적인 변화를 만들어내고 있으며, 현금 위주의 거래에서 동전 없는 사회coinless society로의 전환을 가속화하고 있다.

캡제미니Capgemini 금융 보고서에 따르면, 현금 없는 거래의 성장이 2016년부터 2020년까지 글로벌 연평균 성장률은 12.7%에 달했으며, 2021년부터 2026년까지 16.5%의 연평균 성장으로 거래 금액도 2조 달러를 넘어설 것으로 예상한다.

2022년 이후 높은 인플레이션에 따른 세계 경제 침체에 대한 전망, 러시아-우크라이나 전쟁 등의 지속되는 지정학적 위기로 인하여 현금 없는 거래 규모의 증가율이 상대적으로 둔화되지만, 2022년 이후에도 아시아·태평양 지역이 급속한 성장세를 보일 것으로 전망하고 있다.

미국, 유럽 등의 금융 선진국은 금융 인프라가 발달되어 있고, 금융에 대한 접근성이 보장된다. 그러나 금융 인프라의 부족으로 금융이 미발달한 지역에서는 모바일 뱅킹이 금융 포용성을 높이는 계기가 되고 있다.[1]

[그림 7-1] 현금 없는 거래 규모(2016~2026)

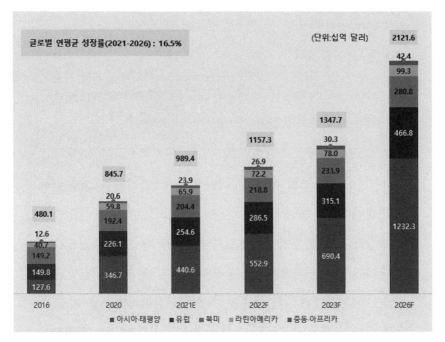

(출처: Capgemini, *World Payments Report 2022*, 재구성)

중국, 인도, 동남아시아 등의 새로운 지불 형태의 지급과 결제 시장의 급속한 성장으로 2021년에는 카드 등 전통적인 지불 방식이 83% 이상이었지만, 2026년에는 계좌 간 이체, QR 코드 결제 등 새로운 지불 방식이 28%로 성장할 것으로 예상한다.[2]

- 전통적인 지불 방식
  Card, 계좌 이체credit transfers, 자동 이체direct debits

- 새로운 지불 방식
  즉시 지불instant payments[3], e-money, 모바일과 디지털 지갑 mobile and digital wallets, 계좌 간 이체account-to-account(A2A)[4], tap-and-go(NFC), quick response[QR]) code 등

컨설팅업체 쥬니퍼 리서치Juniper Research에 따르면, 2025년에 전 세계 QR 코드 결제 사용자가 1.5억 명에서 22억 명에 이를 것으로 추정하고 있다. 그리고 QR 코드 결제 금액은 2022년 2조4000억 달러에서 2025년에는 3조 달러 이상에 이를 것으로 전망된다. 개발도상국의 금융 포용 수준을 개선하고 선진국의 기존 지급 수단에 대한 대안을 제공하는 데 초점이 맞춰지면서 25%의 성장을 예견하고 있다. 이는 2025년까지 전 세계 스마트폰 사용자의 거의 29%가 QR 코드 결제를 사용할 것임을 시사한다.[5]

한편, 즉시 지불은 약 29%의 연평균 성장률(CAGR, 2021~2025)로 추정되고 있으며, 규모는 4,280억 달러에 달할 것으로 추측한다. 디지털 지갑의 채택 증가에 힘입어 e-Money 거래는 예상 기간(2021~2026년) 동안 약 27%의 비슷한 성장률을 보이며, 금액으로는 약 1,610억 달러에 이를 것으로 예상한다. 2025년까지 연구원들은 전 세계적으로 개별 디지털 지갑 사용자가 약 1.5배 증가하여

44억 명에 이를 것이라고 말하고 있다.[6]

통신 기술이 계속 발전(5G, 6G 등)하고 스마트폰이 손 안의 컴퓨터로 진화함에 따라 기기 안에 금융 거래, 결제, 자산 관리 등 다양한 금융 시스템이 내재화되고 있다. 미국 모바일 지급 서비스 업체인 보쿠Boku의 연구에 따르면, 2025년 세계 인구의 절반이 모바일 지갑을 이용하고, 동남아시아 국가가 이러한 흐름을 주도할 것으로 예상한다. 이들 지역의 전자 상거래가 증가하고, 인도네시아와 필리핀 등에서 싱가포르 그랩Grab과 인도네시아 고젝Gojek 등 슈퍼앱 이용이 증가한 것도 모바일 지갑 시장 확산에 기여하고 있으며, 이는 역내 소규모 결제 거래의 통합을 촉진하는 배경이 되고 있다. 동아시아·태평양 지역과 아프리카[7]의 모바일 지갑 활용 건수가 높은 것은 금융 인프라가 발달하지 않은 지역(은행 등의 부족으로 금융 접근성이 힘든 지역)에서 모바일이 금융 접근성을 높이고 거래 활성화의 촉매로 작용하기 때문이다.

[표 7-1] 권역별 모바일 지갑 현황[8]

(단위: 개, 백만 명, 십억 건, 십억 달러)

| 지역 | 서비스 | 등록 고객 | | 이용 고객 | | 거래 규모 | | | |
|---|---|---|---|---|---|---|---|---|---|
| | | | | | | 건수 | | 금액 | |
| 동아시아·태평양 | 52 | 328 | (30%) | 64 | (23%) | 6.9 | (23%) | 141.9 | (23%) |
| 유럽·중앙아시아 | 9 | 22 | (4%) | 5 | (17%) | 0.29 | (17%) | 6.3 | (19%) |
| 라틴아메리카 | 32 | 49 | (22%) | 20 | (34%) | 0.97 | (36%) | 30 | (39%) |
| 중동·북아프리카 | 28 | 59 | (7%) | 5 | (68%) | 0.24 | (74%) | 13.7 | (49%) |
| 남아시아 | 34 | 283 | (11%) | 70 | (3%) | 8.9 | (9%) | 156.3 | (10%) |
| 사하라 이남 아프리카 | 161 | 605 | (17%) | 183 | (12%) | 36.6 | (23%) | 697.7 | (40%) |
| 전체 | 316 | 1,350 | (18%) | 346 | (14%) | 53.9 | (21%) | 1,000 | (31%) |

*(  )는 전년 대비 증감률, 2021년 조사 자료임.

(출처: GSMA, *State of the Industry Report on Mobile Money 2022*, 재구성)

이러한 디지털의 발전과 금융에서의 적용의 확대는 기존의 동전이나 종이 화폐, 카드와는 다른 새로운 형태의 거래 수단과 화폐가 만들어지는 계기가 되고 있다. IMF는 핀테크 보고서에서 지불 수단의 네 가지 속성인 유형, 가치, 백스톱, 기술의 측면을 통하여 현재 사용되고 있는 지불 수단을 분류한다.[9]

[그림 7-2] Money Trees

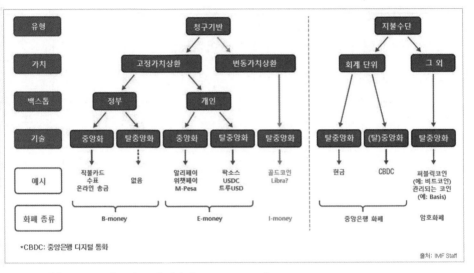

(자료: IMF, *The Rise of Digital Money*, 2019.7)

국내·외 물품 거래나 국가 간 전자 상거래에 있어 E-money가 확대되는 이유는 B-Money에 비하여 사용자 친화성이 높고, 확장성이 있으며, 거래 비용이 절감되고 네트워크 효과 등의 장점을 가지기 때문이다.

알리페이, 위챗페이, M-Pesa 등의 E-money가 확대되는 이유를 구체적으로 보면, E-money는 은행이나 중앙 은행이 주도하는 B-money에 비하여 디지털과 쉽게 융화된다. E-money는 소셜 미디어와 함께 사용자 중심으로 디자인되고 통합되는 테크Tech 기업들에 의해 발행되어 접근성과 편의성이 상대적으로 높다는 점도 강점이다. 모바일에 탑승한 E-money는 현금이나 은행 예금에 비하여 보관과 관리가 편안하고 언제 어디서든 쉽게 사용할 수 있다. 국가 간 물품 거래에 있어서는 국가 간 시스템의 호환성, 결제 문화 등이 장애 요인이 있으나 이는 점차 극복될 것으로 전망된다.

E-money는 상호 보완성complementarity이 우수한 점도 그 확대에 기여하고 있다. 상호 운용이 가능한 블록체인은 수동 백오피스 작업[10]이 필요하지 않게 되어 효율성이 높다. 또한 B-money와는 달리, 오픈소스Open Source 코드로 개방되어 있어 전자 화폐 기능이 더욱 활성화될 수 있는 기반이 되고 있다.

E-money는 거래 비용을 최소화할 수 있다. 전자 화폐를 통한 송금은 거의 비용이 들지 않고 즉각적이기 때문에 특히 국경을 넘어 카드 결제나 은행 간 송금보다 더 매력적인 경우가 많다. 결과적으로, 사람들의 E-money 사용 확대는 결제 지연과 그에 상응하는 위험 없이 거래가 즉시 일어나고 거래 내용 확인이 가능하여 비용과 시간 절감이 이루어지기 때문이다.

금융 인프라가 발전하지 못한 저개발국가 등에서는 은행보다는 빅테크 등에 대한 사용자의 신뢰가 높다는 점도 E-money의 확대로 이어지는 배경이 되고 있다. 네트워크 사회에서 편리함과 신뢰가 일정 부분 쌓이면 네트워크 효과로 인하여 새로운 참여자가 계속 나타나고 경쟁을 통하여 효율성이 높아지는 선순환 효과를 가져올 수 있다.

금융의 인프라인 IT의 속도, 스토리지 비용 등에서의 혁명적인 변화는 디지털 금융의 혁신을 높이고, 새로운 비즈니스 모델을 만들어내고 있다. 컴퓨팅 비용이 낮아지고 데이터 스토리지 비용이 급격히 감소함에 따라 컴퓨팅 효율성이 기하급수적으로 증가하고 있다. 크레이-1Cray-1은 1976년부터 1982년까지 세계에서 가장 빠른 "슈퍼 컴퓨터"로 80MHz에서 작동했으며 무게는 5.5톤이고, 비용은 1천만 달러에 달하였다. 이에 비해 아이폰iPhone X에 전원을 공급하는 A11 칩은 크기나 비용에서 비교가 안 되지만 2.39GHz의 속도(30배 더 빠름)로 실행되고 있다. 1980년에 테이프 또는 하드 디스크 드라이브HDD로 가득 찬 방을 필요로 했던 데이터 관리는 오늘날 마이크로 시큐어 디지털SD 카드에 맞출 수 있다.

[그림 7-3] 슈퍼 컴퓨터 크레이-1

(출처: 위키미디어 커먼스)

데이터 스토리지 비용이 2009년 기가바이트당 0.11달러에서 2020년 0.02달러로 감소함에 따라 전 세계적으로 생성되는 데이터의 양은 기하급수적으로 증가하여 2020년 약 48제타바이트에 달한다(48조 기가바이트). 인공지능AI과 기계 학습의 발전과 함께 이러한 데이터를 신속하게 처리할 수 있는 능력도 높아지고 있다. 스마트폰과 같은 디지털 기술과 소셜 미디어와 같은 활동, 그리고 전자 상거래는 풍부한 새로운 데이터를 계속 생성하고 있다. 새롭게 생성되는 데이터의 대부분은 개인("개인 데이터") 또는 기업과 관련이 있으며, 기존 또는 잠재 고객의 특성을 파악하고 이에 가장 적합한 금융 서비스를 제공하기 위해 자동으로 처리할 수 있다.[11] 빅데이터의 효율적 관리를 위한 시스템 등 환경의 변화는 이전에 제한적으로 접근했던 다양한 문제와 현상들을 파악할 수 있게 되었으며, 이를 비즈니스에 적용할 수 있는 기반이 되고 있다.[12] 이러한 변화는 금융에서 핀테크란 새로운 용어를 만들어냈다.

[그림 7-4] 급증하는 글로벌 데이터 볼륨과 감소하는 스토리지 비용

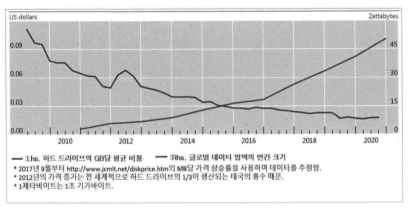

- :Lhs. 하드 드라이브의 GB당 평균 비용　　━━ :Rhs. 글로벌 데이터 영역의 연간 크기
* 2017년 9월부터 http://www.jcmit.net/diskprice.htm의 MB당 가격 상승률을 사용하여 데이터를 추정함.
* 2012년의 가격 증가는 전 세계적으로 하드 드라이브의 1/3이 생산되는 태국의 홍수 때문.
* 1제타바이트는 1조 기가바이트.

(출처 : BIS Papers No 117)

## 은행에 대한 도전의 시작, P2P[13]

P2P 대출(peer-to-peer lending)은 온라인상에서 자금 공급자(투자자)와 자금 수요자(차입자) 간 전통적인 금융 회사의 중개 없이 자금 중개가 이뤄지는 금융 활동의 하나다. P2P는 원래 인터넷망을 통해 개인 간에 자신의 음악·동영상·사진 등의 파일을 공유하는 서비스로 출발했는데, 이 개념을 금융에 접목한 것이다. P2P의 목적은 기존 은행보다 더 싼 수수료와 고객 맞춤형으로 자금을 대출하는 목적으로 시작했다. 초기에는 개인 사이의 대출 중개에 집중하였으나, 최근에는 기업에 대한 대출 중개 및 다른 금융서비스 제공까지 그 업무 영역을 확장하고 있다. 이러한 대출 형태는 나라마다 조금씩 차이가 있다.

미국의 경우에 P2P대출 중개업자는 온라인으로 대출을 신청한 차입자의 관련 어음notes을 산업 대부 회사ILC(Industrial Loan Company)로부터 매입하여 투자자에게 제공한다. 증권거래위원회 SEC가 이 어음을 '증권securities'으로 해석하여 규제하고, 투자자는 이 증권을 유통 시장에서 매도하여 도중에 투자 금액을 회수할 수도 있다. 이에 기관 투자가까지도 투자자로 참여함에 따라 P2P 대출은 시장형 대출marketplace lending로도 표현된다. 영국의 경우에 소비자 신용업이 가능한 P2P 대출 중개업자가 투자자들에게서 모금한 자금을 차입자에게 '대출금'으로 집행하므로 미국의 ILC같은 여신 금융 기관은 별도로 없다. 그래서 금융행위감독청FCA이 중개업자들의 자본 건전성을 규제한다.

우리나라의 경우에 대체로 'P2P 대출 정보'중개업자는 자회사인 대부업체로부터 매입한 '원리금 수취 권리'를 투자자에게 매도하고, 대부업체에게서 대출받은 차입자가 원리금을 상환하면, 이것이 다시 투자자에게 회수되는 구조다. 처음에는 P2P 업체가 난립하고 과도한 부동산 대출로 인한 연체율이 높고 소비자 피해가 다수 발생하였다. 중금리 중수익을 통하여 서민 금융의 활성화를 기대했던 것과는 매우 다르게 나타나고 있다. 금융위원회는 2020년 8월 온투법(온라인투자 연계 금융업 및 이용자보호에 관한 법률)을 제정하고 P2P 등록 요건을 강화하였다.[14]

2023년 1월 말 현재, P2P 업체는 기존 200개가 넘는 업체에서 상당 부분 정리되고, 51개 업체가 온라인 투자 연계 금융업자로 등록하여 활동하고 있다. 2023년 1월 말 현재 온투법 업체의 대출 잔액은 1조3천억 원이나, 부동산 담보가 69%, 부동산 프로젝트 파이낸스가 5%로 74%를 차지[15]하고 있어 부동산 가격 하락에 따른 리스크가 높은 상황이다.

P2P는 혁신 금융으로 인식되었으나 국내에서는 지금까지 대부업체 업무 형태와 유사하며, 리스크 관리의 부족, 부동산 대출의 쏠림 현상으로 인하여 미국, 영국 등에 비하여 그 업무 영역이 한정되어 있다.

온투법의 시행은 P2P 업체에 대한 새로운 규제가 되고 있어 업무 영역 확장이 쉽지 않은 상황이다. P2P 업계는 혁신을 통한 새로운 영역을 찾아내지 못할 경우에 대부업체의 인터넷판으로 전락할 우려도 있다. P2P 기업은 리스크 관리를 위하여 코리아크레딧뷰로와 나이스정보통신 등 개인 신용 평가 회사의 자료를 이용하고 있으며, 고금리 대출인 관계로 P2P 대출 이용자는 신용 등급 하락도 예상된다.

P2P는 은행과 달리, 업무 영역이 한정되고 자금력도 부족하다. 전문화된 영역을 찾아내어 차별적인 경쟁력을 보여주지 못하면 신뢰를 확보하기 어렵다. 원래의 취지를 감안하여 기존 금융권과는 다른 P2P 업체만의 경쟁력 있는 고유 영역을 찾아내어 데이터를 축적하고서 이에 대한 성과를 보여줘야 앞으로 성장할 수 있다.

핀테크, 금융의 혁신을 이끌다.

정보통신 기술의 발전과 디지털이 내재화된 스마트폰의 대중화는 금융에도 많은 변화를 일으키고 있다. 핀테크(FINTECH, Finance+Technology)는 이러한 변화를 함축적으로 보여주는 용어다. 핀테크는 금융 산업에서 금융 상품과 서비스에 새로운 기술을 융합하는 것을 말한다. 최근에는 모바일 뱅킹부터 보험, 대출, 투자 앱 등 금융의 전 분야로 확대 중이다. 핀테크는 금융과 기술을 접목한다는 점에서 새로운 산업은 아니지만, 디지털의 발전은 금융 산업 전체로 변화를 강제하고 있다고 볼 수 있다.

최근 금융 환경은 디지털 세대의 본격적인 사회 진입에 따른 고객 니즈의 변화, 인공지능, 머신 러닝, 블록체인, 클라우드 컴퓨팅 등 기술 발전과 디지털화의 가속, 기존 대면 중심에서 모바일로 고객 접점의 급속한 변화가 이루어지고 있다. 오픈 뱅킹, 마이 데이터, 마이 페이먼트 등으로 혁신 금융의 발달로 이어지면서 핀테크의 급속한 성장과 새로운 금융 생태계로의 전환도 가속화되고 있다.

국내에서는 토스, 뱅크샐러드, 렌딧이 대표적인 핀테크 기업이라 할 수 있다. 인터넷 전문 은행의 확장과 전통적인 은행들도 핀테크 서비스를 확대하고 연합도 증가하는 추세이며 아마존, 페이스북, 네이버, 카카오 등 빅테크 기업[16]도 가세하고 있어 금융의 춘추 전국 시대를 열고 있다고 해도 과언이 아니다.

핀테크는 기존 은행 위주의 금융을 개편할 것으로 예상된다. 뱅크는 사라지고 뱅킹만 살아남을 수 있다고 말할 수 있을 정도로 핀테크의 범위는 지급 결제, 자금 중개 및 자산 거래, 자산 관리, 보험 등 금융의 대부분 영역으로 확대 중이다.

국내 핀테크 기업수는 2021년 말 현재, 553개 업체가 활동 중이다. 2014년부터 연평균 성장률이 22.8%에 이르고 있다. 지급 결제가 121개 업체로 코로나19로 인한 국내 전자 상거래의 확대와 국내에서 일하는 외국 노동자들의 송금[17]이 증가하고 있고, 현행 금융 시스템이 접근성과 거래 비용도 비싸 이를 개선하기 위한 시장의 요구가 반영된 것이다. 그리고 핀테크 인에이블러Enabler가 224개사로 가장 많은 비중을 차지하고 있다. 핀테크 인에이블러는 첨단 기술을 통하여 핀테크 업체들이 고객 서비스를 할 수 있게 지원하는 업체를 말한다. 보안, 인증, 핀테크 시스템 통합 업체 등 핀테크의 발전에 따라 계속 증가할 것으로 예상된다.

[그림 7-5] 국내 핀테크 기업과 유형 (단위: 개)

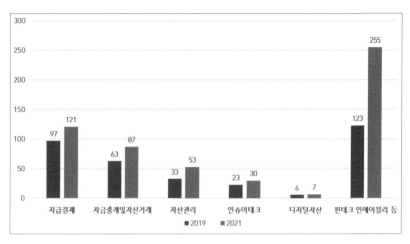

(출처:『2022 한국 핀테크 동향 보고서』재구성)

현재 국내 핀테크 기업들은 자금 관리 등의 민감한 부분은 기존 은행의 입출금 계좌를 기반으로 이루어지고 있는 등 독자적인 금융 인프라가 아직은 부족한 편이다. 이는 금융 당국이 핀테크 등 혁신 금융에 대하여 포지티브 시스템으로 인한 규제로, 현재까지는 핀테크 산업에서 기존 금융사를 넘어서는 서비스의 확장이 어려운 점이 있다. 국내 핀테크 기업들이 블록체인 기술 등을 활용한 새로운 금융 인프라를 구축하고 확장하여 나간다면 전통적인 금융 회사들의 금융에서의 지위는 크게 흔들릴 것으로 예상된다. 디지털에 익숙한 MZ세대들이 경제의 중추적 역할을 하게 되면 핀테크는 급속하게 확대될 것으로 보인다.

핀테크의 도전과 은행

은행은 자금이 필요한 사람과 자금을 안전하게 보관하면서 일정한 이익을 얻고자 하는 사람 간을 연결하는 통로였다. 전당포, 고리대금업은 이러한 신용 구조의 최초의 형태였다. 『금리의 역사』를 쓴 시드니 호머와 리처드 실라에 따르면, 현대 은행에 유사한 형태로 발전한 것은 12세기 이후부터였다. 처음에는 주로 정치가(제후, 왕 등)의 자금 활용이 주를 이뤘으나, 점차 사회 전반으로 확대된다.

[표 7-2] 은행의 기원과 주요 업무

| 년도 | 은행명 | 주요 업무 |
|---|---|---|
| 1157 | 베네치아은행 | 예금 및 이체 |
| 1401 | 바르셀로나은행 | 이체 |
| 1407 | 성 조지은행(제노바) | 이체 |
| 1587 | 리알토은행(베네치아) | 예금 및 이체 |
| 1609 | 암스테르담은행 | 예금 및 이체, 국제 금괴 무역 주도 |
| 1656 | 스웨덴은행 | 예금 및 발행(최초) |
| 1694 | 잉글랜드은행 | 예금, 이체, 대출, 발행/1946년 국유화 |
| 1913 | 미연방준비은행 | 중앙 은행 |
| 1950 | 한국은행 | 중앙 은행 |

(출처: 『금리의 역사』를 참조하여 재작성)

발권력과 최종 대부자로서의 은행의 은행 역할을 하는 현대의 중앙 은행의 모태는 잉글랜드은행Bank of England이라 할 수 있다.

잉글랜드은행은 프랑스와의 전쟁을 위해 대규모 전시 공채를 발행할 필요가 있었으며, 청약자를 끌어들이기 위하여 공채 청약자들이 출자하여 잉글랜드은행을 설립할 수 있는 특혜로 설립됐다. 잉글랜드은행은 정부와 일반 국민을 대상으로 예금을 유치하면서 은행권을 발행했다. 예금을 하는 예금주에게 예금 증서를 발행했는데, 이것이 예금 통장의 기원이 된다. 또한 예금을 기초 자산으로 하여 어음을 발행했는데, 이것이 오늘날 수표의 유래다.[18]

미국은 1907년 은행들의 파산을 계기로, 민간 은행이 주도해서 연합 체제로 중앙 은행을 만들었다. JP모건J. P. Morgan을 중심으로 하여 12개 연방의 민간 은행이 주주로 참여해서 연방준비제도Fed를 설립했는데, 당시 JP모건은 유대인의 대표적 금융 가문인 로스차일드 가문의 자금력에 의존한 것으로 알려져 있다. 세계의 경제 대통령이라 불리웠던 앨런 그린스펀Alan Greenspan, 벤 버냉키Ben Bernanke, 재닛 옐런Janet Yellen 모두 유대인 출신의 Fed 의장이다. Fed는 의장과 이사들이 자율적으로 통화와 금융 정책을 수립, 시행하고 의장은 대통령이 임명한다. Fed의 조직인 연방공개시장위원회FOMC에서 기준 금리 등 핵심적인 사안들을 결정한다. Fed는 현재까지 세계의 중앙 은행으로 위상을 갖고 있다고 해도 과언이 아니다.

오랫동안 발전해온 은행 산업이 디지털 기술의 발전으로 전환점을 맞고 있으며, 치열한 경쟁 시대로 접어들고 있다. IT 기술을 기반으로 하는 핀테크 영역의 확대는 디지털 기술로 새로 무장하지 않는 기존 은행의 경쟁력을 압박하고 있다. 은행들은 빅테크 기업들과 제휴를 맺거나 추가 수익 확보를 위하여 투자 등의 타 영역 진출을 도모하고 있으나 법적 규제, 반발 등으로 효과적으로 진입하지 못하고 있다. 그동안 예·대 마진 위주로 운영(총수익 중 80% 내외 차지)해왔던 현실에서 벗어나서 변화와 혁신을 통한 과감한 변화가 없이는 향후 급격하게 은행들이 위축될 우려가 크다. 인터넷 은행(카카오뱅크, K뱅크, 토스)이 디지털 능력을 바탕으로 한 신속한 업무와 편리성, 관리 비용 경쟁력을 앞세워 일반 은행의 시장을 크게 잠식하고 있고, 빅테크들의 금융 시장 진입은 경쟁력이 상대적으로 약한 저축 은행이나 지방 은행부터 위기에 노출될 우려가 크다.

빅테크(페이스북, 네이버, 카카오 등) 기업들의 금융 진출은 기존 금융 회사들의 영역을 크게 잠식할 것으로 예상된다. 플랫폼에서의 상거래 내용 등을 바탕으로 다양한 빅데이터를 축적하고 있는 빅테크 기업들은 이를 기반으로 자산 운용, 송금, 보험 등 금융 전반에 진출하고 있으며, 그 속도도 빨라지고 있다.

맥킨지가 발간한 『2019년 글로벌 뱅킹 연례 보고서』에서 전 세계 595개 은행을 분석한 결과에 따르면, 약 60%가 최근 10년 동안 자기 자본 비용에 못 미치는 수익을 냈으며, "투자 심리 악화, 성장세 둔화 등으로 뱅킹 산업은 업황 사이클의 후반기에 접어들고 있다.""혁신을 이루지 못한다면 세계 은행의 1/3이 다음 사이클 전에

소멸할 것"이라고 발표하였다.[19]

국내 은행들도 디지털 기술 발달과 스마트폰을 이용한 금융 업무의 확대 등으로 은행들은 경쟁력 강화와 고정 비용 축소를 위하여 시중 영업점을 줄여나가고 있다.

임베디드 금융Embedded Finance의 확대와 발전은 은행의 점포 축소 추세를 가속화 할 수 있다. 임베디드 금융은 비금융 회사가 소비자 경험, 여행 상품 등을 포함하는 다양한 인프라(앱, 플랫폼, 홈페이지 등)에 금융 상품을 배치하는 것을 말한다. 임베디드 금융은 새로운 것은 아니다. 지난 수십 년 동안 대형 소매 체인점(이마트 등), 항공사 등에서 자사 상표 신용 카드나 홈페이지 등을 통해 금융을 제공하고 있다. 예를 들어 항공사 앱이나 홈페이지에서 항공 마일리지로 물품을 살 수 있다(썩 매력적이진 않지만). 가전제품 소매점의 판매 금융, 자동차 대출 등도 포함된다. 그동안 임베디드 금융은 은행의 채널 역할을 했다. 앞으로의 임베디드 금융은 사용자가 매일 사용하는 디지털 인터페이스에 금융 상품을 통합하는 형태다. 고객 충성도 앱, 디지털 지갑, 회계 소프트웨어, 장바구니 플랫폼 등 고객이 편하고 쉽게 접근할 수 있는 디지털 인터페이스로 확대되고 있다.[20] 디지털 인터페이스digital interface는 인간과 컴퓨터가 소통하는 매체다. 기존의 플랫폼을 포함하여 사람이 컴퓨터(디지털 디바이스digital devices)와 상호작용할 때 보고, 듣고, 만지고, 대화하는 기능적 요소들을 포함한다. 임베디드 금융은 상거래와 비즈니스 관리의 디지털화, 디지털 네이티브 세대의 성장으로 인한 소비자 행동의 변화, 은행 데이터의 접근을 허용한 오픈 뱅킹의 확대 등으로 더욱 성장할 것으로 예상된다.

시중 은행의 점포 축소 전략은 디지털에 익숙하지 않은 고령층의 금융 접근성을 제한하여 금융 소비자의 피해로 이어질 가능성이 크다. 우체국, 농협 등 서민 밀착형 금융 회사의 영업망을 정비하고, 산업 전환기의 금융 포용 문제에 대한 정부의 전략적 접근이 필요하다.

[그림 7-6] 은행의 점포수 변화 추이

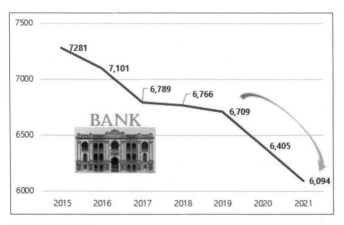

(출처: 금융감독원)

디지털 혁신은 시스템의 연결성, 컴퓨팅 성능 및 비용, 그리고 새로 생성되고 활용이 가능한 데이터의 주요 개선을 가져왔다. 이러한 개선으로 거래 비용이 낮아지고 새로운 비즈니스 모델과 신규 진입자가 발생한다. 기술의 발전이 정보 교환을 늘리고 거래 비용을 줄이면서 금융 서비스 상품이 다양화됨에 따라 한 층 더 높은 고객 서비스를 제공할 수 있게 되었다. 전문화된 플레이어들(다양한 핀테크 업체들을 포함한)은 금융 서비스를 특화하여 다양하게 제공함으로써 소비자가 선호하는 금융 서비스나 금융 상품을 스스로 찾아서 선택할 수 있도록 하고 있다.

4차 산업혁명의 본격적인 도래로 인한 인공지능, 사물인터넷 등 새로운 기술의 금융에의 적용과 확대, 통신 인프라의 발달과 스마트폰의 대중화는 기존의 금융과는 다른 시간적·공간적(물리적) 제한을 급속히 허물고 있다.[21]

[표 7-3] 주요 신기술의 특징 및 금융 적용 사례

| 기 술 | 특 징 | 적용 사례[22] |
|---|---|---|
| 인공지능<br>사물인터넷<br>스마트 기기 | 지급 편의성 제고, 부정<br>이용 방지, 리스크 관리<br>및 준수 | 〈FitPay〉 피트니스 트랙커fitness tracker기반 매장 대금 지급 (Amazon Dash)서비스로 아마존 페이Amazon Pay를 이용, 식료품 구매와 대금 지급 |
| 분산 원장<br>기술 | 업무 연속성, 재해 복구,<br>리스크 관리 | 〈Civic〉 저비용으로 전자 방식 신원 확인이 가능한 e-KYC 플랫폼 |

| 클라우드 | 인프라 비용 절감, 규모의 경제, 유연성, 서비스 제공 방식 개선 | 〈Paygilant〉 클라우드를 이용하여 지급 시점 부정 이용 탐지 |
|---|---|---|
| 데이터 분석 머신러닝 | 다양한 상품 및 서비스 제공에 따른 고객 분석 강화 | 〈MyBank〉 대출 고객과 중소기업이 알리페이Alipay에 축적한 금융 데이터 조회 |

(출처: INFOSIS, 『2019/지급결제 AToZ』을 참조하여 재작성)

핀테크 업체들은 금융 서비스 종류를 확대하거나 다른 업체와의 파트너쉽을 통하여 계속 영역을 확장하고 있으며 기존 금융권과 경쟁하거나 상호 보완하는 형태로 발전하고 있다.

신규 핀테크 진입자들은 처음에는 막대한 라이센스 비용으로 인한 자본 및 규제 부담을 수반하는 금융 활동보다는 대부분이 결제, 카드, 금융 자문과 같은 활동에 집중했고 대차대조표 대출,[23] 증권 인수와 같은 고도로 규제되고 자본 집약적인 활동을 회피하는 경향이 많았다.

사실 핀테크의 급부상은 많은 시장에서 신규 서비스 제공업체가 최소한의 규제 부담으로 진입하여 운영할 수 있는 규제 공백으로 인해 촉진된 측면도 있다. 감독 당국이 규제를 강화하면서 핀테크 전략이 변하고 있으며, 일부 나라에서는 라이센스를 획득해야만 운영할 수 있게 되는 경우도 발생하고 있다.

핀테크의 확장은 클라우드 산업의 성장에 힘입은 영향도 크다. 클라우드 시장의 확대는 IT에 대한 투자 부담과 관리 비용을 줄이면서 효과적으로 모든 영역에 디지털화를 가속화 할 수 있는 배경이 되고 있다. 맥킨지 McKinsey 연구에 따르면, 클라우드 기술이 개발 비용 절감과 인프라의 효율성 등으로 2030년까지 전 세계 500대 리더 기업에서 1조 달러 이상의 수익 증가 효과를 가져올 것으로 예상된다.[24] 아래 그림에서 전 세계 클라우드 시장 점유율[25]을 보면 아마존, 마이크로소프트, 구글이 66%로 빅3를 형성하고 있고, 시장 점유율이 확대(2021년 3분기에는 61%)되고 있다.[26] 빅3를 제외한 주요 20개 회사에는 아이비엠, 알리바바, 오라클, 텐센트 등이 포함되어 있다. 그러나 과점화된 클라우드 서비스 시장에 대한 우려도 존재한다.

[그림 7-7] 전 세계 클라우드 시장 점유율(2022. 3Q)

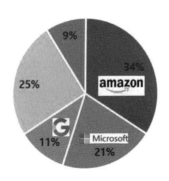

■ 아마존  ■ 마이크로소프트  ■ 구글  ■ 20개 회사  ■ 기타

(출처: Synergy Research Group)

기존 금융권과의 충돌과 규제를 회피하기 위하여 일부 핀테크는 규제된 상태에서 특화 영역을 찾는 것을 선택한다. 예를 들어 대체 금융 플랫폼은 처음에는 금융 중개의 규제 부담을 피하면서 자금의 수급 매칭(자금이 필요한 사람과 투자 자금을 연결)에 초점을 맞추었다.

　그리고 리번들링rebundling 과정에서 일부 핀테크는 완전한 은행 면허를 신청하여 기존 금융권으로 진입하는 사례도 있다. 특히 대출 플랫폼은 자본 시장이나 은행 간 금융 시장에서 운영 자금을 조달[27]하거나 순수한 P2P 자금 조달 모델을 사용해야 하는 어려움에 직면했기 때문이다. 그래서 그랩Grab과 소파이SoFi[28]는 은행 면허를 얻었고, 고젝Gojek과 머니탭MoneyTap[29]은 은행과 파트너 관계를 맺고 있다(머니탭은 비은행 금융 회사 면허도 취득). 다른 핀테크 업체들은 기존 금융 회사와 경쟁하기 위하여 사업 규모를 국경을 넘어 확장함으로써 더 높은 규제 부담을 피하는 것을 선호하는 경향도 나타나고 있다.[30]

　앞으로도 핀테크 기업은 규모의 확대, 기존 금융권 회사 또는 빅테크 기업들과의 연계와 협력을 통한 경쟁력 확보 노력을 계속할 것으로 보인다. 이는 기존 금융 회사들의 사업 방향이나 업무 행태에도 많은 변화를 일으킬 것으로 예상된다.

[그림 7-8] 핀테크 업체의 금융 영역 확장

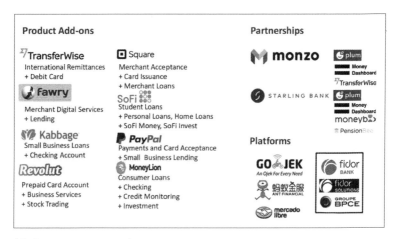

(출처: BIS Papers No 117)

IMF는 『핀테크 노트』에서 지난 10년 간 지급과 결제를 위해 분산 원장 기술DLT 사용에 대한 많은 탐구와 실행으로 기존 금융권에 경종을 울렸으며, 정책 문제에 대한 혁신, 실험, 연구 및 분석의 물결을 촉발했다고 판단한다. 그리고 DLT(Distributed Ledger Technology) 기반 솔루션은 증권 매매와 지급, 외환 거래에서의 상호 간 지급, 효율적인 국경 간 결제를 촉진할 수 있다고 분석하고 있다.[31]

인터내셔널 데이터 코퍼레이션International Data Corporation이 2021년 조사한 내용에 따르면, 블록체인 기술을 이용하여 해외 송금 및 결제(15.9%), 제품 이력 추적(10.7%), 무역 금융, 신원 확인 관리, 자산 및 재화 관리 등 다양한 분야로 확대되고 있음을 알 수 있다. 블록체인의 가진 장점인 보안의 안정성, 데이터 관리의 효율성 등을 감안하면 앞으로 활용 범위는 더 확대될 것으로 보인다.

도이치은행이 2021년 조사한 블록체인 지갑 이용자수를 보면 2016년 11백만 명에서 2020년에는 63백만 명으로 472%가 증가하였다.

[그림 7-9] 2021년 블록체인 시장 점유율(왼쪽)과
블록체인 지갑 이용자수(오른쪽)

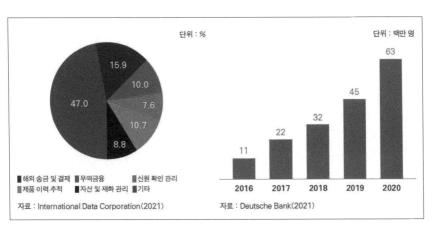

(출처: 『지급결제 AToZ』)

# 2

## 사회 경제의 변화를 이끄는 디지털 자산

자산 거래의 방법은 사회가 형성된 이래 어떻게 상호 간의 거래를 신뢰하느냐에 따라 계속 변화·발전하여왔다. 미국과 서구는 바젤위원회 등의 다양한 국제 금융 기구를 기반으로 금융 인프라 구축과 제도적인 뒷받침을 통하여 금융의 글로벌화를 촉진하여왔다. 강대국은 이러한 금융 권력을 통하여 글로벌로 경제를 확장하고 경제의 패권을 유지하고 있다고 볼 수 있다. 국제결제은행BIS의 자기 자본 비율 등은 이러한 자산 거래를 하는 금융회사의 제도적 틀로 자리잡았으며, 예금자 보호 제도 등 다양한 보완 장치들이 마련되면서 금융의 안정성을 확보하기 위한 노력이 꾸준히 진행되고 있다. 금융과 관련된 다양한 위기가 발생할 때마다 새롭게 제도를 보완하고 국제적인 협력 체계를 강화하고 있다. 자산 투자의 경우에도 국가별 증권법 등 다양한 제도를 통하여 투자자를 보호하고 투자의 안전한 거래를 위하여 많은 규제를 하고 있다.

디지털 금융이 발전하면서 2009년 비트코인으로 촉발된 디지털 자산의 본격적인 등장은 기존의 자산 개념을 획기적으로 변화시키고 있다. 디지털 자산의 확장과 신뢰는 신뢰할 수 있는 네트워크와 분산 원장 등의 블록체인 기술로 뒷받침된다. 블록체인과 분산 원장 기술은 1980년대 이래로 인터넷에서 논의가 진행해왔던 인터넷 환경 아래서의 안전한 거래와 신뢰 확보의 문제를 해결하고 변화시키고 있다. 블록체인 기술의 안정성과 보안성, 투명성을 기반으로 거래나 투자에 있어 상호 간의 신뢰가 국가나 제도적 틀을 벗어나서 기술과 그 기술을 사용하는 사람들 간의 약속으로 전환되고 있으며, 이러한 추세는 메타버스 등 디지털 세계의 다양한 발전에 따라 앞으로 더욱 확대될 전망이다.[32]

BCG컨설팅은 2022년 1월, 자산의 미래에서 한국 가상 자산 규모는 현재 약 300조 원, 2026년에는 1천조 원 규모로 성장을 전망하고 있다. 이에 5조 원의 경제적 생산 가치, 그리고 유관 산업 및 기업에서 4만 명의 고용 기회를 창출할 것으로 예상한다.[33]

[그림 7-10] 신뢰의 이동과 확대

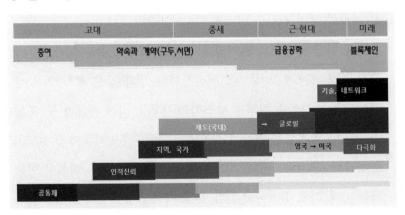

(출처: 『FUTURE OF ASSET 2022』를 참조하여 재구성)

가상 자산이란?

「특정 금융거래정보의 보고 및 이용 등에 관한 법률」에 의하면, '가상 자산'이란 경제적 가치를 지닌 것으로서 전자적으로 거래 또는 이전될 수 있는 전자적 증표(그에 관한 모든 권리를 포함한다)를 말한다. 가상 자산에 대하여 자금 세탁 방지를 하고 매각 차익에 대하여 세금을 부과하는데, 금융 소득이 아닌 기타 소득으로 부과한다. 비트코인 등을 가상 자산으로 분류하고 있으나, 아직은 가상 자산을 금융 자산이나 화폐로 인정하고 있지 않다.

가상 자산virtual asset이라는 용어는 암호 화폐가 중앙 은행의 화폐와 같은 것처럼 대중이 오해하지 않도록 FATF[34]에서 각국에 암호 화폐 대신에 사용하도록 추천한 단어다. 일본은 암호 자산crypto asset이라는 용어를 사용한다. 가상 자산이란 용어의 선택에서부터 암호 화폐가 중앙 은행의 화폐와 경쟁할 수 있는 발전과 확대에 대한 견제와 우려를 갖고 있음을 알 수 있다.

가상 자산은 암호학적 기법을 통해 보안을 담보하고서 거래 내용을 블록체인 분산 장부에 저장하여 은행과 같은 제3자의 보증 없이도 탈중앙화된 신뢰를 보장하는 새로운 자산 종류라 볼 수 있다. 유럽중앙은행은 가상 자산(암호 화폐)을 "개발자들이 발행하고 통제하는, 규제되지 않은 화폐로써 특정 가상 커뮤니티에서 이용되는 화폐"라고 정의하고 있다. 특정 가상 커뮤니티라는 한계를 두고 있지만 화폐로서의 길을 열어놓고 있다.

지난 8년 3개월 동안(2013년 4월 27일~2021년 6월 27일) 전 세계 가상 자산거래소에 8950개의 가상 자산이 신규 등록되었고, 이 중약 40%가 등록 폐지되었다. 등록 폐지 가상 자산의 90.5%가 3년을 넘기지 못하였고 신규 등록 후 5년 이상이 지나서 등록 폐지된가상 자산도 적지 않다.[35] 그만큼 현재 가상 자산은 부침이 심한편이다. 코인마켓캡닷컴Coinmarketcap.com에 등록된 가상 자산은 2022년 12월 4일 현재 8965개에 달한다. 가상 자산에 대한 의견은극단적인 경우가 많고 다양하다. 경제학자인 폴 크루그먼은 "암호화폐는 다단계 사기와 같다"라고 하고, 세계적인 헤지펀드인 버크서 헤셔웨이Berkshire Hathaway Inc.의 찰리 멍거Charlie Munger는 암호 화폐를 금지한 중국을 칭찬하면서 "암호 화폐는 결코 창조되지말았어야 했다"라고 말한다. 경제사학자 니얼 퍼거슨은 "암호 화폐 조정은 과거만큼 혹독하지 않을 것이다"라고 하면서 암호 화폐의 미래를 부정적으로만 보지 않는다.

프리드리히 하이에크Friedrich Haiek는 정부의 독점적인 화폐 발행이 인플레이션이나 경기 변동 등의 문제를 일으킨다고 지적하며, 화폐 공급은 민간 영역에서 자유롭게 결정되어야 한다고 주장한다. 3세대 암호 화폐 카르다노를 만든 찰스 호스킨슨Charles Hoskinson은 "암호 화폐의 등장은 국가가 발행한 중앙 화폐와 달리, 새로운 통화 정책이나 금융 정책을 실험해볼 수 있는 무대를갖게 된 것일 수 있다. 국가 경제를 파괴하지 않으면서 중앙 은행에 의존하지 않는 새로운 경제 질서와 경제적 삶을 연구할 수 있다면, 많은 사람이 기꺼이 암호 화폐의 사용자가 될 것이며, 앞으로도 수만 종류의 토큰이 나올 것이다. 그 중 시장에서 가치를 인정받지 못하는 토큰은 곧장 사라진다. 가치를 인정받은 토큰은 계속 살아남을 것이고, 이 훌륭한 혁신과 유동성은 앞으로도 계속된다"라고 말한다.

가상 자산은 익명의 사람들 간의 보이지 않는 신뢰의 확보가 뒷받침되어야 그 영역을 확장할 수 있다. 즉 신뢰가 보이는 신뢰에서 보이지 않는 신뢰, 거래와 네트워크의 신뢰로 확대된 것으로 볼 수 있다. 가상 자산 거래는 중개인이 필요 없으며, 자산 관리소도 필요하지 않다. 왜냐하면 개인의 지갑에서 직접 관리하기 때문이다.

가상 자산은 하나의 거대한 미래의 물결이라 볼 수 있으며, 리스크가 높다고 해서 규제를 계속하면 미래의 산업에서 뒤처질 수밖에 없다. 케빈 워바흐Kevin Werbach는 "미래에는 화폐와 금융업의 근간에 분산 원장 기술이 있을 것"이라며, "가상 자산 산업은 이전보다 더 개방적이고 보완성이 높으며, 글로벌화되고, 더 유연한 시스템으로 자리 잡을 것"이라고 말하고 있다.

가상 자산과 블록체인은 분리되기 어렵다. 블록체인의 특성이 분산 원장이 기반이 되기 때문에 이 분산 원장을 보관하고 실시간으로 네트워크에서 연결·관리하는 블록체인 노드blockchain node[36]에 대한 보상이 필요하다. 이 보상으로 받는 대표적인 암호 화폐가 비트코인이다. 그래서 블록체인 참여자들이 블록체인으로 인하여 이익을 얻는 경우에는 프라이빗 블록체인private blockchain 으로 운영할 수 있지만, 퍼블릭 블록체인의 경우 보상 체계에 대한 고민은 계속될 것으로 생각된다.

[표 7-4] 블록체인의 간략한 역사

| 1990년대 | 분산 컴퓨팅(비잔틴장군의 딜레마) |
| --- | --- |
| 2009 | 블록체인과 비트코인 공개(나카모토사 토시) |
| 2011 | 비트코인 거래 |
| 2012 | 디지털 지불 결제 시스템 |
| 2014 | 스마트 계약, 디앱 출시(이더리움) |
| 2016~ | 블록체인 확대 |

블록체인은 그 강점을 바탕으로 서플라이 체인supply-chain, 물류, 헬스케어, 소매 및 전자 상거래, 금융, 부동산, 미디어, NFT 마켓플레이스, 중공업 및 제조, 에너지, 음악, 국경을 초월한 지불, 사물인터넷, 게임, 개인 정보 보호, 정부 및 투표, 자금 세탁 방지, 광고, 오리지널 콘텐츠 제작, 자동차 스마트 계약 등 산업과 일상생활까지 확대되고 있다.

블록체인과 달리, 가상 화폐에 대해서는 경계와 우려를 드러내고 있다. 가상 화폐의 탈국가화, 무정부성이 강화될수록 기존 국가 경제 체제의 근간을 이루는 현행 금융 시스템과 화폐에 대한 도전이 될 수밖에 없기 때문이다. 현재 글로벌 금융 시장과 지급 결제 시장을 장악하고 있는 미국 등 금융 선진국의 입장에서는 어느 정도 범위 내에서 가상 화폐를 제어하고 관리하지 못한다면 국가 권력의 훼손으로 이어질 수밖에 없다고 생각하여 이에 대한 통제를 강화하고 있다.

2022년에 발생한 테라-루나 사태나 세계 3위의 가상 자산 거래소인 FTX 파산(2022년 11월)은 가상 자산 전체의 문제가 아닌 개별 기업의 일탈(분식 회계 등)로 보아야 한다. 일반 금융권에서 일어난 2008년 리먼브라더스 파산도 탐욕이 가져온 결과인 것과 같다. 이러한 사건이 발생했을 때마다 다양한 규제 등이 이루어지는 경향이 높다. 그러나 가상 자산이 갖는 다양한 강점 등을 고려할 때 향후 가상 자산의 건전한 발전에 겪어야 할 필요한 과정이라 볼 수 있다.

많은 우려와 부정적 의견에도 불구하고 가상 자산은 핀테크의 발전과 함께 금융의 새로운 형태로 자리잡고 있으며, 기존 금융 영역과 경쟁, 보완, 협력 관계를 통하여 기존 자산과 융합, 경쟁하면서 계속 발전할 가능성이 크다.[37]

# 3

---

## 크라우드 펀딩과 자금 조달의 혁신

크라우드 펀딩crowd funding은 인터넷을 통해 많은 사람으로부터 자금을 조달함으로써 프로젝트나 벤처에 자금을 지원하는 것을 말한다. 사실 다수의 사람으로부터 소규모 자금을 조달하는 행위는 오래전부터 이루어져왔으며, 제도권 금융에 접근하지 못하는 경우에 활용하는 대안 금융의 성격을 가지기도 한다.

2008년 미국의 금융 위기 이후에 금융 시장의 양적 완화(돈풀기)와 저금리로 인한 신용 확장은 리스크가 높은 자산에 대한 투자를 유인하고, 아울러 고수익을 추구하는 사람들도 많아지기 시작한다. 디지털 플랫폼의 다양한 발전으로 자금의 수요자와 공급자 간 연결의 편의성이 확대되면서 혁신 스타트업들의 새로운 자금 조달 방법으로 크라우드 펀딩이 활성화되었다. 그리고 가상 자산과 블록체인 기술이 뒷받침된 디지털 플랫폼으로의 변화는 크라우드 펀딩의 방법과 형식을 다양한 방법으로 발전시켜 나가기 시작한다.

가상 자산을 거래하는 디지털 플랫폼은 자금이 필요한 발행자(주로 혁신 스타트업)와 수익을 추구하는 투자자 간에 거래 비용을 크게 줄이면서 연결의 편의성을 더욱 확대하고 있다. 투자의 소액화로 인한 투자자의 다변화는 자산 소유자의 수를 급격하게 증가시켰으며, 기존 금융 회사나, 기관 투자가, 고액 자산가에 한정되었던 투자나 자산 운용 영역에 소액 자산가나 예·적금 등 한정된 투자 영역에 머물렀던 일반 투자가에게도 새로운 자산 투자를 통한 자본 축적의 기회를 제공한다는 점에서 가상 자산이 자산의 민주화 시대를 이끌고 있다는 평가까지 나오고 있다. 즉, 투자자의 금융 상품에 대한 접근성이 획기적으로 높아지면서 기존에는 특정 자산가들만이 접근했던 영역에 누구나 참여할 수 있는 자산의 프런티어가 시작되고 있다고도 할 수 있다.

한국은 가상 자산을 활용한 디지털 금융의 발전과 속도는 느린 편이다. 이는 정부의 다양한 금융 규제와 가상 자산 억제 정책이 맞물린 결과다. BCG 컨설팅이 분석한 대한민국의 2021년 가상 자산 금융 생태계의 현주소를 보면 대한민국 가상 자산의 경쟁 우위는 시간이 지날수록 뒤처지고 있으며, 거래소 설립-상품-결제 측면에서 글로벌 대비 가상 자산 산업 성숙도는 평균 3~5년 뒤져 있다고 분석하고 있다.[38]

가상 자산의 등장은 기업의 자금 조달 방법을 기존 금융 시스템이 아닌 다양한 플랫폼을 통하여 투자자를 모집하는 새로운 문을 열었다. 기업의 자금 조달 방법으로 ICO, IEO, IDO, STO 등 다양해지고 있으며, 투자자를 유인하는 신뢰 네트워크는 계속 보완·발전하고 있다.

기업의 미래 가치를 보는 ICO

초기 코인 공개ICOs(Initial Coin Offerings)는 불특정 다수의 투자
자로부터 초기 개발 자금을 확보하는 크라우드 펀딩의 성격을 갖
고 있다. ICO는 새로운 암호 화폐를 발행하고서 그 대가로 코인
을 제공(분배)한다. 주식 공개 모집을 의미하는 IPO(Initial Public
Offering)에서 파생되었다고 볼 수 있으며, ICO를 진행하기 위해
서는 백서white paper를 발행한다. 백서에는 암호 화폐 발행 이유,
목적, 운영 방식, 향후 전망 등의 내용이 포함되도록 하고 있다.[39]

ICO는 토큰의 가치를 토큰에 의해 표현되는 권리, 플랫폼 참여
권리 등이나 토큰에 기반한 프로젝트의 발전 과정에 의존한다. 유
통 시장에서 토큰의 가치가 오르면 이득을 얻게 되는 구조이며, 토
큰이 특정 자산에 대한 소유권은 아니다.

최초 ICO를 진행한 암호 화폐는 2013년 7월 론 그로스Ron Gross
와 윌렛J. R. Willett이 주도한 마스터코인Mastercoin이며 이후 옴니레
이어로 변경한다. 2014년 비탈릭 부테린Vitalik Buterin은 초기 코인
공개ICO를 통하여 3만 비트코인에 해당하는 회사 개발 자금을 모
집하여 2015년 2세대 암호 화폐인 이더리움ethereum을 개발하고,
모바일 글로벌 메신저 서비스를 운영하는 텔레그램은 두 차례의
ICO를 통해 약 17억 달러의 투자금을 성공적으로 확보하였다. 이
러한 성공 사례를 바탕으로 ICO가 블록체인 생태계에서 자금 조
달의 한 부분으로 활발하게 이루어졌다. ICO는 백서를 제출하는

것 이외에는 IPO 같은 복잡한 절차가 없고 혁신 스타트업이 효과적으로 자금을 조달하는 수단으로 인기를 얻으면서 크게 성장하였다. ICO는 성공 사례와 더불어 자금 조달에 대한 접근성과 편리함의 장점이 있지만, 기업의 미래 가치에 대한 과다한 평가와 이를 이용한 초기 투자자가 암호 화폐 거래 차익만 얻고 소위 '먹튀'하는 등의 많은 부작용이 나타나기 시작한다.

[그림 7-11] 국가별 IOC 건수, 2019년

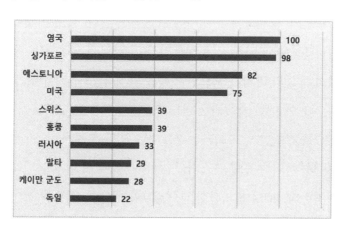

(출처: ICO Market Report 2019/2020)

2019년 국가별 ICO 발행 건수를 보면 영국, 싱가포르, 에스토니아, 미국을 합해 352건으로 전체의 65%를 차지하고, 발행하는 국가도 10여 개 국가에 불과하다. ICO 마켓 보고서에 따르면, 2019년 ICO의 88%가 이더리움 블록체인에 기반하여 발행되었다. 2019년 ICO로 발행된 토큰(암호 화폐) 중 180일이 지난 후에는 87%가 발행 금액에 대비하여 하락하고 65% 이상이 실질적으로 가치를 상실하여 자금 조달 성공률이 매우 낮게 나타나면서 ICO에 대한 관심도 낮아지고 있다.[40]

또한 ICO는 경영진이 투자 자금을 모은 다음 원래 취지와 다른 목적으로 사용하거나 자금을 유용하는 등 전망 있는 미래 산업에 대한 과감한 도전을 잃어버리고 일반 투자자들의 돈을 사실상 강탈하는 경우가 다수 발생하였다.

이는 금융 위기 이후 투자자들이 풍부한 유동성을 바탕으로 사업에 대한 검증과 확인에 소홀하고 고수익에 대한 탐욕에도 일부 기인한다.[41] ICO에 대한 부작용과 투자자 피해로 인하여 2017년 9월 초 중국은 ICO를 불법 금융 행위로 규정하여 발행을 금지하였으며, 2017년 9월 말 한국도 사실상 ICO를 금지하고 있다.

### 기업 미래 가치의 검증, IEO와 IDO

IEO(Initial Exchange Offering)는 개발사가 비즈니스 모델을 기반으로 개발한 코인을 가상 화폐 거래소가 위탁 판매하는 것으로 거래소가 1차 검증을 맡는 것은 장점이나, 1차 검증의 객관성 확보보다는 거래소의 이해에 따라 코인을 상장한다는 비판이 제기되고 있다. 거래소의 신뢰가 확보되지 않으면 ICO와 같은 부작용이 발생할 우려가 있다.

탈중앙화 거래소 공개IDO(Initial Decentralized Exchange Offering)는 신규로 발행된 토큰 보유자 또는 프로젝트 측이 직접 탈중앙화 거래소에 토큰을 상장하고서 P2P 방식으로 거래된다. 거래소의 검증과 중개 과정이 없는 대신에 다수의 투자자가 검증하는 형식이다. 디파이 계약 플랫폼으로는 이더리움, 테라Terra, 아발란체 AVAX, UMA프로토콜 등이 있다.[42]

1 최근에는 금융 포용을 넘어서 금융 웰빙을 추구하는 추세다. 영국 Money Advice Service(MAS, 2015)는 금융 웰빙을 금융 역량의 강화를 통해 도달할 수 있는 최고 단계로 일상뿐만 아니라 주요 생애 전체에 걸쳐서 자금 관리를 잘 할 수 있는 개인의 능력으로, 개인적인 기술, 지식, 태도, 동기뿐만 아니라 포용적인 금융 시스템과 지원적인 사회 환경에 의해서 형성된다고 말하고 있다(「금융이해력과 금융교육에 대한 해외 연구 및 사례」, 김정한, 금융연구원, 2016. 11, pp. 8-9).

2 Capgemini, *World Payments Report 2022*, 2022.10, p. 6.

3 유럽중앙은행은 instant payments(즉시 지불)을 24시간 365일 실시간으로 처리되어 자금이 수령자가 즉시 사용할 수 있게 되는 전자 소매 지불로 정의한다(Instant payments are electronic retailpayments that are processed in real time, 24 hours a day, 365 days a year, where the funds are made available immediately for use by the recipient).

4 영국의 PSR(payment systems regulator)은 계좌 간 이체(A2A)는 가장 간단한 형태로 신용 카드나 직불 카드와 같은 중개자 없이 지불자의 은행 계좌에서 수취인의 은행 계좌로 직접 돈을 이동시키는 것을 말한다. Apple Pay 및 Google Pay와 같은 디지털 결제를 위한 새로운 방법이 더 많은 사람들에게 제공되고 있는데, 그러나 아직은 이러한 결제의 대부분은 여전히 고객이 은행 계좌에서 소매업체에 직접 지불하는 대신에 기존 카드 시스템(일반적으로 비자 또는 마스터 카드)을 통해 이루어지고 있다.

5 Juniper Research, "QR code payment users to reach 2.2 billion globally by 2025, as services expand beyond China & India", January 11, 2021.

6 Juniper Research, "Digital wallet users to exceed 4.4 billion by 2025, as mobile drives digital payments' revolution", March 16, 2021.

7 2007년에 시작된 케냐의 핀테크인 M-Pesa는 아프리카의 금융 접근성을 확대시킨 계기가 되었다. M-Pesa는 케냐의 통신사 사파리콤과 남아프리카공화국의 통신사 보다콤의 휴대 전화를 이용한 비접촉식 결제, 송금, 소액 금융 등을 제공하는 서비스를 말한다(위키피디아).

8 GSMA에 의하면 2022년 11월 말 현재, 모바일 등록 이용자 숫자는 약 54억 명이다. 이를 감안하면 현재 등록 이용자 중 25% 정도가 모바일 지갑을 이용하고 있다.

**9** IMF, *The Rise of Digital Money*, 2019. 7., p. 2.

**10** 백오피스backoffice는 고객과의 직접 업무가 아닌 회사 내부에서 일선 업무를 지원하는 것을 말한다. 최근에는 백오피스 업무도 자동화하는 추세다.

**11** BIS Papers No 117, "Fintech and the digital transformation of financial services: implications for market structure and public policy", 2021. 7.

**12** Capgemini의 2022년 지급 결제 보고서 따르면, 핀테크 관련 중소·중견기업 2곳 중 거의 1곳은 더 나은 비즈니스 통찰력을 얻기 위해 단일 데이터 뷰를 원하고 있다. 이들은 금융의 현황에 대한 통찰력이 부족하다. 이는 오픈 뱅킹의 확대나 신세대 핀테크 플레이어들에 의해 개선되고 있으나, 기존 은행이 개입해야만 하는 몇 가지 병목 현상이 여전히 존재하고 있다.

**13** P2P의 개념, 영국과 미국의 사례 등은 한국은행 자료를 참고하여 작성.

**14** 상법상 주식회사, 자기 자본 5억 원 이상, 인력, 물적 설비 완비, 내부 통제 장치와 사업 계획 구축 등이다.

**15** p2p 센터(온라인 투자 연계 금융업 종합 기록 관리 기관) 참조.

**16** 빅테크 기업은 인터넷 플랫폼을 장악하고 있는 아마존, 페이스북(메타), 애플, 구글이 대표적이며, 국내에서는 네이버, 카카오가 대표적이다.

**17** 세계은행에 따르면, 2020년 전 세계 국외 송금 규모는 7060억 달러로 2010년 대비 약 49% 증가하였으며, 그 중 중·저소득 국가로의 송금은 5490억 달러로 전체 송금의 78%를 차지하였다. 이에 비해 여전히 수수료 비용은 비싸고, 송금에 많은 시간이 소요되고 있다. 200달러를 해외에 송금하는 경우에 글로벌 평균 수수료 비용은 13달러(6.5%)이며, 소요 시간은 최장 7일에 달하는 것으로 조사되었다(한국은행 『지급결제 보고서』에서 재인용).

**18** 윌리엄 N. 괴츠만, 『금융의 역사』, 위대선 역, 지식의날개, 2020, pp. 234-235.

**19** 출처: 이코노믹리뷰(http://www.econovill.com).

**20** McKinsey, *The 2022 McKinsey Global Payments Report*, 2022.10.

**21** 맥킨지는 2021년 향후 10년을 이끌 핀테크 관련 기술로 7가지를 말하고 있는데, 인공지능, 비트코인(분산 원장 등), 클라우드 컴퓨팅, 사물인터넷, 오픈 소스와 서버 없는 아키텍처architecture, 코드가 없거나 쉬운(no-code, low-code) 앱 개발(드래그 앤 드롭 등), 하이퍼 자동화(AI, 딥러닝, 로봇등을 활용한 의사 결정과 업무 자동화)이다.

**22** FitPay는 웨어러블 기기를 사용하여 결제를 처리하는 완전히 새로운 방법

을 제공하는 미국의 스타트업이다, Civic는 2015년에 설립한 미국의 스타트업이다. Paygilant는 이스라엘 핀테크 업체다. MyBank는 중국 Ant Group의 온라인 은행이다.

23 대차대조표 대출(포트폴리오 대출이라고도 함)은 플랫폼 기업이 차입을 원하는 소비자나 기업에게 직접 대출을 제공하는 것을 말한다.

24 Makinsey, *Seven Technologies Shaping the Future of Fintech*, 2021, 9.

25 클라우드 시장 점유율은 IaaS(infrastructure as a service), PaaS(platform as a service), SaaS(software as a service)를 모두 포함하고 있다. IaaS, PaaS 및 SaaS는 가장 인기 있는 클라우드 서비스 제품의 세 가지 유형이다. 클라우드 서비스 모델 또는 클라우드 컴퓨팅 서비스 모델이라고도 한다. 서비스형 인프라(IaaS)는 클라우드에서 애플리케이션이나 작업량work load을 실행하기 위한 (가상)서버와 저장, 네트워킹을 구축하고서 고객이 요구만 있으면 언제든지(on demand) 엑세스(접근)할 수 있도록 제공한다. PaaS는 애플리케이션을 개발, 실행, 유지 보수 및 관리를 하고 고객이 원하면 즉시 사용할 수 있는 플랫폼 서비스를 제공한다. SaaS 고객이 애플리케이션 소프트웨어를 언제든지 바로 사용할 수 있도록 서비스를 제공한다. IaaS, PaaS 및 SaaS는 상호 보완적이다. 많은 중견기업이 하나 이상을 사용하고, 대부분의 대기업은 세 가지를 모두 사용한다(IBM 홈페이지를 참조하여 저자 작성).

26 https://www.srgresearch.com/,Q3 Cloud Spending Up Over $11 Billion from 2021 Despite Major Headwinds; Google Increases its Market Share(2022. 10. 27.).

27 대출 플랫폼은 은행이 아니므로 은행 간 시장에서 낮은 금리의 자금을 조달하거나, 자본 시장에서 회사채를 발행하여 자금을 조달하기는 쉽지 않다.

28 그랩은 스마트폰을 기반으로 한 동남아시아 최대의 승차 공유 서비스 업체다. 소파이 테크놀로지는 미국의 대표적인 핀테크 업체 중 하나로, 2011년 대학생 대출로 시작하여 현재는 나스닥에 상장되어 있다.

29 고젝은 인도네시아 대표 모바일 플랫폼 기업이며, 머니탭은 인도 최초의 앱 기반 신용 대출 기업이다.

30 BIS Papers No 117, *Fintech and the digital transformation of financial services: implications for market structure and public policy*, p. 22.

31 IMF, *Distributed Ledger Technology Experiments in Payments and Settlements*, 2020-01.

32 BCG컨설팅은 『FUTURE OF ASSET 2022』에서 자산의 개념은 역사적으로 확장되어 왔으며, 이는 신뢰의 이동, 금융업의 발전, 소유의 민주화를 동반하고 블록체인 기술의 등장으로 자산의 개념은 기계와 알고리즘 (일명 '프로토콜')에 대한 신뢰에 기반한 가상 자산으로 확장될 것으로 전망하고 있다.

33 BCG 컨설팅, 『FUTURE OF ASSET 2022』, 2022.

34 FATF(Financial Action Task Force)는 세계적인 자금 세탁 및 테러 자금 조달 감시를 위하여 설립된 국제 기구다. 이러한 불법적인 활동과 사회에 끼치는 해악을 예방하는 것을 목표로 하는 국제적인 기준을 설정한다. 1989년 G7에서 자금 세탁 방지를 위해 설립하였다.

35 이성복, 『가상자산 발행과 유통 현황』, 자본시장연구원, 2021, p. 3.

36 블록체인 노드는 블록체인 네트워크에 참여하는 장치(일반적으로 컴퓨터)다.

37 미국의 글로벌 투자 회사인 JP Morgan의 디지털 화폐 JPM 코인은 JPM Onyx 플랫폼을 통해 국경을 초월한 지불을 위하여 다양한 기업들에 의해 상업적으로 사용되고 있다(Ledger Insights, "JPM Coin goes into production, launches JP Morgan Onyx blockchain unit", October 27, 2020.).또한 씨티은행은 고객들이 암호 화폐, 스테이블코인, NFT, CBDC 등에 투자할 수 있도록 디지털 자산 그룹을 출범시켰다(Banking Drive, "Citi launches digital assets unit, confirming crypto plans", June 25, 2021.).

38 BCG 컨설팅, 『FUTURE OF ASSET 2022』, 2022.

39 조경식 외, 『메타버스, 새로운 세계에 대한 도전』, 진인진, 2022, pp. 133-134,

40 조경식 외, 앞의 책, pp. 133-134.

41 국내에서는 2018년 러시아 돈스코이호에 실려 있다는 금을 담보로 ICO를 진행하고서 신일골드코인을 발행한 사기 사건 등, ICO가 암호 화폐의 사기와 투기 등을 수반한 부실 기업들이 몰리면서 ICO에 대한 부정적 시각이 높아지고 부실 발행들이 많이 발생한 바 있다.

42 조경식 외, 앞의 책, pp. 133-134.

# 8장

# 증권형 토큰(STO)

"STO는 발행자가 자금을 조달하고
투자자가 사업 프로젝트에 투자할 수 있도록
혁신적인 플랫폼과 생태계를 개방한다."

"DLT와 스마트 계약을 사용함으로써
시장, 발행자 및 투자자는
특히 유동성 증대를 통한 기회를 포함하여,
보다 광범위한 자금 조달 및 투자로부터 이익을 얻는다."

(딜로이트 컨설팅)

# 1

—

## 자산을 토큰으로 나누는 STO

STO(Security Token Offerings)는 증권형 토큰을 제공하는 것을 말한다. STO에 참가하여 그 대가로 받는 증권형 토큰(Security Token)은 토큰 발행사나 관련 자산에 대한 소유권을 가질 수 있어 일반적인 주식과 비슷하다. 증권형 토큰 보유자는 토큰의 가치에 따라 토큰 발행사가 창출한 이익을 배당금으로 받거나 발행사의 경영권에 대한 행사를 할 수도 있다. STO를 통해 부동산, 주식, 채권, 미술품 등 모든 형태의 자산을 토큰화하여 소액 단위로 투자하고 거래하는 것이 가능하여 발행 종류와 범위가 계속 확대되고 있다.[1]

코인텔레그래프가 조사한 바와 같이 부동산 등 유형 자산, 특허권 등 무형 자산을 넘어서 최근에는 채권이나 대출을 조각 투자로 하는 채무 토큰Loan Token를 비롯하여 예술 작품, 금·은을 포함한 귀금속 등 모든 자산이 토큰화되고 있다.

STO는 다른 암호 화폐처럼 블록체인에 기반을 두고 있으며, 자체 블록체인보다는 이더리움Ethereum이나 하이퍼레저Hyperledger와 같은 기존 블록체인 생태계를 주로 활용한다.

[그림 8-1] 현재 토큰화되고 있는 자산

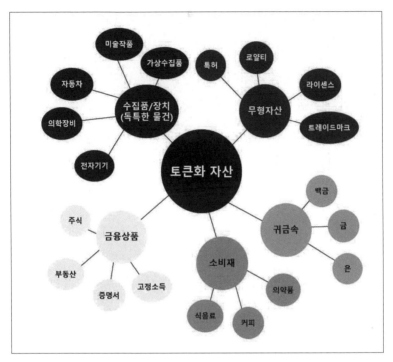

(출처: Cointelegraph Research, *Security-Token-Report*, 2021)

STO는 기초 자산이 존재하고 일정한 자산이나, 채권, 자본에 대한 소유에 대한 증명을 표현하는 증권이기 때문에 기존 증권의 속성을 그대로 가지고 있다. STO는 법적인 틀을 만들고 일정한 규제와 관리를 할 수 있다는 점에서 기존 시장과 마찰이 크지 않아 현행 자본 시장 제도 내에서 관리·운용될 수 있으므로 앞으로 확대될 가능성이 크다. STO는 기존 증권과는 확연하게 다른 특징을 갖고 있다. 우선 자산의 운용에서 투명성이 강화된다. STO 거래에 참여하는 수많은 투자자가 같이 판단하고 투자하기 때문에 대상 물건에 대한 가치, 가격에 대한 엄정한 검증이 이루어질 수 있다. 상대적으로 자금 유동성도 뛰어나 디지털 거래 플랫폼을 통하여 언제든지 편하고 빠르게 현금화할 수 있다.

블록체인 기술에 바탕을 둔 분산 원장은 보안성을 강화하면서 데이터 보관 비용을 줄이기 때문에 발행 비용이 상대적으로 낮다. STO는 IPO와 ICO의 장점을 결합한 하이브리드hybrid 증권이라 할 수 있다.

[표 8-1] ICO, IPO, STO의 특성 비교

| 구 분 | ICO | IPO | STO |
|---|---|---|---|
| 기초 자산 | 없음 | 있음 | 있음 |
| 투자자 보호 | 낮음 | 높음 | 높음 |
| 대상 | 누구나 | 공인된 투자자 중심 | 누구나 |
| 투명성 | 높음 | 낮음 | 높음 |
| 비용 | 낮음 | 높음 | 중간 |
| 관련 기술 | 블록체인 | - | 블록체인 |
| 수익 전망 | 미래의 상품, 서비스 | 배당 | 자산 수익 |

(출처: 저자 작성)

코인텔레그래프 리서치Cointelegraph Research가 2021년 발표한 자료에 따르면, STO 신규 발행 기업 수는 2017년 6건에서 2020

년 80건으로 가파르게 증가하고 있다. 국가별로 보면 2020년에는 미국이 43건으로 50% 이상을 점유하고 있고, 스위스가 5건, 독일 5건 등으로 STO 시장을 주도하고 있다.

STO 발행 결과를 보면 목표 금액 대비 자금 조달 성공률은 2017년 48.6%에서 2020년에는 80%에 이르고 있어 성공적인 자금 조달 방식으로 확대되고 있으며, 이러한 성공 사례를 바탕으로 앞으로 STO를 활용한 자금 조달은 계속 증가할 전망이다.[2]

[그림 8-2] STO 발행 업체의 목표액, 조달액, 성공률

(2017~2020, 10억US$)

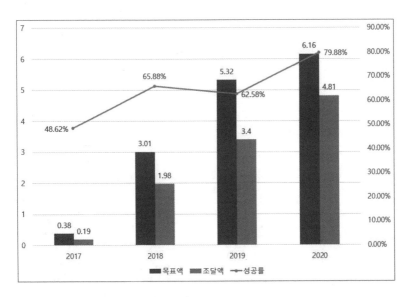

(출처: Cointelegraph Rearch, 2021)

STO 시장은 2017년부터 시작되어 아직은 초기 단계라 볼 수 있으나, 시장 전망은 우호적이다. 홍콩의 컨설팅 업체인 Quinlan & Associates에 따르면, 2030년 발행 시장에서 4조1천억 달러로 증가하여 전체 증권 시장의 27.4%, 유통 시장은 162조7천억 달러로 증권 유통 시장 거래의 42.9%로 급성장할 것으로 예상한다. 글로벌 회계 법인인 KPMG는 2025년까지 STO 시장이 8조 달러로 성장할 것으로 전망하고 있으며, 독일의 글로벌 투자 플랫폼인 피노아Finoa는 토큰화되는 자산이 2025년까지 9조5천억 달러에 달할 것으로 예측한다.

[그림 8-3] 글로벌 증권형 토큰 시장 전망

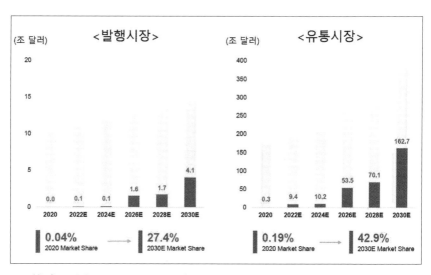

(출처: Quinlan&Associates, 2021)

증권형 토큰 생태계는 크게 증권형 토큰 인프라Infrastructure, 발행 프로토콜/발행 플랫폼(Issuance Protocol), 토큰 발행 회사 (STO Project), 증권형 토큰 거래소(Exchange), 증권 수탁(보관) 기업 (Custodians)[3], 유동성 공급자(Liquidity Provider)로 구분될 수 있다. 하나의 기업이 한 개 혹은 복수의 역할을 동시에 담당하고 있으며, STO가 확장되면 역할 분담이 효율화되고, 다각화되고 더 나아가 통합 플랫폼도 등장할 것으로 보인다.

[그림 8-4] 현행 STO 생태계를 이끄는 기업들

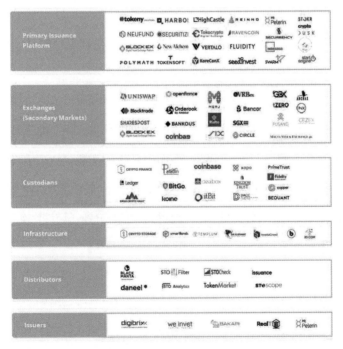

(출처: Cointelegraph Rearch, *Security-Token-Report*, 2021)

그러나 역할을 담당하는 각각의 회사 간 효율성과 리스크 관리를 통한 STO 생태계의 안정적인 구축은 앞으로도 계속 논의될 것으로 보인다. 유통을 담당하는 거래소는 STO 시장이 확대될수록 안정된 거래 수익을 창출할 수 있다. 전통적인 증권 거래소, 암호화폐 거래소, 디지털 자산 브로커와 딜러 등이 거래소 진출을 통한 수익성 확대를 위하여 경쟁할 것으로 예상된다.

# 2
—

## 모든 자산으로 확대되는 STO

모든 자산(유·무형에 관계없이)을 토큰화하는 추세이지만 증권형 토큰을 크게 나누어보면 자산Equity 토큰, 채무Debt 토큰, 펀드/신탁Fund/Trust 토큰, 파생Derivative 토큰 등으로 구별할 수 있다. 현재는 부동산 관련 토큰이 가장 많은 편이나, 향후에는 대출이나 채권 시장의 규모를 감안하면 채무 토큰이 가장 크게 성장할 것으로 예상된다.

[그림 8-5] 증권형 토큰의 유형

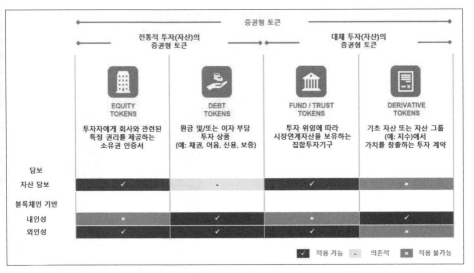

(출처: Quinlan & Associates analysis)

STO의 시작, 부동산 증권형 토큰

기존 투자 영역에서 가장 먼저 토큰화를 도입한 자산 중 하나로 부동산 관련이 가장 큰 부분을 차지하고 있다. 이는 부동산이 채권이나 주식 등에 비하여 상대적으로 고액이자 유동성이 낮은 것도 토큰화를 촉진하는 이유다. 부동산을 토큰화하면 자금 조달 규모를 확대할 수 있고, 통상 매입에서 매도까지 거래 기간(시세 차익)이 긴 경우가 많아 토큰 거래소를 통한 거래 활성화를 통하여 기간 리스크를 줄일 수 있는 장점이 있다.

코인텔레그래프의 조사 자료에 의하면, 토큰화된 산업 중 부동산이 2017년 이후 4년간 19건으로 가장 많이 발행되고 있다.

[그림 8-6] 2017년~2020년 산업별 총 STO수

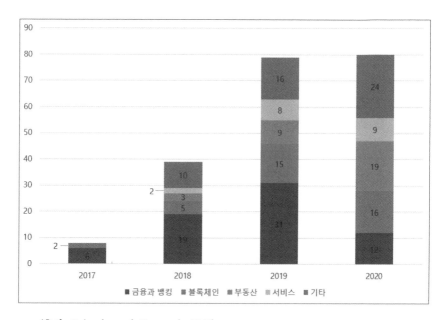

(출처: Cointelegraph Research, 2021)

부동산 증권형 토큰 유통 시장에서 2021년 월별 거래 시가 총액을 보면 1월에 3천만 달러에 미치지 못했으나, 9월부터 1억 달러 가까이 되고 있어 유통 거래 물량이 계속 증가하고 있음을 알 수 있다(그림 참조). 유통 물량의 증가는 필요할 때 현금화가 가능한 자산으로 인식되면서 투자 수요를 확대할 수 있는 요인이 된다.

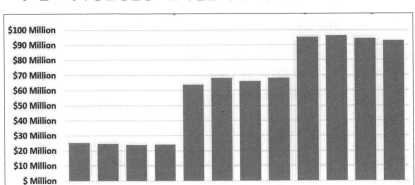

[그림 8-7] 부동산 증권형 토큰의 월별 거래 시가 총액(2021년)

(출처: Security Token Advisors, *The State of Security Tokens 2022*)

STO의 확장, 채무Debt[4] 토큰

대출이나 채권은 현재 유동화가 활발하게 이루어지는 시장이며, 전체 자본 시장에서 가장 많은 비중을 차지하고 있다. Security Token Advisors에 따르면, 글로벌 채권 시장은 128조 달러로 상업용 부동산 시장 32조 달러에 비해 4배 이상이나 되는 가장 큰 시장이다.[5]

기존 기관에서 발행하는 STO의 수가 증가하는 것은 이러한 자금 조달 메커니즘으로서 STO의 잠재력을 보여주고 있다. STO 발행 메커니즘이 성숙해짐에 따라, 많은 국가와 기업들이 채권 발행을 위해 블록체인을 활용한 STO를 시범적으로 운용하고 있다.

[그림 8-8] 기관별 가장 주목받는 STOs(2017~2020)

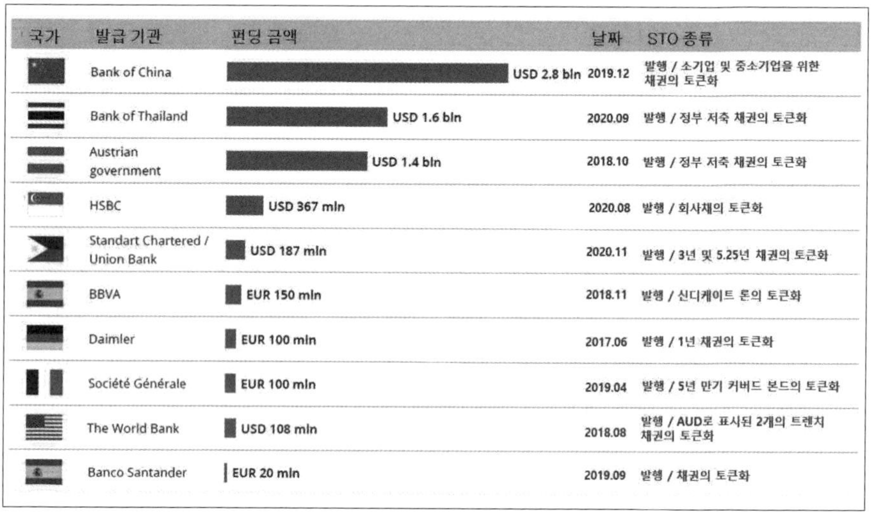

| 국가 | 발급 기관 | 펀딩 금액 | 날짜 | STO 종류 |
|---|---|---|---|---|
| 🇨🇳 | Bank of China | USD 2.8 bln | 2019.12 | 발행 / 소기업 및 중소기업용 위한 채권의 토큰화 |
| 🇹🇭 | Bank of Thailand | USD 1.6 bln | 2020.09 | 발행 / 정부 저축 채권의 토큰화 |
| | Austrian government | USD 1.4 bln | 2018.10 | 발행 / 정부 저축 채권의 토큰화 |
| | HSBC | USD 367 mln | 2020.08 | 발행 / 회사채의 토큰화 |
| | Standart Chartered / Union Bank | USD 187 mln | 2020.11 | 발행 / 3년 및 5.25년 채권의 토큰화 |
| | BBVA | EUR 150 mln | 2018.11 | 발행 / 신디케이트 론의 토큰화 |
| | Daimler | EUR 100 mln | 2017.06 | 발행 / 1년 채권의 토큰화 |
| | Société Générale | EUR 100 mln | 2019.04 | 발행 / 5년 만기 커버드 본드의 토큰화 |
| | The World Bank | USD 108 mln | 2018.08 | 발행 / AUD로 표시된 2개의 트렌치 채권의 토큰화 |
| | Banco Santander | EUR 20 mln | 2019.09 | 발행 / 채권의 토큰화 |

(출처: Cointelegraph Rearch, *Security-Token-Report*, 2021)

파일럿pilot 프로그램에서 관찰되는 주요 효율성은 결제 위험 제거(발행자, 중개자, 투자자), 1차 발행 결제일 감소(5일에서 2일로), 이자 및 상환, 등록 등을 기능적으로 자동화하는 것을 포함하고 있다. 채권 시장의 유동성과 투명성을 개선하는 이점 때문에 채무 토큰은 전 세계적으로 기존의 채권 발행 과정을 파괴할 것으로 전망된다. 유럽의 디지털 자산 관리자 피노아는 2025년까지 증권화된 채무 토큰에 2조6,500억 달러가 투자될 것으로 추정한다.[6]

OECD는 2018년 8월 분산 원장 기술을 사용하여 채권의 라이프 사이클에 걸쳐 생성, 할당, 이전 및 관리되는 토큰화된 채권을 2년 만기, 1억1000만 호주달러를 조달하는 데 성공하였다. OECD는 블록체인 기술을 활용해 완벽하게 관리되는 거래에서 세계은행의 개발 활동을 투자자들이 지원한 것은 처음이라고 발표하였다.[7]

[표 8-2] OECD 발행 bond-i 요약

| 발행인 | 국제부흥개발은행IBRD(International Bank for Reconstruction and Development |
|---|---|
| 발행인 등급 | Aaa/AAA |
| 총액 | 110,000,000AUD(호주달러) |
| 결제일 | 2018년 8월 28일 |
| 만기일 | 2020년 8월 28일 |
| 이자 | 2.20% 매년 반기 후불로 납부 |
| 재판매 가격 | 99.901% |
| 재판매 수익률 | 반기 2.251% |
| 액면가 | 1,000 AUD. 최소거래금액: 500,000AUD |
| ISIN | AUD0000020612 |
| 주간사 | 오스트레일리아연방은행(Commonwealth Bank of Australia) |

(출처: OECD 홈페이지)

중국은 2019년 10월 중소기업 채권을 토큰화하여 발행하는 등 STO 시장에서 활발하게 움직이고 있는 국가로 주목받고 있다.

미국 증권거래위원회SEC[8]는 가상 자산이 1933년 증권법상의 '투자 계약' 요건에 해당하면 증권으로 간주하여 관련 거래 행위에 증권법을 적용하고 있다. SEC는 기존에 가상 자산 거래 플랫폼에서 유통되는 가상 자산도 투자 계약으로 간주하고서 증권법 규제를 적용하기도 한다. 미국의 리플Ripple사가 발행한 XRP 토큰이 증권에 해당한다고 주장하며, SEC가 리플사를 상대로 제기한 소송이 대표적인 예이다.[9]

미국도 아직은 STO 관련 법과 제도가 정비되어 있지는 않으나 이를 제도권 내에 흡수하기 위하여 기존 증권법을 확대·적용하기 위한 다양한 논의들이 이루어지고 있다.

그리고 증권형 토큰을 유통하는 거래 플랫폼 사업에 기존 금융업자와 신흥 가상 자산업자가 모두 참여하고 있으며, 향후 치열한 경쟁이 예상된다. 은행(HSBC 등), 증권 거래소(Swiss Exchange 등), 가상 자산 거래 플랫폼(Binance 등), 탈중앙화 거래소(UNISWAP 등), 증권 토큰 거래소(tZERO 등)가 증권형 토큰 거래 플랫폼의 주도권을 둘러싸고서 경쟁하고 있다.[10]

[표 8-3] 전통적인 증권 vs 증권형 토큰(미국)

| 단 계 | | 전통적인 증권 | | 증권형 토큰 | |
|---|---|---|---|---|---|
| 발행시장 | 발행 | 발행인 | 발행 규모와 주관사 결정 | 발행인 | 발행 규모 및 발행 플랫폼사 선정 |
| | | 주관사 | 증권 발행 주관 | 발행 플랫폼 | 증권형 토큰 발행 주관 |
| | 청약·배정 | 투자자 | 거래소 상장 예정인 증권을 주관사 계좌를 통해 공모가로 청약 | 투자자 | 발행 예정인 증권형 토큰을(브로커, 딜러를 통해)공모가로 청약 (주로 적격 투자자[11]만 허용) |
| | | 주관사 | 증권 발행 주관 | 발행 플랫폼 | 스마트 컨트랙트를 이용해 투자자에게 증권형 토큰 배정 |
| | 명의개서 | 명의개서 대리인 | 주주 명부 관리 기록 | 명의개서 대리인 | 주주 명부 관리 기록 |
| 유통시장 | 주문·체결 | 투자자 | 거래소에 상장된 증권을 브로커-딜러 통해 주문 | 발행인·발행 플랫폼 | 발행 플랫폼에서 거래 플랫폼으로 토큰 연결 |
| | | | | 거래 플랫폼 | 토큰 상장 및 관리 |
| | | | | 투자자 | 원하는 토큰이 상장된 ATS에서(브로커-딜러) 통해 토큰 주문 |
| 청산 | | 중앙 청산소를 통한 청산, 소유 변동 내역 장부에 기록 | | 중앙 청산소를 통한 청산, 소유 변동 내역 DLT에 기록 | |

(출처: 공태인, 『미국 증권형 토큰 시장 동향과 시사점』, 금융투자협회)

증권형 토큰은 분산 원장 기술을 이용하여 모든 관리를 하고 스마트 컨트랙트를 통하여 인터넷을 이용하여 계약을 체결함으로써 전통적인 증권과 달리, 발행 기간이 줄어들고 발행 비용이 축소되는 장점이 있다. 자산의 토큰화는 향후 가상 자산의 거래와 블록체인 기술의 채택을 촉진할 것으로 보인다.

# 3
—
# STO 시장이 열리는 한국

STO 관련 국내 시장은 부동산 조각 투자DABS와 뮤직카우처럼 일부분에 한정되어 있고, STO가 법적 제도의 미비 등으로 체계화된 기준이나 제도가 정비되어 있지 않다. 그러나 STO 관련 다양한 플랫폼을 만들어 운영되고 있으며, 금융과 관련해서는 금융 규제 샌드박스를 통하여 일부 허용하고 있다.

정부는 STO 관련 법률을 제정하고 시장 확대 및 리스크를 관리할 수 있도록 제도적 정립을 할 계획이지만, 실제 적용까지는 일정 시일이 소요될 것으로 보인다.

부산시 등 지자체와 증권 회사 등 기관이나 금융 관련 회사들은 STO 시장의 미래 전망을 양호하게 보고서 진입을 위한 준비를 하고 있다. 부산시에서는 블록체인 특구를 반영하여 STO, NFT 등을 거래할 수 있는 부산 디지털 거래소를 2023년에 설립하는 것을 추진하고 있다.[12] 대신증권 등의 증권업계도 미래의 수익 기반으로 가상 자산에 대한 검토를 진행하고 있는 등, 기존 금융 관련 기관들이 참여 의지를 밝히고 있다. 신한투자증권은 스타트업 슈퍼블록과 블록체인 기술 협력 파트너십을 체결하여 증권형 토큰 STO 거래 플랫폼 및 디지털 지갑, 블록체인 아키텍처, 스마트 컨트랙트 등 디지털 자산 사업에 필요한 블록체인 기술을 내재화할 계획이다.[13]

금융위원회는 증권형 토큰은 증권성이 있는 권리를 토큰 형태로 발행한 것으로 보고 있다. 그러나 현행 자본 시장 및 전자 증권 제도는 블록체인 기술의 활용이나 이를 통한 정형화되지 않은 증권(예: 투자 계약 증권)의 유통을 상정하지 않고 있다고 생각한다. 이를 감안하여 증권형 토큰의 발행과 유통을 자본 시장 규율에 포섭하여 투자자 보호와 금융 안정을 바탕으로 한 시장과 산업의 건전한 발전을 지원하기 위한 제도 정비가 필요함을 인정하고서 2023년 2월 「토큰 증권(Security Token) 발행·유통 규율체계 정비방안」을 발표하였다.[14]

금융위원회는 증권형 토큰을 토큰 증권이란 용어로 통일하였다. 토큰 증권Security Token이란, "분산 원장 기술Distributed Ledger Technology을 활용해 자본시장법상 증권을 디지털화Digitalization한 것을 의미한다"라고 정의하고 있다. 그리고  디지털 자산 측면에서는 증권이 아닌 디지털 자산(소위 '가상 자산')과 대비되는 "증권형 디지털 자산"으로, 증권 제도 측면에서는 실물 증권과 전자 증권에 이은 증권의 새로운 발행 형태로 보고 있다. STO가 국내에서 처음으로 제도화의 발을 내딛었으며, 토큰 증권은 자본 시장법에 근거한 증권으로 규제됨을 의미한다. 향후 구체적인 법 개정까지는 시일이 걸릴 것으로 보인다.

현재 상업용 부동산이 토큰 증권인 DABS(Digital Asset Backed Securities)로 발행되고 있으며, 흔히 조각 투자라고 말한다. 이외 음악 저작권 등 다양한 영역에서 조각 투자 플랫폼이 운영되고 있다.


### 부동산 조각 투자(DABS)

부동산 DABS 거래 플랫폼은 블록체인 기술 기반의 DABS를 발행하고 유통하는 플랫폼 서비스로, 공모 후 DABS가 투자자에게 배정되면 플랫폼을 통해 주식처럼 자유로운 거래가 가능하다. 부동산 DABS는 신탁사가 위탁받은 자산을 기초로 발행한 수익 증권을 블록체인 기술을 기반으로 디지털화시킨 자산 유동화 증권으로 DABS 단위로 플랫폼에서 거래가 이루어진다.[15]

[그림 8-9] 카사의 DABS 플랫폼 운영 구조도

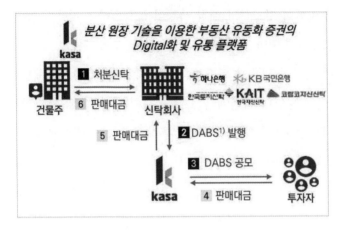

- 상업용 부동산 거래 전용의 DABS[1] 발행·유통 제공
  - 하나은행: 특정금전신탁 방식으로 투자자 계좌 및 예치금 관리
  - 한국토지신탁: 부동산 관리·운영 및 DABS 발행

(출처: 한국핀테크지원센터, 『2022 한국 핀테크 동향 보고서』)


    스타트업인 카사코리아가 2020년 12월 18일 국내에서 처음으로 카사Kasa 모바일 어플리케이션을 통해 부동산 DABS 거래 서비스를 제공하면서 부동산펀드, 리츠REITs에 이은 새로운 부동산 간접 투자 수단으로 주목받고 있다.[16] 주요 투자 대상은 상업용 부동산으로 임대 수익과 매각 차익을 통해 이익을 실현하며, 월별 또는 분기별 배당을 하고 있다.

    혁신 금융 서비스로 지정받은 부동산 조각 투자업체는 2019년 12월 카사코리아가 처음 지정받은 후 루센트블록, 비브릭, 펀블 등

4개 업체가 있다. 최근에 부동산 조각 투자에 대한 비판 여론도 적지 않다. 수익률이 저조하고 매각 시점이 불투명하며 거래가 활성화되지 못한 점에 대한 지적도 있다.

DABS에 대하여 리츠와 비슷하다고 생각할 수 있다. 부동산에 대한 수익을 배당한다는 점에서는 같다. DABS는 리츠와 달리, 투자자가 직접 판단하여 개별 부동산에 투자할 수 있는 것이 가장 큰 차이다. 소액 투자(5,000원 이상)가 가능하다는 점에서 리츠보다도 상대적으로 높은 시장 접근성을 가지고 있다. 투자 방법도 DABS는 자체 개발한 스마트폰 앱으로 투자할 수 있고, 건물 정보와 연계된 사용자 인터페이스(user interface, UI)를 통해 건물 정보 검색을 할 수 있는 등의 사용자 편의와 접근성을 높였다. 리츠가 그동안 기관 투자자와 고액 자산가 위주로 투자되었던 점을 감안한다면, DABS의 활성화는 일반 투자자가 소액으로 쉽게 부동산 투자가 가능하여 개인의 새로운 자산 투자 수단이 될 수 있다. 리츠와 달리, DABS는 부동산 이외에도 토큰화가 가능한 모든 자산으로 확장될 수 있다. STO는 모든 자산을 토큰화할 수 있어 투자자산 범위를 다양화할 수 있다는 장점이 있다.

[표 8-4] 조각 투자 업체 현황(금융 규제 샌드박스)

| 플랫폼 | 업체명 | 설립일 | 금융규제<br>샌드박스 지정 | 첫 공모일 | 수익 증권<br>발행 |
|---|---|---|---|---|---|
| 카사 | 카사코리아 | 2018.05 | 2019.12.18 | 2020.11 | 신탁사 |
| 소유 | 루센트블록 | 2018.11 | 2021.04.14 | 2022.07 | 신탁사 |
| 비브릭<br>(BBRIC)* | 비브릭* | 2019.02 | 2021.12.15 | 2021.12 | 자산운용사 |
| 펀블 | 펀블 | 2019.07 | 2021.05.26 | 2022.09 | 신탁사 |

(출처: 각사 홈페이지 및 금융위원회 자료 참조)


　부동산 조각 투자 개별 부동산 현황을 보면 카사가 6개로 가장 많으며, 소유가 2건, 비브릭, 펀블이 각 1건으로 총 10건에 불과하여 아직은 투자 물건이 많지 않아 이에 대한 성과를 분석하는 것은 어려운 시점이다.

　카사의 투자 부동산 2건은 매각되어 최종 수익률이 평균 13.5%(연평균 환산)으로 양호한 편이나, 나머지 투자 부동산의 배당 수익률은 2%에서 4%대로 높지 않은 편이다. 이는 최근의 금리 상승과 부동산 가격의 하락 등에 기인한다.

[표 8-5] 부동산 조각 투자 개별 현황 (단위: 억 원, %)

| 플랫폼 | 상장일 | 건물명 | 소재지 | 공모가액 | 배당 | 매각일 | 매각금액 | 최종수익률 |
|---|---|---|---|---|---|---|---|---|
| 카사 | 2020.12 | 역삼 런던빌 | 서울 | 101.8 | | 2022.06 | 117 | 14.76 |
| | 2021.09 | 역삼 한국기술센터 | 서울 | 84.5 | | 2022.05 | 93 | 12.24 |
| | 2021.07 | 서초 지웰타워 | 서울 | 40 | 2.94 | | | |
| | 2022.03 | 여의도 익스콘벤처타워 | 서울 | 16.4 | 2.70 | | | |
| | 2022.06 | TE물류센터 | 충남 | 120 | 4.02 | | | |
| | 2022.04 | 부티크호텔 르릿 | 서울 | 22 | 4.84 | | | |
| 비브릭 | 2021.12 | MDM타워 | 부산 | 170 | 1.50 | | | |
| 소유 | 2022.07 | 안국 다운타우너 | 서울 | 53 | 2.65 | | | |
| | 2022.09 | 이태원 새비지가든 | 서울 | 68 | 2.35 | | | |
| 펀블 | 2022.09 | 롯데월드타워 시그니엘 1호 | 서울 | 64.8 | 4.36 | | | |
| | 2022.12 | 해운대 엘시티 | 부산 | 28.5 | | | | |

*카사는 분기 배당이고 비브릭, 소유, 펀블은 월 배당이다. 배당 수익률은 연환산 금액으로 최종 월(또는 분기) 배당 기준(세전)으로 변동성이 있다. 최종 수익률은 배당 금액을 합친 것으로, 연환산 수익률이다.

(출처: 각사 홈페이지 공시 자료)

비브릭은 부산 블록체인 규제 자유 특구 지정(중소벤처기업부)에 따른 금융 규제 샌드박스 적용을 받으며, 수익 증권 발행을 자산 운용사가 담당하는 것이 타 플랫폼(금융위 금융 규제 샌드박스 적용)과 다르다.

[그림 8-10] 비브릭 사업 개념도

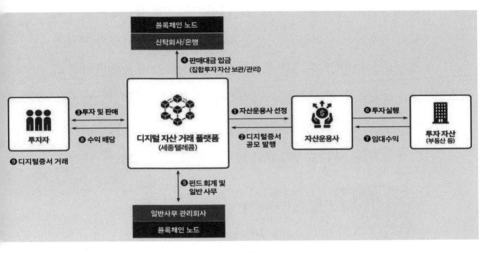

(출처: 중소벤처기업부 보도자료, 2021.12.15.)

비브릭은 블록체인 기반 부동산 집합 투자 및 수익 배분 서비스로 세종텔레콤, 비브릭, 이지스자산운용, 디에스네트웍스 자산운용이 컨소시엄을 구성하여 참여했다. 블록체인 분산 원장 기술을 활용하여 부동산 기금(펀드)을 디지털 자산화하고 중개인 없이도 일반 투자자에게 판매·유통하게 하는 서비스로 중소벤처기업부로부터 부산 블록체인 규제 자유 특구 실증 사업으로 승인을 받았다.[17]

비브릭 1호 조각 투자 MDM타워의 특징은 자금 조달의 총규모는 약 4백억 원이지만, 이 중 일부분을 차입금으로 조달하여 레버리지를 활용했다는 사실이다. 차입금이 조달 금액의 128%로 레버리지 금액이 적지 않다. 부채 레버리지를 활용할 경우에 자본 수익률이 높아지고 자본금만 사용할 때와 비교하여 큰 규모의 투자가 가능하다. 또한 투자 대상이 넓어지는 효과가 있으나, 레버리지 비중이 높을수록 리스크 또한 상승한다.

[그림 8-11] 비브릭 1호 조각 투자 MDM타워 자금 조달 구조

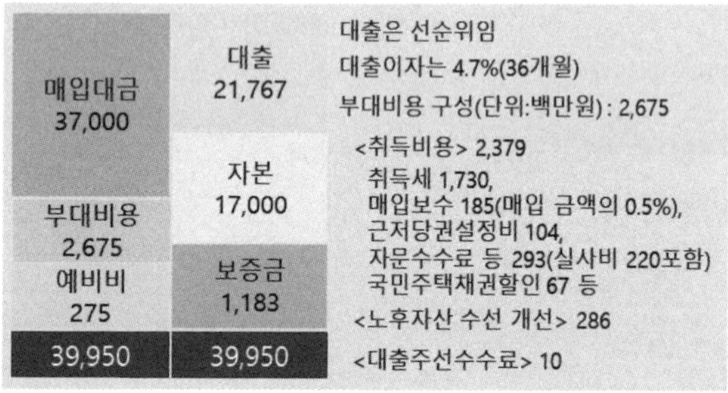

| 매입대금 37,000 | 대출 21,767 | 대출은 선순위임<br>대출이자는 4.7%(36개월)<br>부대비용 구성(단위:백만원) : 2,675 |
| | 자본 17,000 | <취득비용> 2,379<br>취득세 1,730,<br>매입보수 185(매입 금액의 0.5%),<br>근저당권설정비 104,<br>자문수수료 등 293(실사비 220포함)<br>국민주택채권할인 67 등 |
| 부대비용 2,675<br>예비비 275 | 보증금 1,183 | <노후자산 수선 개선> 286 |
| 39,950 | 39,950 | <대출주선수수료> 10 |

(출처: 이지스 부산특구 부동산투자신탁 제1호 투자 설명서를 참조하여 재작성)

특히 금리 상승 등으로 부동산이 하락하는 경우 조달 금리가 높아지고 상가 공실에 따른 비용 상승으로 수익성 악화가 발생할 수 있다. 이는 투자자 손실로 이어질 수 있어 안정된 투자로서의 의미가 퇴색되고 고수익, 고리스크로 인식될 우려도 있다. 금융위원회가 승인하는 조각 투자 업체는 레버리지를 활용하고 있지 않다. 이는 투자자 보호와 투자 안정성을 우선에 두고 있기 때문인 것으로 보인다.

조각 투자 사례가 많아질 경우에 레버리지의 규모(조달 금액 대비 차입금 규모)와 금리 안정성(고정 금리 등)에 대한 방향, 예비비의 규모와 활용 방안 등을 투자자 보호와 투명성 확보 차원에서 좀 더 상세한 공시가 요구된다.

부채 레버리지를 수반하는 투자는 리스크를 분산하고 투자자를 보호할 수 있도록 트렌치tranche[18]를 구성하는 등 다양한 방안을 검토할 필요가 있다. 그러나 현재는 건물 관련 조각 투자의 규모가 5백억 원 이하에서 이루어지고 있고, 사례가 많지 않아 다양성이 부족하다. 관련 투자가 활성화되고 금액이 1천억 원 이상으로 확대되면 보다 다양한 리스크 관리 유형이 나올 것으로 보인다.

다양해지는 국내 조각 투자

뮤직카우는 2022년 9월 키움증권, 하나은행과 컨소시엄을 구성하여 음악 저작권료 기반 수익 증권 거래 플랫폼을 구축하고서 혁신 금융 서비스로 지정되었다.

음악 저작권 조각 투자는 음악 저작권을 신탁을 활용하여 수익 증권으로 분할 발행하고서 온라인 플랫폼을 통해 투자자에게 유통하는 서비스다. 원저작자로부터 음악 저작권을 양도받은 저작권 매입 법인은 신탁 회사와 저작 재산권 관리 신탁 계약을 체결하여 신탁 수익 증권을 발행하고, 투자자는 유동화된 수익 증권에 투자하는 구조다.

저작권료와 달리, 저작권료 참여 청구권은 그 가치가 일정하지 않고 변동성이 크다. 과다한 금액을 투자할 경우에 손실 우려 등이 높을 수 있어 향후 성장하기 위해서는 좀 더 상세한 비즈니스 모델을 만들 필요가 있다.

[그림 8-12] 뮤직카우 사업 구조

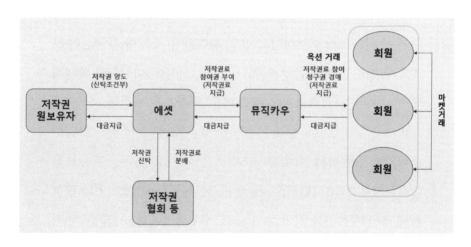

(출처: 금융위원회)

핀테크 스타트업들을 중심으로 상업용 부동산이나 음악 저작권 이외에도 고급시계, 미술 작품, 와인, K-콘텐츠 등 다양한 영역에서 조각 투자가 활발하게 이루어지고 있다. 그러나 아직 초기 단계로 수익성과 리스크 관리 등에 대한 어려움이 있는 것도 현실이다. 대상 물건의 가치 산정 기준, 매각 과정과 계획, 자금 관리, 수익 전망 등 디테일한 프로세스가 정립되고 투자자를 보호할 수 있는 일정한 합의된 틀을 마련할 필요가 있다.

조각 투자 관련 업체들이 고수익 사례[19] 등을 기반으로 시장을 확대하고자 하는 경우가 있다. 이는 향후 투자자가 조각 투자 시장에 대한 잘못된 인식을 할 우려가 있다. 수많은 투자자가 참여한다는 점을 감안하면 고高수익, 고高리스크보다는 좀 더 안정된 투자 방향을 설정하고서 리스크를 줄이는 방향으로 사업을 운영할 필요가 있다.

투자 수익과 리스크는 상응한다. 조각 투자가 앞으로 안정적으로 자리잡고, 성장하기 위해서는 투자 리스크에 대한 분명한 가이드라인을 설정하고, 리스크가 발생할 수 있는 범위range[20]에 대한 충분한 설명도 필요하다. 그래야 지속 가능한 비즈니스 모델로 인식되면서 자산 시장의 새로운 혁신을 만들어나갈 수 있다.

[표 8-6] 조각 투자의 다양한 유형

| 플랫폼 | 업체명 | 설립일 | 운용 자산 | 비고 |
|---|---|---|---|---|
| 피스 | 바이셀스탠다드 | 2019.03. | 현물 자산 (롤렉스시계 등) | 선박 등으로 확대 |
| 아트앤가이드 | 열매컴퍼니 | 2016.11. | 미술 작품 | 김환기 등 |
| 테사 | 테사 | 2019.03. | 아티스트 작품 | |
| 뱅카우 | 스탁키퍼 | 2020.06. | 한우 | |

| 트레져러 | 트레져러<br>(구:얼마야) | 2020.01. | 와인, 시계, 가방 등 | |
|---|---|---|---|---|
| 펀더풀 | 펀더풀 | 2019.04. | 영화, 웹툰 등<br>K콘텐츠 | |

(출처: 각사 홈페이지 등 참조)

채무 토큰(Debt Token)을 통한 채권 시장 활성화

STO는 다수의 투자자를 모집할 수 있는 금액의 소액화로 자산의 대중화, 비용 절감과 관리의 편리함, 유통 시장의 접근성과 활성화가 가능하여 해외에서는 안정적인 채권을 대상으로 채무 토큰Debt Token 발행이 증가하는 추세이다.

일반 국민은 소득이 증가함에 따라 자산 관리와 투자에 대한 관심이 증가하고 있다. 예·적금보다 이익이 높으면서 안정적인 채권에 대한 일반 국민의 관심도 높아지고 있다.

리스크가 낮으면서 수익률이 양호한 채권(사실상 정부가 책임을 지는 한전채 등)은 공모라는 형식을 취하지만, 발행의 편의성과 발행 금액의 원활한 모집을 위하여 기관 투자가와 소수의 고액 자산가 위주의 제한된 시장으로 운영되고 있는 것이 현실이다. 일반 국민은 여유 자산에 대한 투자가 부동산에 집중되어 있고, 금융 투자도 예·적금에 주로 투자하여 수익성이 좋지 않고 자산 축적의 기회가 많지 않다. 리스크가 높은 주식이나 암호 화폐 등 자산의 변동성이 높은 투자를 하는 경우에 투자 손실로 인한 곤경에 처하는 일도 적

지 않아 일반 국민의 투자 다각화를 위한 노력과 금융 리스크에 대한 인식 개선이 필요하다.

주요 나라의 가계 자산 중 금융 자산 비중을 비교한 결과, 한국은 2021년 말 기준 35.6% 수준으로 부동산 등 비금융 자산 비중이 높다. 한국의 가계 자산 중 금융 자산 비중은 여전히 주요 나라들에 비해 낮은 수준이며, 금융 자산 또한 현금·예금(43.4%) 위주로 구성되어 있다. 이에 따라 장기적인 관점에서 가계의 안정적인 자산 배분을 위해 비금융 자산 비중을 낮추고서 금융 투자 상품 등의 금융 자산 비중을 확대할 필요가 있다.[21]

[표 8-7] 각국 가계 자산(금융 자산+비금융 자산) 비중 구성 비교(2021)

(단위 %)

| | | 한국 | 미국 | 일본<br>(2020) | 영국 | 호주 |
|---|---|---|---|---|---|---|
| 금융자산 | 현금·예금 | 15.5 | 9.4 | 34.5 | 14.6 | 8.4 |
| | 금융 투자 상품 | 9.0 | 41.5 | 9.4 | 8.4 | 7.1 |
| | (주 식) | 7.4 | 28.7 | 6.0 | 6.0 | 6.7 |
| | (채 권) | 0.8 | 1.6 | 0.9 | 0.1 | 0.0 |
| | (펀 드) | 0.8 | 11.1 | 2.5 | 2.3 | 0.3 |
| | 보험·연금 | 10.8 | 20.4 | 17.4 | 28.6 | 22.6 |
| | 기타 | 0.3 | 0.1 | 1.8 | 2.3 | 0.8 |
| 비금융 자산 | | 64.4 | 28.5 | 37.0 | 46.2 | 61.2 |

*일본은 2020년도 통계 기준.

(출처: 금융투자협회)

STO 시장을 활용하면 소액으로 쉽고 편하게 접근할 수 있는 블록체인의 분산 원장 기술 등 (블록체인 등)을 접목하여 일반 국민의 자산 형성을 지원할 수 있고, 국내 자금의 선순환 효과로 금융 시장 전반과 채권 시장 안정성에도 기여가 가능하다.

[표 8-8] STO의 국내 적용 방안(예시)

| STEP1 | 국채, 한전채, 산금채, 신보 보증 채권 등 | 국가 리스크만 존재 |
|---|---|---|
| STEP2 | 은행채, AAA 등급 회사채 등 | 최우량 채권 |
| STEP3 | AA등급 이상 회사채 등 | 트렌치 구분<br>선순위는 STO 투자자 |
| STEP4 | 모든 채권, 중소기업 투자 포함 | 트렌치 다양화<br>고리스크/고리턴 |

(출처: 저자 작성)

STO 플랫폼은 유동성이 낮은 토큰이 리스크를 감안하지 않고서 유통되어 ICO에서 발생한 고객의 자금을 유용하는 폐단[22]이 일어나지 않도록 STO 대상 선정에 유의할 필요가 있다. 그리고 관련 업체와 기관의 투자자 보호를 위한 상세한 설계와 노력도 요구된다. 토큰 증권 관련 제도를 만들어나가는 과정에서 기존 금융권를 중심으로 한 규제 위주의 틀이 만들어지면 핀테크 업체 등 새로운 플레이어들이 진입할 수 없는 장벽이 될 수 있다. 향후 STO 제도가 국내의 자산 관리와 투자 시장에 변화를 일으킬 수 있도록 좀 더 다양하고 유연하게 운용되기를 기대한다.

1  조경식 외, 『메타버스, 새로운 세계에 대한 도전』, 진인진, 2022, p. 136.

2  조경식 외, 앞의 책, p. 137.

3  Custodians은 보관(수탁) 기업을 말한다. 고객의 증권을 도난당하거나 분실 되는 것을 방지하기 위해 보관하며, 수탁자는 고객을 대신하여 주식, 채권 또 는 기타 자산을 전자적 또는 물리적 형태로 보유할 수 있다(위키백과 참조).

4  Debt은 Loan과 Bond를 포함한다.

5  Security Token Advisors, *The State of Security Tokens 2022*, p. 30.

6  Cointelegraph Rearch, *Security-Token-Report*, 2021, p. 32.

7  OECD 홈페이지 참조.

8  Securities and Exchange Commission(SEC).

9  김갑래, 『미국의 증권토큰발행(STO)에 관한 고찰』, 자본시장연구원, 2021. 6.

10  미국은 적격 투자자를 보유 자산 또는 연수입 기준으로 정의하고 있다. 적 격 투자자는 은행 이외의 기관 투자가, 일정 수준 이상의 자산을 보유한 대 기업, 발행자의 내부자(임원 등), 부유층 및 고액 소득자, VC 등이다. 부유층 은 주거 이외에 100만 달러 이상의 자산을 보유한 개인, 고액 소득자는 과거 2년 연속 20만 달러 이상 또는 부부 합산 30만 달러 이상의 소득을 올린 사 실이 있으며, 당해 연도에는 동등한 수준을 유지할 수 있는 개인이 해당한다 (금융연구원, 『금융브리프』에서 재인용).

11  서울경제, 「부산시 디지털 자산 거래소 윤곽…글로벌 거래소 지향」, 2022.9.22.(출처: https://www.sedaily.com/NewsView/26B69XUHD6).

12  FETV, 「신한투자증권, 슈퍼블록과 블록체인 기술협력 파트너십 체결」, 2022.10.8.(출처: https://www.fetv.co.kr/news/article.html?no=125927).

13  금융위원회 보도자료, 2023.2.6.

14  한아름, 『국내 부동산 DABS 거래 플랫폼 현황 및 시사점』, 자본시장연구원/ 자본시장포커스.

15  한아름, 같은 책.

16  중소벤처기업부 보도자료, 2021.12.15./실증 기간: 2021.12.01.-2022.12.31.

17  트렌치tranche는 프랑스어로 조각slice, 부분portion을 말한다. 투자에서는

증권을 리스크의 부담 크기에 따라 더 작은 조각으로 나누는 것을 말한다. 예를 들어 증권을 선순위 트렌치, 중순위 트렌치, 후순위 트렌치로 나누기도 한다.

**18** 금융위원회 보도자료 2022. 9. 7.(혁신금융서비스 지정).

**19** 롤렉스 투자로 "6개월만 32% 수익"(언론 기사) 등 투자 수익이 높다는 점만 강조하고 이를 통해 고객을 유인하는 것은 향후 안정된 투자보다는 리스크가 높은 모험 투자로 인식될 우려가 높으며, 비지니스 모델이 지속되기 어렵다(투자에서 고수익은 항상 일시적인 경우가 대부분이다).

**20** 최대 손실과 최대 이익 등을 객관적 자료를 바탕으로 시나리오별로 분석하고 제시함으로써 투자자로 하여금 판단의 폭을 넓힐 수 있도록 노력하여야 한다.

**21** 금융투자협회, 『2022 주요국 가계 금융자산 비교』, 2022.8.23., p. 10.

**22** 2022년 발생된 테라-루나 사태, FTX 거래소 파산을 제외하고도 미국 연방거래위원회의 분석에 따르면 2021년 1월부터 2022년 3월까지 암호 화폐 관련 사기로 투자자들이 10억 달러의 손실을 본 것으로 나타났다(Mint, "Investors lost $1 billion in crypto to frauds since 2021, social media top resort of scammers", June 5, 2022.).

# 9장

# 지급 결제 시장의 변화와 전망

"신용 카드는 신원을 확인할 수 있는
여러 가지 물리적 방법 중 하나일 뿐이다.
신원을 확인할 수만 있다면
어떤 방법이든지 결제 수단으로 이용할 수 있다."

썬 마이크로시스템즈Sun Microsystem 임원
존 게이지John Gage

# 1

—

## 지급 결제란?

지급 결제는 지급payment, 청산clearing, 결제settlement 과정[1]을 거치는데, 청산은 확인 과정을 포함하고 있어 청산에 대한 보안 등 안정적 운영이 중요하다.

BIS는 청산에 대하여 상거래 등에서 현금 이외의 지급 수단이 사용되었을 때 청산 기관clearing house이 개입하여 지급인과 수취인이 주고받은 비현금 지급 수단을 발행·제공한 금융 회사 간에 지급 지시를 전달transmitting 중계하고, 더불어 청산 대상 거래의 대사reconciling와 확인confirming을 거쳐 다수의 채권·채무를 차감netting한 후에 최종 결제 금액을 확정establishing final position하여 결제 기관으로 결제를 지시하는 과정으로 정의하고 있다.[2]

지급 결제의 역사를 보면 글로벌 무역이 활성화에 따른 금융의 발전과 18세기부터 청산소와 중앙 은행이 설립되면서 다자간 청산, 결제가 본격화되었음을 알 수 있다.

17세기 초부터 현대의 은행과 유사한 기능을 지닌 은행들이 등장하기 시작하면서 은행은 상인들이 예치(예금)한 정화正貨를 기반으로 계좌를 개설하고, 이 계좌를 보유한 상인들 간 거래를 장부상의 소유권 이전을 통해 상계 처리하거나 정화나 은행권을 지급하는 방식으로 결제를 제공하였다.

최초의 청산 기관으로 불리는 스코틀랜드의 에든버러 청산 기관은 1771년에 설립되었는데, 이 청산 기관에 가입한 은행들은 양자 간 차액 결제 방식으로 주 2회 은행권과 어음을 교환·결제하였다고 한다.

청산 기관 운영이 안정화 단계에 이른 19세기 중반부터 지급 결제 운영 방식도 변화하였다. 먼저 참가 은행 간 결제 방식은 양자 간 차액 결제에서 다자간 차액 결제 방식으로 전환되어 결제 유동성이 대폭 절감되었다. 이러한 다자간 차액 결제 방식은 오늘날에도 많은 국가에서 운영되고 있다.[3] 오늘날 지급 결제를 관리하는 특별 금융 기관은 국제결제은행BIS(Bank for International Settlements)이다. BIS는 1930년 당시 금융 강국인 8개국(벨기에, 프랑스, 독일, 이탈리아, 일본, 영국, 스위스, 미국)에 의해 스위스 바젤에 설립되었으며,[4] 각종 위원회 등을 통하여 현재도 가장 큰 영향력을 행사하고 있다.

[그림 9-1] 지급 결제의 역사

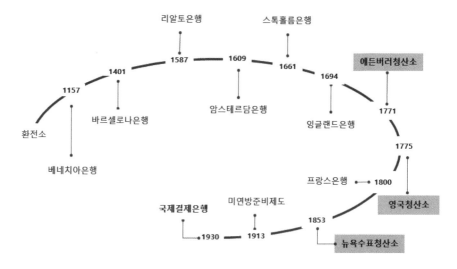

(출처: 금융결제원,『지급 결제 AToZ』를 참고하여 재작성)

2

—

# 지급 결제 시장의 변화

지급 결제 부문에서도 타 금융의 변화와 마찬가지로 디지털화는 가속화되고 있다. 특히 일반 상거래에서 주로 사용되는 소액 결제 시스템의 경우에는 국가 간 전자 상거래의 경쟁력을 좌우할 만큼 더욱 급격하게 변화하고 있다.

핀테크 기업뿐만 아니라 빅테크 기업의 지급 결제 시장 참여도 확대되고 있다. 비금융 핀테크 기업들의 지급 결제 서비스 시장 진입은 SNS, 전자 상거래업체 등 다양한 플랫폼 사업자와 모바일 통신사 등으로 확대되고 있으며, 업종 간 합종연횡도 폭넓게 이루어지고 있다. 결제 방식도 간편 결제, 간편 송금 등으로 이용이 확대되고 있고, 결제 확인 수단도 지문, 홍채 인식 등 바이오 인증 기술 활용도 증대되고 있다. 고액 결제 시스템은 현행의 시스템을 유지하고 있으나, 소액 결제 시스템은 핀테크, 빅테크, 기존 금융권 등 다양한 업체가 진입하고 있고 경쟁도 치열해지고 있다. 결제 시스템은 상거래에서 선호 상품, 구매자의 나이, 특성, 구매 금액 등 가장 다양한 빅데이터를 확보할 수 있어 국경 간 전자 상거래에서 안정적인 글로벌 결제 시스템을 확보하는 것은 매우 중요하다. 많은 국가가 결제 시간의 단축, 결제 수수료의 절감, 스마트폰을 이용한 결제 수단의 편리함과 다양화를 추구하고 있어 이에 대한 대응 능력이 없는 국가는 국가 간 전자 상거래에서 뒤처질 수밖에 없다.

최근의 금융 환경 변화를 보면 금융 선진국보다는 후진국에서 새로운 결제 시스템과 다양한 금융 변화를 이끌어가는 추세다. 이는 금융 선진국의 기존의 금융 시스템이 안정화되어 있고, 이와 관련된 이해관계자들이 많아 새로운 금융의 변화를 만들어가는 데 시간이 걸리고 다양한 법적 검토 등 반발이 많은 것도 하나의 요인이다.

금융 인프라가 부족한 국가에서는 대부분이 금융 접근성이 쉽지 않아서 스마트폰을 이용한 결제 등 IT 환경을 활용한 다양한 금융 접근성 확보[5]가 더욱 쉽기 때문이다. 이것은 마치 아파트를 재건축 하기보다는 신축을 하는 것이 더 효율적으로 건물을 지을 수 있는 것과 같다.

이러한 금융의 변화는 세계 경제의 다극화 추세와 맞물려 금융 시스템도 다극화되고 있으며, 향후 경제 지형의 변화에도 일정한 역할을 할 것으로 보인다.[6] 국내 핀테크 업체들도 다양한 분야에서 활발하게 진출하고 있으나, 카카오페이 등 몇 개 업체를 제외하고는 국내에 머물러 있고 글로벌 경쟁력은 취약하다.

CB Insights는 매년 세계에서 가장 유망한 민간 핀테크 기업 250개를 선정하고 있다. 2022년 수상자 중 일부는 지불을 보내고 받는 더 안전하고 효율적인 방법을 구축하고 있으며 일부는 은행, 대출, 모바일 지갑, 투자 상품을 전 세계에 걸쳐 역사적으로 서비스가 부족한 사람들이 이용할 수 있도록 노력하고 있다.[7]

핀테크 250에서 가장 많은 카테고리는 결제 처리&네트워크 33개(13%), 보험 25개(10%), 암호 화폐 24개(10%), 코어 뱅킹&인프라 19개(8%), 소매 투자&자산 관리 17개(7%) 등이며, 2년 연속 가장 많은 업체가 선정된 결제 처리&네트워크 범주에는 전자 상거래 및 POS(Point-of-Sale) 지불 처리, API 지불, 국경 간 지불 등의 B2B 제공자가 포함되어 있다. 결제 처리 및 네트워크 공간에서 주목할 만한 새로운 업체는 카드 리더 및 POS 시스템 제공업체 섬업SumUp, 게임 결제 플랫폼 코다페이먼트Coda Payments, 브라질에 있는 POS 솔루션 무한결제 개발업체인 클라우드워크Cloud Walk 등이다.[8]

[그림 9-2] 핀테크 250: 2022년 가장 유망한 핀테크 기업(CBINSIGHTS)

(출처 : CBINSIGHTS, 2022.10.)

CB Insights는 핀테크의 글로벌화가 빠르게 진행되고 있다고 진단하고 있다. 핀테크 기업은 전 세계 33개국(본사 소재지 기준)을 대표하며, 이는 작년보다 7개국이 더 많은 수치로 선정된 기업 중 절반이 조금 넘는 53%가 미국에 본사를 두고 있다. 이는 2017년 이후 선정한 핀테크 250에서 가장 적은 수치다.

CB Insights가 선정한 기업 중 국내 기업은 모바일 지갑과 인출과 관련하여 토스가 유일하다. 이는 국내 핀테크 생태계가 여전히 취약하며 글로벌 경쟁력에 미치지 못함을 간접적으로 말해주고 있다. 특히 지급 결제와 관련하여 국내업체가 없는 것은 국내 핀테크 업체들이 글로벌 결제 시장에서 경쟁력이 부족함을 말해주고 있다. 국내 핀테크 업체들은 은행 등 기존 제도권 금융 회사들의 견제와 다양한 규제로 인하여 새로운 영역에 쉽게 진입하기 어려운 점도 있다.

향후 국가 간 전자상거래에 있어 지급 결제와 관련된 기업의 경쟁력 확보는 국내 중소·중견기업이 글로벌 진출을 확대하기 위해서도 필요한 전제조건인 점을 감안한다면 경쟁력 있는 글로벌 핀테크 업체를 체계적으로 육성할 필요가 있다.

핀테크의 다양한 발전은 금융을 언제, 어디서나 쉽게 접할 수 있는 이용자 위주의 환경으로 바뀌고 있으며, 이러한 지급 결제 시장의 변화는 기존 금융권에 위기감과 새로운 변화를 만들어내고 있다.

최근 각국 중앙 은행과 국제 기구를 중심으로 지급 결제의 안전성과 효율성을 높이기 위한 인프라 개선 노력이 활발히 이루어지고 있다. 다수의 중앙 은행이 실시간 총액결제 방식의 신속 자금 이체시스템을 도입하고 있고 국제 기구(BIS 등)를 중심으로 국가 간 지급 서비스의 효율성을 높이기 위한 논의가 활발히 이루어지고 있다.[9]

2020년 2월에 G20 중앙 은행 총재·장관 회의에서 합의된 「국가 간 지급서비스 개선 로드맵」에 따라 국제결제은행BIS, 금융안정위원회FSB, 세계은행 등의 국제 기구와 각국의 중앙 은행은 국가 간 지급 서비스의 고비용·저효율 구조를 개선하기 위해 노력하고 있다. 이는 전 세계 기업과 개인의 국가 간 송금 비용을 절감하고 처리 시간을 단축함으로써 국가 간 거래의 활성화와 해외 이주노동자 가족의 삶의 질을 향상하기 위한 목적이기도 하다.[10]

영국 등 주요국도 국가 간 결제 시장에서 우위를 차지하기 위해 거액 결제 시스템의 운영 시간을 연장하는 추세다. 특히 중국과 인도는 IT 환경의 변화를 적극 반영하여 중국은 9시간, 인도는 12.5시간을 연장하여 거의 24시간 결제 대응 체계를 갖추고 있다. 반면 한국은 현재 17:30분 이후에는 결제가 되지 않고 있어 오늘날 글로벌 경제 환경이 24시간 움직인다는 점을 감안한다면 수출 환경을 개선하기 위해서라도 이에 대한 보다 적극적인 대응이 요구된다.

[표 9-1] 주요국 거액 결제 시스템 운영 시간 연장 현황

| 구분 | 변경 이전 | 변경 이후 | 연장 시간 |
|------|-----------|-----------|-----------|
| 중국 | 08:30 - 20:30 | 23:30(T-1) - 20:30 | +9시간 |
| 호주 | 08:00 - 22:00 | 07:30 - 22:00 | +0.5시간 |
| 홍콩 | 09:00 - 17:30 | 08:30 - 18:30 | +1.5시간 |
| 일본 | 09:00 - 19:00 | 08:30 - 21:00 | +2.5시간 |
| 영국 | 06:00 - 16:20 | 06:00 - 18:00 | +1.7시간 |
| 인도 | 07:00 - 20:00 | 00:30 - 00:00 | +12.5시간 |
| 멕시코 | 18:00(T-1) - 16:30 | 18:00(T-1) - 17:59:59 | +1.5시간 |

주) 한국은 현재 09:00 - 17:30이다.
(출처 : 『한국은행 지급 결제 보고서』, 2022)

신속 자금 이체시스템[11]은 지급인의 지급 지시와 수취인의 자금 수취가 동시에 또는 거의 실시간으로 이루어지는 자금 이체 서비스를 연중 24시간 제공하는 지급 결제 시스템을 의미한다.

미래학자 앨빈 토플러는 2006년 "실시간 결제 시스템은 일괄 생산batch production에서 하루 24시간 매일 연속 생산으로 나아가는 지식 기반 경제 체제의 자연스런 발달 과정이다. 보수 지급 장식과 결제 방식이 빨라질수록 직접 현금 거래에 미치는 영향도 커지게 마련이다"라고 결제 시스템의 변화를 예측했다.[12]

지급 결제시스템은 참가 기관 간 결제 방식에 따라 실시간 총

액 결제RTGS(Real Time Gross Settlement) 방식과 이연 차액 결제 DNS(Deferred Net Settlement) 방식으로 구분된다.

이연 차액 결제는 금융 회사들이 주고받아야 할 총금액을 합산한 후 상계 처리를 통해 순채무액을 산정하여 결제net settlement하는 방식이다. 보통 RTGS로도 불리는 실시간 총액 결제는 금융 회사 간 주고받아야 할 최종 결제 금액을 수취할 금액에서 지급할 금액을 차감하지 않고서 건별 총액으로 즉시 결제하는 방식이다.[13]

실시간 총액 결제는 건별 총액을 거래 즉시 결제하는 데 따른 자금 부담은 있지만, 상대방 신용 리스크를 최소화할 수 있어 신속 자금 이체 방식의 주류가 되고 있다.

[그림 9-3] 결제 방식별 신속 자금 이체 시스템 업무

처리 절차와 도입 현황

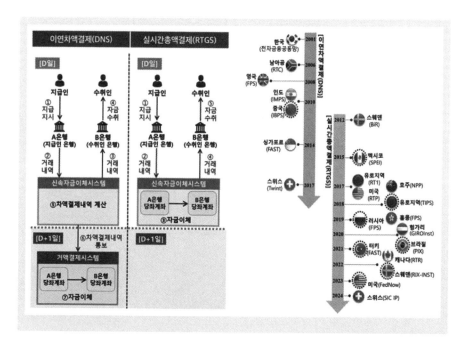

*검은색 점선 테두리는 중앙 은행이 신속 자금 이체 시스템을 직접 운영하는 국가다.
(출처: BIS(2016.11.)/한국은행)

# 3

—

# 국가별 지급 결제의 현황과 추세

경쟁력을 축적하는 중국

중국은 현재 모바일 결제 시장의 확대, CBDC의 조기 도입 등으로 글로벌 결제 시장의 중심으로 도약하기 위해 정부가 적극 나서고 있다. 중국 내에서는 외국 신용 카드가 자체 지급 결제 시스템을 구축하는 것은 법으로 금지되어 있다.[15] 결제 시스템을 자체적으로 구축하고자 하는 중국의 의지를 볼 수 있다.

중국 결제 시스템의 발전에서는 마윈을 얘기하지 않을 수 없다. 당시 이베이와 페이팔이 공격적으로 해외 진출을 하고 있었다. 마윈은 결제 시장을 장악당한다면 모든 것을 정복당하는 것으로 생각했다. 그래서 2003년 시작은 작았지만, 지금은 세계에서 가장 큰 인터넷 전자 상거래 시장인 타오바오taobao를 설립한다. 온라인에서 안전한 지급 결제의 필요성을 느낀 마윈은 2004년 알리페이를 출시한다. 알리페이는 에스크로에서 시작했지만, 오늘날 슈퍼 앱으로 발전하였다. 알리페이 등의 중국 핀테크 업체는 상품 대금으로 현금을 사용하는 대신에 지불하기 위해 QR 코드를 스캔하는 사람들에게 막대한 보조금을 제공하면서 상인들이 채택할 수 있도록 유인했다. 1년여 만에 모든 곳이 QR 코드 결제를 하고 현금은 거의 사라졌다. 알리페이 애플리케이션에는 결제 시스템이 내장되어 있고, 누가 무엇을 소유하고, 누구에게 무엇을 대가로 지불하는지 알고 있으며, 관련 거래 데이터를 축적하고 있다. 그 빅데이터를 사용하여 신용을 제공하거나 고객 맞춤형 투자 상품을 판매하기도 한다.

알리페이의 성공에는 마윈의 창의성과 중국 정부의 지원이 결합된 결과다. 중국 정부는 은행들과 제휴할 수 있도록 하고, 머니마켓 펀드 등 투자 자산을 판매할 수 있는 라이센스도 허가했다. 알리페이를 통하여 커피를 주문하고, 투자 상품을 선택하고, 대출을 받는 등 사람들의 일상 속으로 깊게 파고들었다. 이제 알리페이는 글로벌 전자 상거래 결제 시스템의 강자로 떠오르고 있다. 동남아 전자 상거래 시장에서 중국이 40% 이상을 점유한 것은 알리페이 등 중국의 모바일 지급 결제 시스템이 있었기 때문이다.

중국 모바일 지급 결제 서비스에서 알리페이와 텐페이의 소액 결제 시장 점유율이 90% 이상을 차지할 만큼 독과점 형태다. 알리페이, 위챗페이는 등장 당시만 해도 은행별로 직접 개별 계약을 체결하고서 별도의 청산 기관 없이 자체적으로 청산 업무를 수행하는 폐쇄형시스템으로 운영하였다.

중국 정부는 지급 결제 서비스의 급격한 성장으로 그만큼 청산 절차가 복잡·불투명해지면서 고객 예치금의 불법 운용 우려 등의 리스크 발생 가능성이 상승하고 있다고 판단하고 있다. 이에 지급 거래와 청산의 집중화를 통해 처리 비용을 절감하고 서비스 제공 기관의 고객 예치금 불법 이용이나 자금 세탁과 같은 지급·청산의 불투명성 방지를 위해 효율적인 관리·감독을 도모할 목적으로 모든 비금융 회사의 지급 거래를 중앙 처리하고 모바일 지급 결제의 청산 업무를 수행하는 왕롄플랫폼을 2018년에 구축한다. 왕롄플 랫폼의 운영을 위한 청산 기관으로 왕롄유한공사NUCC(Nets Union Clearing Corporation)를 설립하였다.

중국의 모바일 지급 결제 청산 기관인 왕롄유한공사는 비금융 회사와 은행을 연계하여 고객의 지급 지시를 중계하고서 왕롄플 랫폼에서 해당 지급 지시 내역을 기반으로 은행 간 차액 결제 자료 를 산출하여 해당 청산 내역을 중앙 은행으로 전송함으로써 최종 결제를 완료시키는 역할을 하고 있다.

중국의 금융 정책은 처음에는 네거티브 시스템[16]을 운영하여 시 장을 형성하고, 문제가 발생하면 적극적인 관리를 하는 방법을 취 하고 있다. 이러한 경향은 핀테크 등 새로운 산업이 급속하게 성장 하는 배경이 되지만, 변화와 혁신을 통한 지속적인 경쟁력 확보 우 위에 대한 우려는 존재한다.

도이치은행이 조사한 주요국의 매장 내 지급 결제 선호도 비중 을 보면, 중국이 현금을 사용하는 비율이 가장 낮으면서 디지털 지 갑의 비중은 가장 높은 것을 알 수 있다.

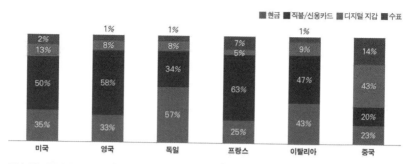

[그림 9-4] 주요국의 매장 내 지급 결제 선호도 비중

주) 3,600여 명의 고객을 대상으로 매장 내 지급수단 선호도 조사 결과 반영
자료 : Deutsche Bank(2020. 1.)

(출처: 『지급결제 AToZ』)

혁신을 추구하는 인도

인도는 세계에서 모바일 지급 결제가 가장 급속하게 발전하고 있는 국가다. 2009년 개인별 디지털 ID 시스템인 아드하르Aadhaar를 도입하면서 금융을 디지털로 혁신할 수 있는 기반을 만들었다. 아드하르는 2021년 9월 현재, 인도인 대부분인 13억 명이 사용하고 있다. 아드하르를 기반으로, 인도는 2016년에 신속 소매 지급 결제 시스템 플랫폼인 UPI를 출범시켰다. UPI(Unified Payment Interface)는 은행과 중앙 은행이 공동으로 운영하고 있으며, 국내외에 개방하여 상호 경쟁 및 상호 운용성을 강화한 개방형 플랫폼이다. 2019년 인도 성인의 80% 이상이 계정을 보유(2008년 10%)하고 있는 등, 인도 금융의 새로운 혁신을 만들어가는 기반이 되고 있다.

인도는 2000년대 초 IT 붐과 함께 글로벌 IT 기업의 아웃소싱 지역으로 각광을 받았다. 그후 2023년 금융 IT 서비스 브랜드 순위를 보면, 인도는 뭄바이에 본사를 둔 타타Tata 그룹의 TCS(Tata Consultancy Services)와 인포시스Inforsys가 엑센츄어Accenture와 함께 글로벌 3강을 형성하고 있다. 인도 기업이 10위 내에 5개가 선정되는 등 인도의 IT 서비스 기업들은 글로벌 경쟁력을 확대하고 있다. 이러한 IT 부문의 경쟁력은 인도를 디지털 강국으로 이끄는 동력이 되고 있다.

[표 9-2] 금융 IT 서비스 브랜드 순위[17]

| 구분 | 2013 | 2021 | 2023(국적, 설립 연도, 백만 달러) | |
|---|---|---|---|---|
| 1 | IBM | Accenture | Accenture | 미국(1989) | 39,867 |
| 2 | Fujitsu IT | IBM | TCS | 인도(1968) | 17,194 |
| 3 | HP | TCS | Infosys | 인도(1981) | 13,010 |
| 4 | Accenture | Infosys | IBM | 미국(1911) | 11,577 |
| 5 | NTT Data | Cognizant | Capgemini | 프랑스(1967) | 9,764 |
| 6 | SAP | Capgemini | NTT Data | 일본(1988) | 8,916 |
| 7 | Oracle | HCL TECH | Cognizant | 인도(1994) | 8,633 |
| 8 | Capgemini | NTT Data | HCL TECH | 인도(1991) | 8,633 |
| 9 | CSC | Wipro | Wipro | 인도(1945) | 6,228 |
| 10 | TCS | 삼성 SDS | Fujitsu IT | 일본(1935) | 4,288 |
| 15 | Cognizant | | | | |
| 18 | Infosys | | | | |
| 20 | Wipro | | | | |
| 25 | HCL TECH | | | | |

인도는 IT 인프라를 기반으로 핀테크 업체들이 성장하면서 영역을 확장하고 있다. 결제에서는 2015년 설립한 인도 기업인 폰페 PhonePe와 같은 UPI 플레이어가 보상을 통해 플랫폼 사용을 장려하고, 앱 내 생태계를 만들고 있다. 그리고 가맹점 생태계와 하이퍼로컬 커머스[18]를 주도함으로써 규모의 성장과 사용자를 확대하고 있으며, 이를 활용하여 다른 금융 서비스 상품을 교차 판매하고 있다.[19]

인도는 총펀딩 금액에서는 중국에 비해 적지만, 7천 개 이상의 핀테크 기법과 아시아 지역에서 가장 많은 유니콘 기업(25개)[20]을 보유하는 등 아시아 핀테크 지형의 선두 주자로 떠오르고 있다.[21]

인도는 2021년과 2022년 핀테크 업체의 괄목할 만한 성과를 보여주고 있다. 2년 동안 18개의 유니콘 기업이 탄생했는데, 지급 결제 관련 업체 이외에도 대출, 보험, 건강 관리 등 다양한 분야에서 핀테크 기업이 약진하고 있다.

## [그림 9-5] 총펀딩 금액(2000~2022.8)

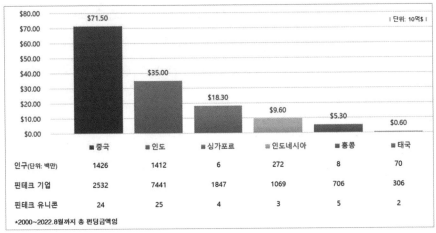

|  | ■중국 | ■인도 | ■싱가포르 | ■인도네시아 | ■홍콩 | ■태국 |
|---|---|---|---|---|---|---|
| 인구(단위: 백만) | 1426 | 1412 | 6 | 272 | 8 | 70 |
| 핀테크 기업 | 2532 | 7441 | 1847 | 1069 | 706 | 306 |
| 핀테크 유니콘 | 24 | 25 | 4 | 3 | 5 | 2 |

*2000~2022.8월까지 총 펀딩금액임

(출처: BAIN&COMPANY, *India Fintech Report 2022*)

## [그림 9-6] 인도의 핀테크 유니콘 기업 현황

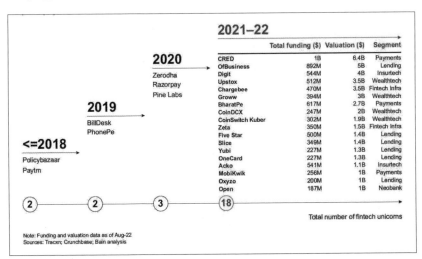

(출처: BAIN&COMPANY, *India Fintech Report 2022*)

인도와 중국의 지급 결제 플랫폼 전략은 다소 다르다. 인도나 중국 모두 빅테크 기업이 지급 결제 시장을 리드하고 있으나, 중국의 경우에는 중국의 빅테크인 알리페이Alipay, 텐페이Tenpay 등으로 과점화되어 있지만, 인도는 은행, 핀테크, 빅테크들이 서로 연합하여 운영하고 있다.

인도의 지급 결제 시장은 2020년 기준으로 폰페PhonePe[22]와 구글페이Google pay가 8억3천5백만 건 거래를 기록하였으며 페이티엠paytm, 아마존페이Amazon Pay, 왓츠앱페이WhatsApp Pay 등 글로벌 빅테크 기업의 각축장이 되고 있다. 인도 자체의 빅테크 기업의 시장 지배력은 아직은 중국처럼 크지 않으나, 오픈 플랫폼에서의 경험을 바탕으로 인도에서 설립한 플랫폼 기업인 폰페 등이 공격적 시장 확대 정책을 통하여 시장 점유율을 높여나가고 있다. 2022년 9월 기준으로 UPI 내에서 시장 점유율을 보면 폰페가 47.8%, 구글페이가 33.6%, 페이티엠이 13.2%, 아마존페이가 0.9%를 차지[23]하고 있어 아직은 글로벌 업체들이 인도 지급 결제 시장을 주도하고 있다.

최근 인도의 급격한 핀테크의 성장에는 이러한 오픈 플랫폼을 통한 빅테크, 핀테크, 기존 금융권과의 경쟁과 협력, 연대 등이 활발하게 이루어지면서 경쟁력을 확보할 수 있는 기반이 되고 있다.

[그림 9-7] 중국과 인도의 모바일 지급 결제 현황

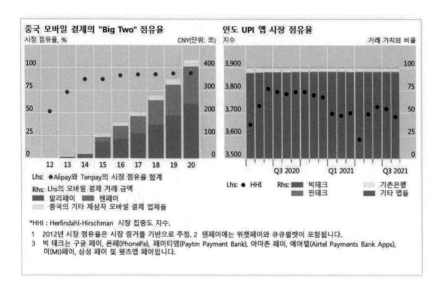

(출처: BIS, *Working Papers No 986*, 2022.1.)

합종연횡, 동남아

아세안 6개국 전자 상거래 시장은 2025년에 140조 원에서 416조 원으로 성장이 전망되는 등 상거래 소액 결제가 급증하고 있다. 상거래 소액 결제는 임베디드 금융 서비스가 주도하고 있다. 이들 지역의 임베디드 금융은 지급 결제, 대출, 투자, 보험, 은행 업무 등 금융의 전 분야에 걸쳐 활발하게 이루어지고 있다. ASEAN-6 국가[24]에서 2022년 내장형 금융Embedded Finance 서비스에 대한 설문조사 결과 81%가 관련 앱을 알고 있고, 특히 필리핀과 베트남은 각각 91%와 90%로 나타나고 있다. 사용 측면에서 응답자의 70%가 이러한 애플리케이션을 사용하고 있고, 거의 3/4이 적어도 일주일에 한 번 이상 이용한다. 싱가포르의 상대적으로 낮은 사용률(55%)은 성숙한 금융 생태계와 신용 카드와 같은 기존 금융 수단을 사용하기 때문인 것으로 보인다.[25]

아세안 국가들은 인도네시아·싱가포르·태국·말레이시아·필리핀부터 QR 결제 연계를 도입하고서 10개국으로 확대하여 QR 결제 연계를 통한 국경 없는 결제망 구축을 추진하고 있다. 이 통합 시스템은 참가국 중 다른 나라 방문객들이 미국 달러와 같은 중개 통화를 통해 교환할 필요 없이 자국 통화로 결제할 수 있도록 할 예정이다.[26]

아세안 지역의 핀테크 기업은 계속 증가 추세이며,[27] 싱가포르와 인도네시아가 주도하고 있다. 이들 지역 디지털 결제 사용자수는 2027년까지 약 4억 9천만 명으로 증가할 것으로 예상한다.[28] 젊은 인구 구조도 아세안 지역의 디지털 금융의 전망을 밝게 하고 있다.[29]

### 변화가 필요한 한국

우리나라의 소액 지급 결제는 국내 시장을 대상으로 한 간편 결제와 해외 소액 송금 위주로 이루어지고 있다. 국내 소액 지급 결제는 빅테크 기업과 은행이 주도하고 있다. 그러나 글로벌 경쟁력을 갖춘 업체는 없다. 그리고 지급 결제 업체 간 글로벌로 진출하기 위하여 기업 간 연대와 협력을 통한 스케일업 사례는 드물다. 안방에서 싸우는 격이다. 인도나 중국, 더 나아가 동남아보다도 지급 결제의 국제 경쟁력이 뒤처지는 이유다. 현재 국내의 지급 결제 시장은 기존 금융 인프라를 장악하고 있는 은행이나 공공 기관에서 장벽을 치고 있고, 정부의 통제와 관리 위주의 금융 정책으로 지급 결제 시장에서 혁신 스타트업이 글로벌로 성장하거나 과감한 변화와 혁신이 이루어지기 힘든 여건이다. 글로벌 지급 결제스템의 구축은 국가 간 전자 상거래의 활성화를 위해서도 필요하다.

[그림 9-8] 주요 간편 결제 서비스 출시 현황

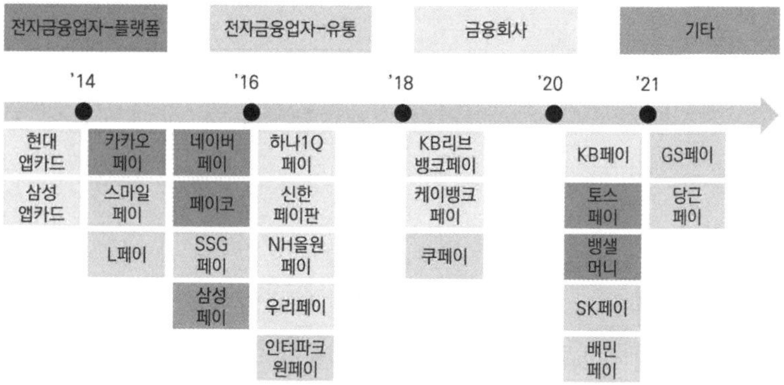

*전자 금융업자 등록 기업에 한함
(출처: 2022 한국 핀테크 동향 보고서)

한국의 국경 간 전자상거래CBEC(Cross Border E-Commerce)의 실적은 미미하다. CBEC는 한국의 2021년 수출입에서 4조2천6백억 원, 0.28%(이중 수출액은 24.2%)에 불과하다. 그러나 중국은 2020년 전체 무역액 중 CBEC를 통한 수출입이 약 12조 5000억 위안으로 38.9%의 비중을 차지하고 있고, 이 중 76.2%를 수출이 점유하고 있다.[30] 중국의 국가 간 전자 상거래의 경쟁 우위는 알리바바, 텐페이 등 글로벌 지급 결제 업체가 뒷받침하고 있기 때문이다. 그 뒤를 인도가 뒤따르고 있다. EU도 중국의 전자상 거래 진출에 대비하여 2018년 실시간 소액 결제를 위한 TIPS 시스템을 구축하고 있다.

<참고> TIPS(TARGET2* Instant Payment Settlement)
- 유럽중앙은행이 유럽 지역 내 실시간 소액 결제에 필요한 참가 기관의 유동성 관리를 위한 제도 개선과 연계하여 개발하였으며, 2018년 11월부터 시작하였다.

  *Trans European Automated Real time Gross Settlement Express Transfer System
- 특히 TIPS를 국제 결제 플랫폼으로 육성하기 위해 기존의 결제 관련 규제를 변경하여 은행뿐만 아니라 비은행 모바일 결제 플랫폼에도 국제 결제 자격을 부여하는 디지털 지급 결제 공동 규범 PSD2(Payment Service Directives 2)도 도입하였다.

중국과 인도나 동남아시아와는 달리, 한국의 지급 결제의 중요성에 대한 인식은 부족하다. 중국은 외국업체의 지급 결제를 사실상 허용하지 않고 있다. 지급 결제의 경제 장악력을 잘 알고 있기 때문이다. 애플이 한국에 진출한다고 결제 관련 주식이 오른다는 것은 희극이다. NFC 단말기도 설치해야 하고, 수수료도 애플에 지불해야 한다.[31] 비용이 뒤따른다. 더 나아가 미래의 가장 중요한 자산 중 하나인 상거래 관련 빅데이터가 외국으로 이전하게 된다는 점이다. 국가 간 전자 상거래의 시장이 국제 무역에서 그 영향이 확대되는 시점에서 국내 지급 결제 업체들의 글로벌 경쟁력을 확보하지 않으면 수출 산업과 한국 금융의 미래 경쟁력에도 영향을 미칠 것이다.

**4**

—

# 지급 결제의 전망

지급 결제 시스템의 국가 간 연계의 확대

국가 간 지급 결제는 글로벌 무역이 증가함에 따라 국가 간, 일정 블록(역내) 간 연계가 활발하게 이루어지고 있으며, 기존 시스템을 개선하는 노력도 이어지고 있다. 현재 기존 시스템을 기반으로 지급 결제시스템의 국가 간 연계는 두 개의 독립된 시스템을 양자 간bilateral 연계하는 방식과 세 개 이상의 시스템을 공동의 플랫폼을 통해 다자 간multilateral 연계하는 방식으로 분류할 수 있다.[32]

연결시스템 형태는 도매 지불 시스템(Wholesale payment system), 소매 지불 시스템(Retail payment system), 간편 지불 시스템(Fast payment system)으로 나눌 수 있다.

양자 간 연계는 국가 간 시스템을 직접 연결(직접 연결 방식Bilateral link model)하거나, 국가 간 단일 중개 기관을 통하여 연결(단일 접속점 방식Single access point model)하는 두 가지 유형이 있다. 직접 연결 방식 사례로는 FedACH(미 연준)와 SPEI(멕시코 중앙은행)가 있으며, 2021년 4월 시작한 PayNow(싱가포르)와 PromptPay(태국)는 세계 최초의 간편 결제 시스템 연결이다. 이후 2003년 2월 UPI(인도)

와 PayNow(싱가포르)도 결제 시스템을 연결했다. UPI-PayNow 연결은 인도 최초의 국경 간 실시간 시스템 연결이며, 싱가포르는 두 번째다. 또한 클라우드 기반 인프라와 비은행 금융 기관의 참여를 특징으로 하고 있다. 단일 접속점 방식 사례는 euroSIC 시스템(스위스)과 TARGET2(유로 지역), 중국의 지불 시스템을 연결하는 홍콩의 RMB CHATS를 들 수 있다.

[그림 9-9] 양자 간 연계 유형

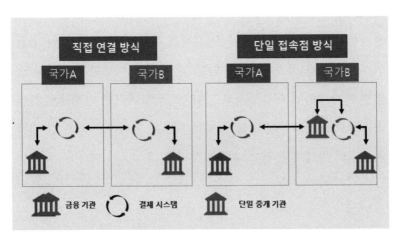

(출처 :BIS, 한국은행 자료를 참조하여 재작성)

다자 간 연계를 하는 플랫폼 구성은 각 국가의 지급 결제 시스템을 연계하는 시스템 연계형(Hub and spoke model)과 각국의 금융 기관이 자국의 지급 결제 시스템을 거치지 않고 직접 참가하는 참가 기관 연계형(Common platform model)이 있다. 시스템 연계형으로는 BIS 혁신 허브가 추진 중인 Nexus 플랫폼이 대표적이다. 참여 기관 연계형은 아랍통화기금이 주도하는 Buna 플랫폼, 북유럽 국가들이 주도하는 P27 플랫폼 등이 있다. 참여 기관 연계형은 개별 국가의 시스템을 거치지 않고 공통 플랫폼을 사용하므로 국가 간 다양한 특성을 반영해야 하고 기술적으로도 완전한 지불 시스템을 설정해야 하는 가장 복잡한 모델이라 할 수 있다.

국가 간 지급 결제의 연계는 계속 확대될 것으로 전망된다. 국가 간 결제도 빠른 결제를 넘어 즉시 결제를 추구하고 있다. Nexus 플랫폼도 60초 이내에 국가 간 결제를 목표로 하고 있다. 다자 간 연계 플랫폼은 국가 간 경제 연결 등 국가 간 이해관계에 따라 권역별로 다양하게 이루어지고 있다. 한국도 이러한 연계 플랫폼에 적극적으로 참여하여 지급 결제의 기반을 확대하고 국가 간 결제 시스템의 경쟁력을 높여 나갈 필요가 있다.

[그림 9-10] 다자 간 연계 유형

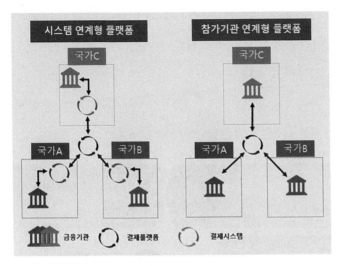

(출처 :BIS, 한국은행 자료를 참조하여 재작성)


지급 결제 시스템의 지속적 혁신

지급 결제 시스템의 글로벌 추세에 대한 보고서를 발간하고 있
는 캡제미니 연구소는 지급 결제가 기존의 빠르고 편하고 쉽게 접
근하는 방향으로 발전하여 왔으나, 앞으로는 지불 시스템이 내재
화(스마트폰 등에)되어 보이지 않게 되고(자동으로 지불), 사용자가 끊
김과 마찰없이 몰입할 수 있는 경험을 제공하는 것을 앞으로의 지
불 시스템의 방향(payment 4.x)으로 제시하고 있다.

Payment 4.x은 빅데이터 축적과 인프라의 공유, 플랫폼 기능을
포함하는 스마트폰에 내장된 금융Embedded Finance으로 더욱 발전

할 것으로 예상한다. 이러한 사용자 경험의 확대는 데이터의 효율성을 높이고, 비용이 줄어들며, 기존 화폐가 아닌 새로운 지불 수단이 만들어지면서 네트워크 효과를 높이는 선순환 효과가 일어날 것으로 전망하고 있다.

[그림 9-11] 지불 시스템의 발전 방향(PAYMENTS 4.x)

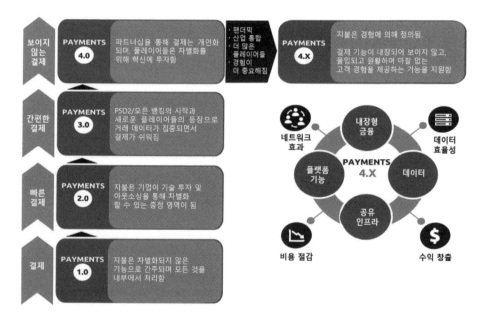

(출처: *Capgemini Financial Services Analysis*, 2021.)

금융안정위원회FSB와 국제결제은행BIS도 국가 간 지급 서비스에 대한 중기 개선 목표를 세우고 비용과 속도, 접근성과 투명성에서 개선하고자 부문별 목표치를 제시하고 있다. 국가 간 노동력 이동이 활발해짐에 따라 소액 송금에 대한 비용을 낮추는 것은 핀테크 기업들에 비해 비용이나 속도 면에서 금융 회사들의 현행 시스템이 뒤처져 있는데 연유한다. 소액 송금을 송금액 대비 평균 3% 이하의 목표를 제시하고 있으나, 이 비용도 송금 금액이 소액이 많다는 점을 감안하면 경쟁력 있는 목표라 볼 수 없다.

씨티은행에 따르면, 전 세계적으로 약 2억5천만 명의 사람들이 매년 국경 간 송금으로 5천억 달러 이상을 보내고, 송금을 위한 글로벌 평균 비용은 약 6.5%다.[33] 소액 송금 비용을 송금액 대비 평균 3% 이하의 목표를 제시하고 있으나, 이 비용도 송금 금액이 소액이 많다는 점을 감안하면 경쟁력 있는 목표라 볼 수 없다.

[표 9-3] FSB-BIS의 국가 간 지급 서비스 중기 개선 목표

| 지표 | 부문별 목표치 | | |
|---|---|---|---|
| | 금융 기관 간 송금 | 개인 및 기업 송금 | 소액 송금1) |
| 비용 | 미적용 | 송금액 대비 평균 1% 이하 | 송금액 대비 평균 3% 이하 |
| 속도 | 대부분(약 75%) 1시간 이내에 처리하고, 나머지는 1일 이내 완료 | | |
| 접근성 | 각 통화별 국외 송금 채널을 1개 이상 보유 | 국외 송금을 위한 전자 지급 채널을 1개 이상 보유 | 90% 이상의 개인이 국외 송금 채널을 1개 이상 보유 |
| 투명성 | 모든 국가 간 지급 서비스 제공 기관2)은 국외 송금 비용, 소요 시간, 처리 상황, 이용약관 등의 정보를 지급인과 수취인에 제공 | | |

*1)소액 송금은 주로 개도국에 거주하는 수취인을 대상으로 하는 개인 간 소액(200
달러 이하) 지급임.
 2)은행, 지급 결제 시스템 운영 기관, 핀테크 업체 등
(출처: 금융안정위원회FSB, 2021.10.)


빅테크의 금융 확장 리스크

IMF는 『핀테크 노트』에서 빅테크가 금융 분야에 진출하고 그
범위를 확대하면서 금융 안정성, 소비자 보호, 시장 건전성, 금융
건전성 측면에서 리스크가 발생할 우려가 있으며 이를 감안할 필
요가 있다고 지적하고 있다.[34]


① 금융 안정성

▶ 여러 활동을 수행하는 금융 부문 전반에 걸친 확장은 개별적
으로는 시스템 위험을 발생시키지는 않지만, 누적적으로 실
행될 때는 리스크를 증가시킬 수 있다.[35]

▶ 재무 담당자와의 상호 연결에 따른 운영 리스크가 발생할 수
있다.

▶ 클라우드 프로비저닝[36] 또는 결제 인프라 운영처럼 시스템적
으로 중요한 단일 활동을 수행하는 경우에 발생하는 시스템
리스크 등도 고려해야 한다.

② 소비자 보호

▶ 빅테크는 리번들링rebundling[37]을 통해 소비자 선택의 폭을 감소시킬 수 있다.

▶ 혁신을 가격 상승으로 대체할 수 있는 시장 지배력 활동도 고려할 필요가 있다.

▶ 파트너십 또는 규제 보호에 대한 적절한 투명성이 결여될 수 있다.

▶ 캡처/저장된 소비자 데이터를 통해 무료/저렴한 서비스 제공 등으로 시장 장악력을 높일 수 있다.

③ 시장 건전성

▶ 다른 관할 구역(국가)에 위치한 빅테크나 비금융 부문(예: 전자상거래)에 핵심 비즈니스를 가진 빅테크에 대한 규제, 감독 및 시행에 따른 어려운 문제가 발생한다.

④ 금융 건전성

▶ 국경을 넘나드는 사기, 절도 및 자금 세탁을 용이하게 할 수 있는 빅테크 플랫폼에 대한 우려가 있다.

▶ 빅테크가 블록체인을 운영하는 최종 사용자로서 명제命題(탈중앙화, 연대와 협력 등)인식이 부족하다.[38]


빅테크의 시장 장악력이 과도할 경우에 혁신적인 핀테크 기업들이 시장에 진입하지 못하고 구축되는 결과가 초래될 수 있다. 국가 간 거래에서도 금융 관련 인프라가 부족한 국가는 글로벌 빅테크 기업에게 금융 지급 결제 시장을 잠식당함으로써 경제가 빅테크의 영향력에 좌우되는 악영향도 우려된다.

〈참고〉 다크 코인dark coin과 보안

마약 거래, 불법 무기 거래 등의 불법 행위와 자금 세탁을 하는 코인을 다크 코인이라 한다. 범죄자들이 암호 화폐를 사용하는 비율이 확대되는 이유는 자금 세탁과 은닉이 쉽기 때문이다. 암호 화폐에 대한 부정적인 시각을 전파하는 이유이기도 하다. 자금 세탁 기법은 주로 거래 당사자의 가상 자산 주소를 숨기거나 가상 자산 거래를 위해 접속한 IP 주소를 숨길 수 있는 방법을 동원한다. 익명성에 중점을 두고서 개발된 모네로Monero는 링 시그니처Ring Signature를 통하여 코인 주소의 소유자를 특정하기 어렵게 만든다. 지캐시Zcash 코인은 제로-지식Zero Knowledge 증명을 이용하여 발신지를 드러내지 않는 전송을 구현했다고 주장하는 zk-SNARKs 방식으로, 소유자의 특정을 방해한다. 대시Dash 코인은 PrivateSend라는 기능을 통해 거래 당사자를 특정하기 어렵게 한다. PrivateSend는 소위 CoinJoin이라는 기법을 이용하는 것인데, CoinJoin이란 여러 발신 당사자를 한데 묶어서 그 총합을 만든 뒤에 그 금액을 여러 갈래로 쪼개서 다수의 수신자에게 전달함으로써 거래 당사자들을 특정하기 힘들게 하는 기술이다. 2018년에 일본은 모네로, 대쉬, 지캐시를 중개업소에서 취급할 수 없도록 금지하는 조치를 했다. 국제 자금 세탁 방지 기구FATF(The Financial Action Task Force)는 암호 화폐에 AML/CFT를 적용하고서 확인하도록 권고하고 있다. 한국도 2021년 3월부터 암호 화폐를 자금 세탁 모니터링 대상으로 포함했다.

최근 블록체인 업계에 대한 해킹 위협이 갈수록 커지고 있다. 블록체인 관련 산업의 폭발적인 성장으로 자금이 몰려들고 있지만, 그에 비해 블록체인 산업의 보안 능력이 이를 따라가지 못하는 측면도 있다. 블록체인 관련 해킹은 P2E(Play to Earn) 같은 블록체인 기반의 게임이나, DeFi 서비스, NFT, 가상 화폐 거래소 등 모든 블록체인 기반의 서비스에서 일어나고 있으며, 앞으로 이런 분야를 노리는 해킹이 증가할 것이다. 이와 관련하여 전문가들은 DeFi 서비스, NFT 플랫폼 등 블록체인 기반의 서비스에는 아직 알려지지 않은 취약점이 많이 있으며, 전통적인 기존 증권이나 금융 시스템의 인프라에 비해 보안 대책이 미흡하다고 느낀다. 제도적 기반도 부족하여 향후 해킹과 같은 피해에 따른 금전적 손실이 더욱 커질 수 있다고 전망하기도 한다. 그러나 다행인 것은 지금까지의 해킹은 블록체인 자체의 기술적 결함에서 발생했다기보다는 프라이빗 키나 퍼블릭 키 등의 탈취, 악성 봇bot 설치, 피싱 사이트 등을 통한 해킹이 대부분이었다. 블록체인 기술을 기반으로 한 토큰 발행은 토큰의 발행과 유통의 기본 기능뿐만 아니라 Smart Contract 관리, AML/KYC 검증, 컴플라이언스 지원 등 토큰의 전체 수명 주기를 관리할 수 있어야 한다. 더 나아가 기존의 중앙 집중형 전통 금융 플랫폼처럼 외부 시스템이나 공격으로부터 안전한 철저한 보안 체계가 필요하다.

블록체인 시스템에서 다양한 보안 위협이 발생할 수 있다. 첫째, 가용성 저하를 들 수 있다. 트랜잭션(거래량)이 급증하고 서비스 사용자가 증가함에 따라 트랜잭션 처리 속도와 거래 데이터의 관리에 대한 부담 증가로 시스템의 가용성 저하가 발생할 수 있다. 둘째, 분산 서비스 거부 공격이다. DDoS 공격과 같은 분산 서비스 거부 공격은 스팸성 거래를 발생시켜 서비스 전체의 유효성 검사 시간을 지연시키고, 이는 곧 전체 블록체인의 성능 저하를 일으킨다. 셋째, 비정상 거래다. 블록체인은 그 특성상 비정상 거래가 발생해도 한번 승인된 거래는 취소하거나 삭제 등의 대응이 어려워 비정상 거래를 사전에 방지하는 것이 중요하다. 비정상 거래에는 금전 혹은 코인 제공 등과 같은 대가를 받고서 거래가 확정되고 블록이 생성되기 전에 거래를 취소하는 '이중 지불' 비정상 거래와 Private Key나 Public Key의 유출로 키가 탈취되거나 보안에 약한 키 생성 등으로 인해 발생하는 '유출된 키 서명' 비정상 거래 등이 있다. 넷째, 불법적 거래다. 블록체인은 익명성, 투명성, 무결성, 탈중앙화의 특성을 갖는다. 특히나 블록체인에서의 거래는 익명화된 주소를 통해 거래가 이루어지기 때문에 특정 개인의 정보를 확인하기 어렵다. 이런 익명성 때문에 악의적인 목적으로 블록체인을 이용해 불법적인 행위를 함으로써 제3자에게 여러 가지 손해를 입힌다. 마지막으로, 51% 공격이다. 블록체인은 분산 네트워크상에서 거래(트랜잭션)가 발생한다. 분산 네트워크의 무결성과 보안을 충족시키기 위해 다양한 합의 알고리즘들이 개발되었다. 합의 알고리즘의 가장 취약한 점이 51% 공격이다. 블록체인 네트워크에서 51%의 해시 파워hash power를 갖게 되면 블록체인 네트워크를 장악할 수 있어 모든 거래 내역의 조작이 가능하게 된다. 이러한 51% 공격을 보완하고자 지분 증명(Proof of Stake), 권한 증명(Proof of Authority), 지연 작업 증명(Delayed Proof of Work) 등의 개선된 알고리즘이 등장하고 있다. 데이터 보관을 담당하는 지정된 노드node들이 있는 프라이빗 블록체인도 이러한 보안의 취약점을 보완하고자 하는 측면도 있다.

보안 문제는 항상 금융 시장과 시스템 전체를 뒤흔들 수 있다. 그래서 최근에는 레그테크regtech의 중요성이 커지고 있다. 레그테크란 규제regulation와 기술technology의 합성어다. 규제 준수와 규제 관련 활동에 초점을 맞춘 기술을 말한다. 다시 말해서 레그테크는 기술, 규제, 금융 서비스와 핀테크를 상호 연결하여 각각의 강점을 살리고 AI 등을 활용하여 복잡한 금융 규제 준수 관련 업무를 자동화·효율화하는 기술을 통칭한다. 레그테크 산업은 데이터의 폭발적 증가와 기술 기반의 금융 서비스 대응이 필요해지고, 컴플라이언스 업무 비용Cost of Compliance의 증가로 그 시장이 더욱 커지고 있다. 최근에는 섭테크SupTech도 활발하게 이루어지고 있다. 섭테크는 감독supervision과 기술technology의 합성어다. 금융 감독 기구의 주 업무인 감독과 기술을 접목하여 감독과 검사를 효율적으로 수행하는 것을 말한다. 핀테크는 금융 소비자인 고객을, 레그테크는 기업을, 섭테크는 규제 당국을 지향한다.  블록체인 기반 플랫폼의 보안 문제도 정책이나 기술 측면에서의 해결책만으로는 한계가 있다. 따라서 기존 금융 시스템들처럼 블록체인을 운영하는 모든 플레이어의 전방위적 관심과 대응이 필요하고 거버넌스 차원에서의 접근도 요구된다.

1 결제는 지급인이 채무의 변제를 위해 수취인에게 은행권이나 예금 등 화폐적인 청구권monetary claim을 이전하는 행위, 청산은 지급 지시의 전송, 확인 및 지급 지시 간 차감을 통한 포지션을 산정하는 행위, 결제는 자금이나 증권의 이전을 통하여 경제 주체 간 채권/채무의 해소를 완료하는 행위다(금융결제원, 『지급 결제 AToZ』, 2021 참조).

2 BIS CPMI(2012), clearing : the process of transmitting, reconciling and, in some cases, confirming transactions prior to settlement, potentially including the netting of transactions and the establishment of final positions for settlement. Sometimes this term is also used (imprecisely) to cover settlement.

3 금융결제원, 『지급 결제 AToZ』, 2021.12, p. 32.

4 국제결제은행은 2030년 1월, 1차대전 후 독일의 배상 문제를 해결하기 위하여 모인 네덜란드 헤이그에서 6개국(벨기에, 프랑스, 독일, 이탈리아, 일본, 영국)이 설립하기로 합의하고, 이후 스위스가 포함되고, 2월 미국이 합류하였다. 1930년 5월 공식업무가 시작됐다. 2022년 말 현재 63개국의 중앙은행이 가입되어 있고, 한국은행은 1997년 정회원으로 가입하였다.

5 세계 인구 순위 4위 인도네시아는 신용 카드보다는 스마트폰을 통한 QR 결제 시스템인 'QRIS'가 대표적인 결제 수단이다. 하지만 국내의 경우에 세계 최고 수준의 신용 카드 인프라가 깔려 있어 카드 결제가 일반적이며, QR 결제는 다양한 장점에도 여전히 익숙지 않은 게 현실이다임. 국내에 신용 카드 Q R코드 결제 서비스가 2019년 상반기부터 시작됐지만, QR 결제는 2022년 상반기 전체 카드 거래액의 0.01% 미만에 불과하다. 이는 증가하는 동남아 관광에도 부정적 영향을 미치고 있다. QR 결제의 원조 격인 중국 유니온페이의 경우에 BC카드의 결제 데이터를 기반으로, 방한 중국인이 주로 방문했던 지역과 가맹점을 위주로 QR 인프라를 구축하였다(한국경제신문, 「원화 가치 급락에 외국인 관광객 급증…'QR 결제' 뜬다」, 2022.11.21. 기사 참조).

6 러시아와 중국이 서구의 금융 메시지 시스템(SWIFT)를 사용하지 않고 국경을 넘나드는 거래를 허용할 수 있는 결제 시스템을 개발하고 있으며, 두 나라는 미국 달러와 유로화에서 벗어나 국내 통화를 이용한 결제로 전환하기 위한 노력을 지속하고 있다(자료: Russia Times, 2022.11.29.).

7 CBINSIGHTS, *The Fintech 250: The Most Promising Fintech Companies of 2022*, 2022.

8 CBINSIGHTS에 따르면 혁신적인 스타트업들이 계속 나오고 있는데 MoonPay는 암호화 및 NFT 비즈니스를 위한 피아트 투 크립토 온 및 오프 램프를 제공하여 전통적인 결제 방식을 수용할 수 있다. 국제 보험 기술업체인 볼트테크(bolttech)는 보험사와 유통 파트너, 고객을 연결하는 글로벌 보험 거래소를 구축해 보험의 매매 방식을 바꾸고 있다. StockGro는 사용자들이 주식에 대해 배우고, 게임을 하고, 보상을 얻기 위해 가상의 돈을 투자할 수 있도록 해주는 인도에 기반을 둔 소셜 투자 앱이다.
fiat-to-crypto on- and off-ramps for crypto는 온램프가 사용자가 법정 통화를 암호 화폐로 전환할 수 있는 방법이라면, 오프램프는 그 반대로 암호 화폐를 법정 화폐로 교환할 수 있게 함으로써 암호 화폐를 "현금화"할 수 있게 해준다.

9 한국은행, 『지급 결제 보고서(1. 지급 결제 환경변화)』, 2022, p. 21.

10 한국은행, 『지급 결제 보고서』, 2021.

11 BIS CPMI는 신속 자금 이체(fast payment)를 다음과 같이 정의하였다. "Fast payment is defined as a payment in which the transmission of the payment message and the availability of final funds to the payee occur in real time or near-real time on as near to a 24-hour and seven-day (24/7) basis as possible."(BIS, Fast payments - Enhancing the speed and availability of retail payments, 2016.11.).

12 앨빈 토플러, 『부의 미래』, 김중웅 역, 청림출판, 2006, p. 403.

13 금융결제원, 『지급 결제AToZ』, 2021, pp. 63-64.

14 쑹훙빙, 『화폐전쟁3』, 홍순도 역, 랜덤하우스, p. 472.

15 포지티브 시스템은 해야 할 부분을 정해놓고서 명시되지 않은 경우는 제외한다. 네거티브 시스템은 안 되는 부분을 정해놓고서 나머지는 허용하는 형태로 규제가 상대적으로 낮다. 포지티브 시스템은 새로운 변화가 이루어지는 것을 반영하기 위해서는 일일이 제도적 틀을 마련해야 하므로 시대적 변화를 따라가기 힘든 측면이 있다.

16 2013년은 포브스가 HfS 조사 자료를 인용한 자료(2013.9. 기준)로 시장 점유율과 수익성 순이다./2021년과 2023년은 Brand Finance IT Services Ranking 기준이다. Cognizant는 인도에서 설립하였으나 미국으로 본사를 이전한다.

**17** 하이퍼로컬hyperlocal 서비스는 동네를 기반으로 하는 생활 밀착형 서비스다. 중고 거래와 부동산·구인·구직·가게 광고 같은 콘텐츠를 제공하고 있으며, 전 세계적으로 확산되는 추세다. 2008년 설립된 미국의 넥스트도어가 대표적이다. 미국 4가구당 1가구 꼴로 넥스트도어를 이용한다. 국내는 당근마켓이 대표적이고, 동네 아파트 주민을 대상으로 서비스를 제공하는 김집사 등 다양한 업체가 나타나고 있다. 네이버 등 빅테크도 참여하고 있다.

**18** BAIN&COMPANY, *India Fintech Report 2022*, 2022.

**19** 유니콘Unicorn 기업은 기업 가치가 10억 US$ 이상인 경우를 말한다.

**20** BAIN&COMPANY, *India Fintech Report 2022*.

**21** 폰페는 2015년 인도에서 설립한 디지털 결제 플랫폼이다. 2016년 4월 인도 최대 전자 상거래 업체 플립카트에 인수되었다. 이후 2018년 미국 최대 오프라인 유통업체 월마트가 플립카트 지분 77%를 160억 달러에 인수하면서 월마트의 자회사가 되었다.

**22** NPCI.org.in 통계를 참조.

**23** 인도네시아, 태국, 싱가포르, 말레이시아, 필리핀, 베트남을 말한다. 서베이는 이 지역의 4313명을 대상으로 이루어졌다.

**24** UOB·PWC·SFA, *FinTech in ASEAN 2022*, 2022.

**25** https://www.nfcw.com/2022/07/19

**26** 2022.9월말 현재 아세안 6개국 핀테크 기업은 싱가포르 1580개, 인도네시아 993개, 말레이시아 612개, 태국 293개, 필리핀 289개, 베트남 263개 기업이 활동 중인 것으로 파악된다(*FinTech in ASEAN 2022*).

**27** https://www.statista.com/outlook/dmo/fintech/asean

**28** 이들 지역의 중간 나이는 태국 39세, 싱가포르 35.6세, 베트남 31.9세, 인도네시아 31.1세, 말레이시아 29.2세, 필리핀은 가장 젊은 24.1세에 불과하다.(2022년 기준)

**29** 조경식 외, 『메타버스, 새로운 세계에 대한 도전』, 진인진, 2022, pp. 153-156.

**30** 애플페이 호환 NFC 단말기의 국내 보급률이 10% 미만으로 저조하고 수수료(결제액의 0.1~0.15%로 추산)도 부담해야 한다(2023.2.5. 한국경제신문, 「애플페이 상륙에 카드업계 점유율 경쟁 재점화할 듯」 참조).

**31** 한국은행, 『지급 결제 보고서(향후 정책 방향)』, 2022, p. 86.

**32** 한국은행, 『지급 결제 보고서(향후 정책 방향)』, 2022, p. 87.

33 IMF, "BigTech in Financial Services: Regulatory Approaches and Architecture", in *Fintech note*, 2022/02, p. 8.

34 확장 리스크라 할 수 있다. 최근에 국내에서 카카오가 일시 중단되면서 발생되는 문제점도 빅테크가 업무를 확장하고 사용자가 누적되면서 발생했다고 볼 수 있다.

35 프로비저닝provisioning은 사용자의 요구에 맞게 시스템 자원을 할당, 배치, 배포해두었다가 필요할 때 시스템을 즉시 사용할 수 있는 상태로 미리 준비해 두는 것을 말한다.

36 번들링은 여러 개의 상품을 하나로 묶는 것을 말한다. 독립적인 상품을 묶어서 판매함으로써 시장 지배력을 높이는 경우로 MS 오피스처럼, EXCEL과 WORD 등을 묶어서 판매하는 형태를 말한다. 언번들링은 일부분을 특화시켜 전문화되고 차별화된 서비스를 제공하여 경쟁력을 가지는 것을 말한다. 리번들링은 특화된 서비스를 하나로 묶어 기업의 이익을 극대화하는 전략을 말한다. 리번들링은 카카오나 네이버처럼 혁신 핀테크 기업들을 인수하고 서비스를 통합하는 리번들링을 하는 경우가 많다. 이 경우에 혁신 스타트업들의 성장을 가로막아 혁신 스타트업 생태계의 활성화에 저해가 될 수 있다.

37 블록체인은 중앙 집권형이 아닌 분산형이며, 민주적인 절차와 협력 등이 활용하는 데 따른 기술 철학 등을 말한다. 이에 대한 다양한 논의가 진행 중이다. 빅테크의 정보독점 등은 블록체인 철학과는 배치되는 것으로 생각된다.

# 10장

# 중앙 은행의 디지털 통화(CBDC)

"CBDC는 일반 대중들이 널리 이용할 수 있는
중앙 은행 화폐의 디지털 형태다."

(미 연방준비은행)

중앙 은행의 디지털 화폐CBDC(Central Bank Digital Currency)는 전자적 형태로 발행되는 중앙 은행 화폐(현금)를 의미한다.[1]

[그림 10-1] CBDC의 정의(BIS)

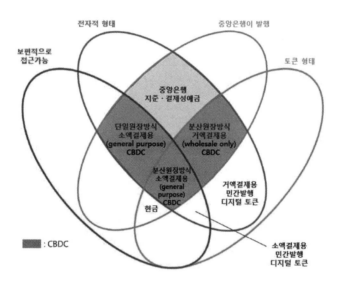

(출처: BIS, *Central Bank Digital Currencies*, 2018.3.)

국제결제은행BIS은 CBDC에 대해 오랫동안 선진 중앙 은행 중심으로 공동 연구를 해오고 있다. 중앙 은행은 CBDC의 단독 운영자가 될 수도 있고, 더 넓은 거버넌스 합의는 공공 또는 산업 거버넌스 기구를 포함할 수도 있다. 중앙 은행은 CBDC를 발행하고 상환할 수 있는 유일한 기관이 될 것이며, CBDC 시스템의 설계와 핵심 원장의 운영/감독에 대한 궁극적인 책임을 지게 된다.[2] 따라서 CBDC 시스템 내에서 역할을 할당하는 운영자(내부 기능을 실행하는 것), 아웃소싱자(기능에 대한 책임을 유지하되 전문가 제공업체와 계약), 감독자(기능을 수행하지는 않지만, 효과적이고 성실하게 수행되도록 관리)로서의 역할도 중앙 은행의 특권이 될 수 있다.[3]

이론적으로 중앙 은행은 특정 기능을 직접 운영하거나 아웃소싱 outsourcing을 통하여 생태계의 모든 기능을 수행할 수 있으나, 중앙 은행은 고객 서비스 경험이 부족하고 고객을 위한 물리적 및 디지털 접점 네트워크가 부족하다. 중앙 은행이 직접 운영하는 CBDC의 경우에는 일부 아웃소싱 요소가 있는 경우라도 사용자의 디지털 결제 요구 개발을 지원하기 위해 모든 것을 설정하고, 더 중요하게는 유지 및 업데이트를 계속해야 한다.

금융 인프라가 발달한 나라의 중앙 은행에는 적합하지 않을 수 있지만, 공공을 위하여 민간에서 지급 결제에 대한 준비가 부족한 지역에는 직접 시스템이 적절할 수 있다고 BIS의 보고서는 지적하고 있다. BIS는 중앙 은행이 광범위한 민관 협력, 즉 공공 부문이 일부 역할을 맡고 민간 주체가 다른 역할을 하는 "계층화된" 시스템을 기반으로 CBDC 생태계를 구상하고 있다.

중앙 은행이 CBDC의 모든 부문을 통제하고 관리하는 것은 현실적으로 어려운 점이 있다. 특히 금융 인프라가 발달한 금융 선진국에서는 이해관계들이 복잡[4]하게 얽혀 있어 이에 대한 조정과 합의가 어려운 점이 CBDC 도입을 늦추는 요인이기도 하다.

이러한 복잡성의 문제는 CBDC가 금융 선진국보다는 중국, 인도 등 선진 금융 인프라의 역사가 짧고, 정부의 금융 장악력이 우위에 있거나, 금융 인프라가 발달하지 않은 저개발국가에서 CBDC에 대한 적극적인 도입과 운용이 이루어지는 현상으로 나타나고 있다.

[그림 10-2] CBDC 생태계의 기능과 역할

(출처: BIS, *Central bank digital currencies: system design and interoperability*)

CBDC의 효과적 실행은 CBDC 생태계 내에서 유관 기관과 기업들이 상호 협력하고 경쟁하면서 혁신과 효율성을 만들어낼 수 있는가에 달려 있다.

IMF는 『핀테크 노트』에서 CBDC가 어떻게 발행되고 유통이 되는지, 중앙 은행과 민간의 역할이 어떻게 될지가 중요하며, 이에 기반하여 중앙 은행의 운영 모델을 3가지로 분류하고 있다.[5]

우리가 직접형 CBDC(unilateral CBDC)라고 부르는 첫 번째 모델은 중앙 은행이 CBDC 발행에서 유통에 이르기까지 결제 시스템의 모든 기능을 수행하고 최종 사용자와 상호 작용하는 경우다.

두 번째 모델은 중앙 은행의 발행을 수반하지만 민간 부문 기업이 최종 사용자와 상호 작용할 수 있는 역할을 포함하는 경우로 중개 기관이 CBDC를 운영하는 중개형 모델이다. 중개 역할은 금융 회사뿐만 아니라 결제 서비스 제공업체 및 스마트폰 사업자와 같은 다른 유형의 회사도 포함될 수 있다. 대부분은 민간이 소유하는 영리 기업일 가능성이 크지만, 국영 중개자나 협동조합도 관련될 수 있다. 이 두 번째 모델은 중앙 은행이 중개기관에게 다른 행위자들을 규제하거나 감독할 것을 요구할 수 있다. 그러나 이는 법적인 기반 마련과 운영상의 복잡성을 추가할 수 있다.

세 번째 모델에서는 중앙 은행 디지털 화폐를 중앙 은행이 아니라 중앙 은행 부채를 보유하여 발행을 지원하는 민간 기업이 직접 발행하는 경우다. 따라서 세 번째 모델은 중앙 은행이 발행하지 않고 합성 CBDC 또는 sCBDC로 말할 수 있으므로 CBDC가 아니라 스테이블stable 코인, 즉 특별한 형태의 전자 화폐로 볼 수 있다. 그러나 중앙 은행 발행 자산에 의해 일 대 일로 지원되기 때문에 일부 중앙 은행에서는 CBDC의 대안으로 고려할 수 있으며, 합성형 CBDC라 할 수 있다.

이러한 개념적 모델은 상호 배타적인 것은 아니다. 일부 중앙 은행은 중간 모델을 주요 운영 모델로 고려하면서도 보편적 접근성과 탄력성을 보장하기 위해 단독 모델을 통한 기본 결제 서비스도 제공하고 있다. 마찬가지로, sCBDC는 반드시 CBDC를 대체하는 것은 아니다. 예를 들어 민간 기업이 CBDC와 함께 발행하거나 심지어 CBDC의 지원을 받을 수도 있다. 현재 진행되고 있는 운영 모델은 두 번째 모델에 집중되어 있으며, 향후 국가별 통화 정책이나 금융 환경에 따라 다양하게 나타날 수 있다.

CBDC에 대한 관심과 연구 확대의 계기는 2020년 10월 열린 G20에서 국제결제은행의 지급 및 시장 인프라 위원회CPMI 및 기타 관련 국제기구 및 표준 설정 기관과 협력하여 금융 안정 위원회FSB가 개발한 국가 간 지급 결제에 대한 강화 로드맵을 승인하면서 확대되었다. G20은 향후 국가 간 지급 결제 프로그램은 높은 비용, 낮은 속도, 제한된 접근 및 불충분한 투명성 등 지급결제의 오랜 과제를 해결하는 것을 포함하고 있다.[6]

[그림 10-3] 3가지 개념적 CBDC 운영 모델

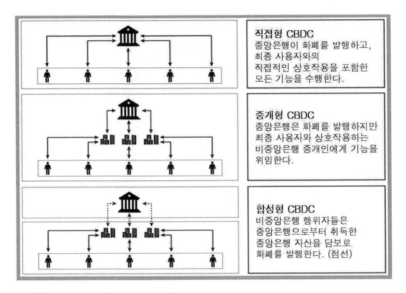

(출처: IMF, *Fintech Notes*, 2022)

G20의 이러한 결정은 가상 자산의 급격한 성장과 다양한 결제 시스템의 등장으로 인한 기존의 국제 금융 체계에 대한 도전이 발생하고, 현재의 국가 간 결제 시스템을 보완하지 않고서는 향후 경쟁력이 뒤처질 수 있다는 우려가 포함되어 있다.

국제 통화 결제 시스템(SWIFT 등)을 움직이는 미국과 유럽 등은 이를 위협하는 가상 통화와 다양한 결제 시스템의 도전 등의 변화에 대응하기 위한 목적이 크다. 중국, 인도와 같은 경제 규모가 크면서 금융의 독립성과 블록화를 추구하거나 아프리카, 동남아 지역을 중심으로 금융 인프라가 부족한 국가는 IT 발전 등 금융의 변화에 효과적으로 대응하고 경제 활성화를 이끌어낼 수 있는 금융 인프라인 점을 감안하여 적극 추진하고 있는 등 최근 CBDC에 대한 국가별 관심도는 최근 폭넓게 증가하고 있다.

[그림 10-4] CBDC 구글 트렌드

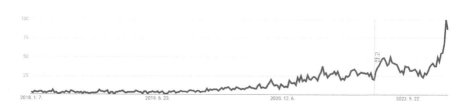

* 1) 구글에서 2018년 1월~2022년 11월 중 'Central Bank Digital Currency(주제어)'가 검색된 횟수를 월별로 지수화한 값(최고값=100).
(출처: 구글 트렌드, 2022.11.13. 조회 기준)


캡제미니의 2022년 지불 보고서에 따르면, 디지털 통화와 스테이블 코인의 규제 없는 성장은 중앙 은행들로 하여금 민간 형태의 디지털 화폐보다 탄력성과 안정성이 있고 비용도 저렴한 중앙 은행 디지털 화폐CBDC를 개념화하고 설계하도록 자극하고 있다. 은행들은 CBDC가 두 세계의 장점을 하나로 결합하여 현재의 법정 기반 통화 시스템을 개선하고, 새로운 암호 기반 시스템보다 더 안전하고 안정적인 환경을 제공할 수 있다고 믿고 있다. 또한 CBDC

는 법정 기반 시스템의 책임, 효율성, 적응성, 그리고 사용자 통제를 높이고 암호화 기반 시스템의 안정성과 무결성 부족을 보완할 수 있다고 생각한다. 난단 메르Nandan Mer, 네트워크인터내셔널(UAE) 그룹 최고경영자는 "대부분 개발도상국의 디지털 결제 인프라가 한층 성숙해짐에 따라 CBDC가 궁극적으로 실물 현금을 대체하거나 대체할 수 있다"고 말하고 있다.[7]

2020년 5월에는 35개국만이 CBDC를 고려하고 있었으나, 2022년 현재 세계 GDP의 95% 이상을 차지하는 105개국이 CBDC를 모색하고 있다. 2022년 11월 Central Bank Digital Currency Tracker의 조사 결과를 보면 2022년 11월 현재 11개 국가가 이미 실시하고 있으며, 15개 국가가 파일럿 프로그램을 시행하고 있는 것으로 나타나는 등 개발하고 있는 국가를 포함하면 약 52개 국가가 실시하거나, 파일럿 프로그램과 개발을 하고 있다. 중국은 파일럿 프로그램을 2023년에 확대될 예정이다. 자메이카는 CBDC인 JAM-DEX를 출시한 최신 국가다. 아프리카 최대 경제국인 나이지리아는 2021년 10월 CBDC를 출범하여 운용하고 있다. 이외에도 9개의 국경 간 도매(은행 간) CBDC 테스트와 3개의 국경 간 소매 프로젝트가 있다.

국가 간 갈등의 확대와 서플라이 체인의 변화, 새롭게 대두되는 자원 전쟁 등은 많은 국가에서 대체 국제 결제 시스템을 모색하는 계기가 되고 있다. 이러한 추세는 러시아-우크라이나 전쟁에 따른 러시아에 대한 금융 제재 이후 가속화될 것으로 예상된다.

캡제미니가 2022년 조사한 내용에 의하면, CBDC에 대한 관심이 증가하고 있으며,[8] 향후 지불 결제 산업에 중요한 영향을 미칠 것으로 보고 있다.

CBDC를 이끄는 동인으로 각국 중앙 은행들은 암호 화폐의 잠재적인 통화 정책 압력을 피하기 위해 CBDC 도입을 적극적으로 추진하고 있다. 암호 화폐 사용의 확대로 기업과 은행은 포트폴리오에 추가 결제 수단으로 암호 화폐를 포함하는 것을 고려하고 있다. 암호 화폐 거래 금액의 증가도 CBDC를 서두르는 이유다. 코인베이스coinbase의 2021년 2분기 보고서에 따르면 암호 화폐 거래량이 거의 32% 증가했으며, 캡제미니가 2021년 조사한 사실에 따르면 조사 대상 중 향후 1~2년 안에 암호 화폐 결제를 사용할 의향이 있는 소비자가 45% 이상을 차지하고 있다.

그리고 중앙 은행들은 암호 화폐를 통한 불법 거래를 방지할 필요가 있다고 주장한다. CBDC는 암호 화폐를 통해 급증한 불법 행위와 테러 자금 조달을 제거하는 데 도움이 될 수 있다고 생각한다. 그리고 현재 국제 지급 결제에서 높은 국경 간 거래 비용이 발생하고 있다는 점이다.[9] 중앙 은행은 CBDC가 중개인(기업이나 공공 기관)의 존재로 인해 레거시legacy 정산[10] 과정에서 발생하는 높은 국경 간 거래 비용을 억제하는 데 도움이 될 수 있다고 믿는다.

[그림 10-5] CBDC를 이끄는 동인들

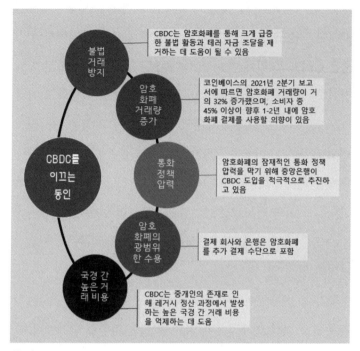

(출처: Capgemini Financial Analysis, 2021)

CBDC는 G7 경제 중 중국이 가장 적극적으로 접근하고 있으며, 미국과 영국은 CBDC 개발에 가장 뒤처져 있다. 유럽중앙은행ECB은 향후 5년 내외에 디지털 유로화를 제공하는 것을 목표로 하고 있다.

미국은 그동안 기존 금융 시스템 체제의 유지에 힘을 기울여왔으나, 중국과 인도 등의 CBDC의 과감한 추진, 암호 화폐의 확장에 대한 우려[11]로 바이든 대통령은 2022년 3월 9일 연준에 CBDC 연구·개발을 지속 추진할 것을 주문하는 내용을 포함한 「디지털 자산에 대한 행정 명령」을 발표하여 CBDC 검토를 본격화하였다. 미 연준은 CBDC 도입에 따른 장점이 관련 리스크보다 이점이 있다는 점이 분명해지는 경우에만 다음 개발 단계로 이행할 것이라고 밝히는 등, CBDC 도입을 서두르지 않겠다는 입장을 견지하고 있다. 이와 관련하여 미국은 2022년 1월 CBDC 도입에 따른 비용·편익 등에 관한 분석 보고서를 공개하고 4개월 간의 의견 수렴에 착수하였으며, 이와 별도로 2022년 2월 보스턴 연준과 MIT는 공동으로 CBDC 시범 모형을 개발하여 대외에 공개하는 등 기술적으로는 거의 완성 단계에 있다.

G20 국가 중 19개국이 CBDC를 모색하고 있으며 한국, 일본, 인도, 러시아를 포함한 16개국은 이미 개발 또는 파일럿 단계에 있다.

G20 국가 중 19개국이 CBDC를 모색하고 있으며 한국, 일본, 인도, 러시아를 포함한 16개국은 이미 개발 또는 파일럿 단계에 있다.

중국인민은행은 2022년 베이징 동계 올림픽을 앞두고서 4+1 시범 지역(선전, 쑤저우, 슝안신구, 청두 및 베이징)을 시작으로 주요 도시들에서 일반 시민을 대상으로 디지털 위안화(e-CNY) 공개 시범 운영을 실시한 사실이 있다. 또한 2021년 3월에는 홍콩 주민을 대상으로 역외 사용 테스트를 실시하는 등 CBDC 도입에 적극적이다. 2022년 베이징 동계 올림픽 기간에는 선수촌에서 디지털 위안화를 지급 수단으로 시범 사용하였으나, 코로나19로 인해 일반 관중들의 경기장 출입이 금지됨에 따라 디지털 위안화 사용이 당초 기대보다는 저조하였다.

인도는 2022년 11월 1일 CBDC 파일럿 프로그램 사용을 시작하였다. 인도는 그동안 금융 시스템이 낙후되어 금융 접근성이 낮았으나 최근 핀테크의 급속한 성장[12]으로 금융 접근성을 포함한 금융 포용성이 높아지고 있다. CBDC가 실행되면 기존에 은행 계좌를 소지할 수 없었던 외국인들, 5억 명에 육박하는 극빈층들이 은행 계좌 개설 없이도 편리하게 송금을 할 수 있게 될 전망이다.[13]

인도는 CBDC 시범 도입이 성공적으로 수행되면 인도의 금융 환경을 크게 바꿀 것으로 예상한다. CBDC가 신원 증명(Proof of Identity), 신용 관리(Credit Score), 식품과 교육 보조금(Food & Education Subsidies), 소액 대출(Micro Loan) 접근권이 부여되는 개방형 결제 시스템을 뒷받침하면서 인도 경제의 활성화에 기여할 것으로 기대한다.

유럽중앙은행은 2021년 7월 '디지털 유로 프로젝트'에 착수하였다. 유럽중앙은행은 향후 2년간 디지털 유로의 설계 및 유통과 관련한 핵심 이슈를 검토한 후 실제 도입 여부를 결정할 계획이다.[14]

일본은행은 CBDC 발행 필요성이 크지 않다고 생각하고 있으나, 기술 타당성 검증 계획을 발표(2021년 3월)[15]하는 등 CBDC 관련 연구·개발을 지속하고 있다. 현재 일본은행은 CBDC가 갖춰야 할 기능들이 기술적으로 구현 가능한지를 확인하는 모의 실험 중이다. 일본은 이른 시일 안에 CBDC 도입을 하지는 않을 것으로 예상된다.

한국은행은 디지털 경제로의 빠른 진전에 대응하여 CBDC 도입이 결정될 경우를 감안한 기술적·제도적 연구에 대한 기반을 강화하고 있다. 그리고, CBDC의 안정적인 기술적 토대를 구축하기 위한 후속 실험을 상당 기간에 걸쳐 다각적으로 실시할 예정이다. 우선, 2022년 6월 말 CBDC 2단계 모의 실험 연구가 완료된 이후에 금융 기관 등과 협력하여 연계 실험을 추진하는 등 그 동안의 모의 실험 연구를 확장해나갈 계획이다. CBDC 모의 실험 환경과 금융 기관의 테스트용 IT 시스템을 연계하여 사용자 간 송금·지급이 안정적이고 원활하게 이루어지는지 점검할 예정이나, 실제 적용은 국제 흐름에 맞추어 나갈 것으로 보인다.[16]

전 세계 약 50여 개의 지급 결제 시스템이 국가 간 연계를 구현하였거나 연계를 추진 중인 가운데 국제결제은행 등의 국제 기구도 관련 논의에 착수하면서 향후 주요국의 지급 결제 시스템 연계 사업은 더욱 활발해질 전망이다.

우리나라는 2021년 연간 수출입 규모(통관 기준)가 1조2,596억 달러로 세계 8위 수준까지 성장한 만큼 이러한 글로벌 지급 결제의 환경 변화에 선제적으로 대응할 필요가 있다. 국제 기구와 주요국이 추진하는 다자 간 결제 플랫폼 가입을 검토하는 한편, 주요국의 지급 결제 시스템 상호 연계 제안 가능성에도 사전에 대비해야 할 것이다.

기존 글로벌 시스템에서 각국의 이해관계에 따라 블록화로 변화되고 있는 금융 시스템은 가까운 장래에 심각한 상호 운용성 문제에 직면할 수 있다. 다양한 CBDC 모델의 확산은 국제 표준 설정에 대한 새로운 시급성을 창출하고 있으며, 이것은 국제 금융 시장에서의 주도권 다툼과도 관련이 있다.

[그림 10-6] 각국의 OECD 추진 현황

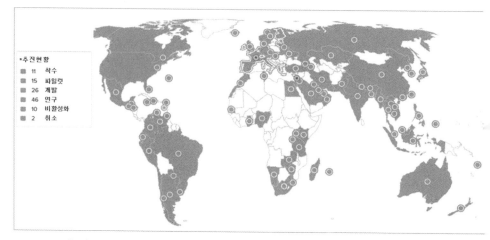

(출처: Central Bank Digital Currency Tracker, https://cbdctracker.org/, 2022.11.26.)

상호 운용성은 국가 간 합의가 필요하고, 결국은 비용 상승으로 이어질 가능성이 크다. 선진국들이 CBDC를 서두르지 않는 이유는 기존의 원활한 금융 시스템의 상호 운용성을 CBDC에 적용하는 것이 쉽지 않기 때문이다.

BIS는 보고서에서 상호 운용성의 문제를 적절하게 지적하고 있다. 상호 운용성은 언제, 어디서나 쉽고 불편함 없이 작동할 수 있도록 하는 것이며, 상호 운용성이 부족하면 확장에 어려움이 있다. 그러나 법, 제도, IT 인프라 등 금융 시스템을 통합, 운용하는 것은 쉽지 않은 문제이다. 더 나아가 국가 간 금융 시스템에 대한 각 국가의 독립된 기존 시스템 체제를 전환하는 데는 많은 어려움이 내포되어 있다. 상호 공인된 시스템을 만드는 것도 시일이 많이 소요된다. 국가 간 결제에서 CBDC가 주축이 되는 데는 시간이 걸릴 것으로 보인다.

다만 중국, 인도 등 새로운 통화 체제를 통하여 글로벌 경제 주도권을 확보할 계획이 있는 국가는 자국과 우호적인 국가를 대상으로 공동으로 CBDC를 운영하기 위하여 노력할 가능성이 있다. 그러나 실현이 가능하기 위해서는 상호 운용성 문제뿐만 아니라 국가 간 이해관계, 구축 비용 등 해결해야 할 많은 문제가 많다.

<참고> CBDC 시스템의 상호 운용성의 이점 및 장벽[17]

▶ 상호 운용성의 기초는 공통 표준이다. 상호 운용성은 CBDC의 핵심 기능이며, 보다 광범위한 지불이다. 결제 환경을 통합하고 공공 정책 목표를 달성하기 위해서도 필요하다. 상호 운용성은 결제 서비스 제공자 간의 경쟁을 촉진하고 혁신을 위한 조건을 조성하며 더 넓은 국가 간 결제 생태계의 운영 탄력성을 강화할 수 있다.

▶ 상호 운용성을 달성하지 못하면 결제 환경이 폐쇄 루프로 단편화될 위험이 있어 사용자와 판매자는 결제 속도와 비용 상승의 문제가 있는 시스템에 직면한다. 이것은 최종 사용자에게 불편하고 사회적으로도 비효율적이다. 효과적인 상호 운용성은 CBDC가 최종 사용자에게 매력적인 지급 결제 생태계를 보장하는 핵심이다. 이를 통해 보다 원활한 사용자 탑승, CBDC 현금 입출금, 시스템 간 결제, "스윕"(예: 기업이 하룻밤 동안 자금을 투자할 수 있는 곳), CBDC 지갑을 다른 장치, 서비스 및 기술과 통합할 수 있다.

▶ 상호 운용성이 상당한 이점을 가져오고 확장성이 있지만, 상호 운용성의 실질적인 구현은 어려울 수 있으며 절충과 타협이 수반될 수 있다. 장벽은 기술적, 상업적, 법적 문제와 관련이 있다.

▶ 기술적 장벽에는 메시지 형식, 데이터 요소, 번호 지정 및 코딩 시스템, 보안 프로토콜, 확장성 또는 처리량 용량 및 개방 시간에 대한 일관성 없는 표준이 포함될 수 있다. 이러한 장벽을 피하는 것은 각각 공통(국제) 기술 표준 및/또는 적용을 포함할 수 있다(프로그래밍 인터페이스, 최소한의 실행 가능한 보안 표준 요

구 또는 다른 시스템이 더 강력한 보안을 채택하도록 장려하는 것, 볼륨 및 처리량을 추정하기 위해 다른 시스템과 조기에 수시로 통신하는 것, 그리고 다른 시스템의 마감 시간 동안 시작되는 CBDC 지불에 대한 규칙 제정 등).

▶ 상업적 장벽에는 기존 시스템의 수익을 보호하기 위해 CBDC를 사용하려는 다른 시스템 및/또는 참가자이다. 이에 대응하여 중앙 은행은 이들에게 CBDC 생태계 참여를 장려, 지원할 필요가 있다.

▶ 법적/규제적 국내 장벽에는 참가자 감독 체제 및 준수 요건뿐만 아니라 결제 최종성 및 지불 시스템의 소비자 보호 규칙에서 발생하는 차이가 포함될 수 있다. 구체적으로 CBDC와 다른 지급 시스템 간에 서로 다른 감독 요구 사항이 있다면 원활한 자금 흐름을 보장하기 힘들 수도 있다.

▶ 기존의 지불 시스템과 달리, 기존 고객에 대한 지식, 자금 세탁 방지 및 대테러 금융 요구 사항이 높거나 다를 경우에 이는 참가자에게 추가적인 비용이 발생한다.

**1** 한국은행『지급 결제 보고서』, 2022/*국제결제은행BIS 산하 지급 결제·시장 인프라 위원회CPMI는 CBDC를 "전통적인 지급 준비금이나 결제 계좌상 예치금과는 다른 전자적 형태의 중앙 은행 화폐"로 정의하고 있다. 발행 주체는 중앙 은행으로, 전자적 형태를 갖되 법적 형태는 단일·분산 원장 방식 기술로 구현된다. 이용 주체는 모두가 이용 가능한 소액 결제용(또는 일반 이용형)과 은행 등의 금융 기관들의 자금 결제용으로만 쓰이는 거액 결제용(또는 거액 거래형)으로 구분된다. 현재 주로 논의 중인 CBDC는 소액 결제용이다(네이버 지식백과/매경닷컴) 참조.

최근 BIS는 CBDC를 중앙 은행의 직접 부채이며, 소매 지불 또는 도매 결제에 사용될 수 있는 디지털 형식의 중앙 은행 화폐의 새로운 형태로 정의하고 있으며, 도매 결제용으로도 본격 논의하고 있다.

**2** BIS, *Central bank digital currencies: system design and interoperability*, September 2021, p. 5.

**3** BIS, 앞의 책, p. 5.

**4** 공공 기관은 공공 정책 목표를, 민간 기관은 주주 이해와 시장 주도 목표를 가지고 있으며, 이에 대한 균형점을 찾는 것이 쉽지 않고 많은 시일과 인내가 요구된다.

**5** IMF Fintech Notes 2022/004, *Behind the Scenes of Central Bank Digital Currency: Emerging Trends, Insights, and Policy Lessons*, 2022.2.

**6** BIS, *Options for access to and interoperability of CBDCs for cross-border payments*, 2022.7.

**7** Capgemini, *World report series: Payments 2022*.

**8** Capgemini Payments 2022 보고서에 따르면, 은행 임원 응답자의 90%가 CBDC가 새로운 결제 혁신을 지원한다고 답변했다.

**9** Capgemini, *Financial Analysis*, 2021.

**10** 레거시는 컴퓨터 분야에서 과거로부터 물려 내려온 기술, 방법, 컴퓨터 시스템 및 응용 프로그램을 의미하며, 새롭게 대체가 가능한 기존의 기술을 말한다. '레거시 정산'은 레거시상 차용자의 지불을 충족시키기 위해 레거시와 차용자 간에 체결되는 정산 약정을 의미한다.

11 2022년 1월 메타는 글로벌 스테이블 코인(Diem) 프로젝트를 추진하여 왔으나, 미 정부의 반대 등에 부딪혀 관련 자산 및 기술 등을 Silvergate Captial 사에 매각하였다.

12 인도준비은행은 2021년에 비접촉식 지급 수단 e-RUPI를 도입한다. e-RUPI는 은행 계좌, 스마트폰, 중개인이 필요없는 QR 코드 또는 SMS 문자열 형태의 개인별 디지털 기프트 카드다.

13 인도는 전 세계에서 가장 많은 규모의 해외 송금을 모국에 보내는 국가다. 2021년 인도인에 의한 인도로의 해외 송금은 870억 달러에 달한다. 이들 대부분은 Western Union과 같은 결제 회사를 통해 2~3% 수수료를 내야 하고, 송금 소요 시간은 3일 이상으로 CBDC가 본격화되면 비용과 시간이 단축될 것으로 보인다.

14 파비오 파네타Fabio Panetta ECB 집행이사는 향후 디지털 유로 도입이 확정되더라도 실제 발행까지는 3년 정도의 기간이 추가적으로 소요될 전망이라고 언급한 바 있다.

15 한국은행, 『지급 결제 보고서』, 2022.

16 한국은행, 『지급 결제 보고서』, 2022.

17 BIS, *Central bank digital currencies: system design and interoperability*, 2021.9.

| 참고 문헌 |

BAIN&COMPANY, *India Fintech Report 2022*, 2022.

BCG 컨설팅, *FUTURE OF ASSET 2022*, 2022.

BIS, *Central bank digital currencies: system design and interoperability*, 2021.

BIS, *Central Bank Digital Currencies*, 2018.

BIS, *Fast payments-Enhancing the speed and availability of retail payments*, 2016.

BIS, *Options for access to and interoperability of CBDCs for cross-border payments*, 2022.

BIS, *Platform-based business models and financial inclusion*, 2022.

Capgemini, *Financial Analysis*, 2021.

Capgemini, *Payments Top Trends 2022*, 2022.

Capgemini, *World Payments Report 2022*, 2022.

Capgemini, *World report series: Payments 2022*, 2022.

CBINSIGHTS, *The Fintech 250: The Most Promising Fintech Companies of 2022*, 2022.

Cointelegraph Rearch, *Security-Token-Report*, 2021.

DHL Trend Research, *Blockchain in Logistics*, 2018.

Frank H. Knight, *Risk, Uncertainty and Profit*, Pantianos Classics, 1921.

GSMA, *State of the Industry Report on Mobile Money 2021*, 2021.

GSMA, *State of the Industry Report on Mobile Money 2022*, 2022.

IMF, *Behind the Scenes of Central Bank Digital Currency: Emerging Trends, Insights, and Policy Lessons*, 2022.

IMF, *BigTech in Financial Services: Regulatory Approaches and Architecture*, 2022.

IMF, *Distributed Ledger Technology Experiments in Payments and Settlements*, 2020.

IMF, *The Rise of Digital Money*, 2019.

Lars Haffke et al, *ICO Market Report 2019/2020, Munich*, 2020.

McKinsey, *The 2022 McKinsey Global Payments Report*, 2022.10.

McKinsey, *Seven technologies shaping the future of fintech*, 2021.9.

MONEY AND PENSIONS SERVICE, *The UK Strategy for Financial Wellbeing*, 2020.

OECD 홈페이지. www.oecd.org.

OECD, OECD/INFE, *2020 International Survey of Adult Financial Literacy*, 2020.

Quinlan&Associates, *Cracking-the-Code: The evolution of digital assets to the mainstrem*, 2021.

Security Token Advisors, *The State of Security Tokens 2022*, 2022.

World Economic Forum, *The Global Risks Report 2023*, 2023.


大澤真幸, 『経済の起源』, 岩波書店, 2022,

野崎浩成, 『金融&ファイナンスの大全』, 日本実業出版社, 2022.


가라타니 고진, 『세계사의 구조』, 조영일 역, 도서출판b, 2015.

공태인, 『미국 증권형 토큰 시장 동향과 시사점』. 금융투자협회. 2022.

곽선호, 『미국 증권형 토큰 시장의 동향과 미국의 관련 규제 현황』, 금융연구원. 2022.

금융결제원, 『지급결제 AToZ』, 2021.

금융위원회(보도자료), 「신탁업 혁신방안」, 2022.10.13.

금융위원회(보도자료), 「조각투자 등 신종증권 사업 관련 가이드라인」, 2022.4.29.

금융위원회(보도자료), 「토큰 증권(Security Token) 발행·유통 규율체계 정비방안」, 2023.2.6.

금융투자협회, 『2022 주요국 가계 금융자산 비교』, 2022.

김갑래, 『미국의 증권토큰발행(STO)에 관한 고찰』, 자본시장연구원, 2021.

김정한, 『금융이해력과 금융교육에 대한 해외 연구 및 사례』, 금융연구원, 2016.

김진호, 『금융위기와 리스크관리』, 박영사, 2012.

나심 니콜라스 탈렙, 『스킨인더게임』, 김원호 역, 비즈니스북스, 2019.

나심 니콜라스 탈렙, 『행운에 속지마라』, 이건 역, 중앙북스, 2016.

노암 촘스키 외, 『경제민주화를 말하다』, 김시경 역, 위너스북, 2012.

누리엘 누비니 외, 『위기경제학』, 허익준 역, 청림출판, 2010.

니얼 퍼거슨, 『금융의 지배』, 김선영 역, 민음사, 2010.

대니얼 커너먼, 『생각에 관한 생각』, 이창신 역, 김영사, 2018.

라구람 G. 라잔, 『폴트라인』, 김민주·송희령 역, 에코리브르, 2011.

라비 바트라, 『뉴 골든 에이지』, 송탁순·김원옥 역, 리더스북, 2009

로러트 쉴러, 『새로운 금융시대』, 노지양·조윤정 역, RHK, 2013.

로버트 기요사키, 『페이크(FAKE)』, 박슬라 역, 민음인, 2020.

마리아나 마추카토, 『가치의 모든 것』, 안진환 역, 민음사, 2020.

미히르 데사이, 『금융의 모험』, 김홍식 역, 부키, 2018.

박남일, 『좋은 문장을 쓰기 위한 우리 말 풀이 사전』, 서해문집, 2004.

박종훈, 『부의 시그널』, 베가북스, 2021.

삼정KPMG, *kr-insight-digital-banking*, 2021.01.05.

시드니 호머·리차드 실러, 『금리의 역사(4판)』, 이은주 역, 리딩리더, 2012.

시오노 나나미, 『바다의 도시 이야기』, 정도영 역, 한길사, 1996.

쑹훙빙, 『탐욕경제』, 홍순도 역, 알에이치코리아, 2014.

쑹훙빙, 『화폐전쟁3』, 랜덤하우스, 홍순도 역, 2011.

아담 브랜든 버거·배리 네일버프, 『불확실성 경영』, 현대경제연구원 역, 21세기 북스, 2009.

아비지트 배너지·에스테르 뒤플로, 『힘든 시대를 위한 좋은 경제학』, 김승진 역, 생각의 힘, 2020.

앨런 그린스펀, 『격동의 시대』, 현대경제연구원 역, 북@북스, 2008.

앨리슨 슈레거, 『리스크의 과학』, 서정아 역, 세종, 2019.

앨빈 토플러, 『부의 미래』, 김중웅 역, 청림출판, 2006.

움베르토 에코 기획, 『중세Ⅱ』, 윤종태 역, 시공사, 2016.

윌리엄 N. 괴츠만, 『금융의 역사』, 위대선 역, 지식의날개, 2020.

윌리엄 셰익스피어, 『베니스의 상인』, 최종철 역, 민음사, 2021.

윌리엄 퀸·존 D. 터너, 『버블, 부의 대전환』, 최지수 역, 다산북스, 2021.

유발 하라리, 『호모 데우스』, 김병주 역, 김영사, 2017.

이붕, 『황금의 시대』, 이성희 역, 프롬북스, 2010.

이성복, 『가상자산 발행과 유통 현황』, 자본시장연구원, 2021.

제임스 리카즈, 『화폐의 몰락』, 최지희 역, 율리시즈, 2015.

조경식 외, 『메타버스, 새로운 세계에 대한 도전』, 진인진, 2022.

조경식·조진철, 「증권형 토큰(Security Token)을 활용한 중소·중견기업의 자금 조달 방안」, 『건설경제』(92권), 국토연구원, 2022.

조경식·김진엽, 「EXIT 구조화 펀드의 설계와 전망」, 『건설경제』(89권), 국토연구원, 2020.

조지 애커로프·로버트 실러, 『야성적 충동』, 김태훈 역, 랜덤하우스, 2009.

존 헐,『파생상품의 평가와 헷징전략 4판』, 김철중 외 역, 탐진, 2004.

중소벤처기업부 보도자료. 2021.12.15.

지그문트 바우만,『모두스 비벤디』, 한상석 역, 후마니타스, 2010.

찰스 P. 킨들버거·로버트 Z. 알리버,『광기, 패닉, 붕괴 금융위기의 역사』, 김홍식 역, 굿모닝북스, 2020.

채준,『재무관리 이야기』, 아코바에듀, 2011.

최인호,『잃어버린 시뇨리지』, 이맛돌, 2022.

칼 폴라니,『거대한 전환』, 홍기빈 역, 길, 2009.

커넥팅랩,『블록체인 트렌드2020』, 비즈니스북스, 2019.

토마스 새들라체크,『선악의 경제학』, 노은아·김찬별 역, 북하이브, 2012.

페르낭 브로델,『물질문명과 자본주의 I -2, 일상생활의 구조(하)』, 주경철 역, 까치, 1995.

피터 L. 번스타인,『리스크(신을 거역한 사람들)』, 안진환·김성우 역, 한국경제신문사, 1997.

피터 L. 번스타인,『황금의 지배』, 김승욱 역, 경영정신, 2001.

하노 벡·우르반 바허,『인플레이션』, 강영옥 역, 다산북스, 2021.

한국은행,『지급결제 보고서』, 2021, 2022.

한국은행.「한국은행 경제통계시스템」 http://ecos.bok.or.kr

한국핀테크지원센터,『2019 대한민국 핀테크 기업편람』, 2020.

한국핀테크지원센터,『2022 한국 핀테크 동향보고서』, 2023.

한국핀테크지원센터,『헬로, 핀테크(보안인증·블록체인)』, 2020.

한아름,『국내 부동산 DABS 거래 플랫폼 현황 및 시사점』, 자본시장연구원, 2020.

해리 덴트,『2018 인구절벽이 온다』, 권성희 역, 청림출판, 2015.

해리 덴트,『2019 부의 대절벽』, 안종희 역, 청림출판, 2017.